KB234536

신유학사상의 새로운 해석

중국의 '자유' 전통

신유학사상의 새로운 해석

중국의 '자유' 전통

Wm. 시어도어 드 배리 지음 / 표정훈 옮김

이산

신유학사상의 새로운 해석

중국의 '자유' 전통

1998년 4월 24일 초판 1쇄 발행
2004년 7월 16일 초판 2쇄 발행
지은이 Wm. 시어도어 드 배리
옮긴이 표정훈
펴낸이 강인황
도서출판 이산
서울특별시 마포구 서교동 399-11
Tel : 334-2847/Fax : 334-2849
E-mail : yeesan@yeesan.co.kr
등록 1996년 8월 8일 제2-2233호

편집 문현숙
인쇄 한영문화사/제본 경문제책

ISBN 89-87608-04-2 03150
KDC 152.416, 152.51

가격은 뒤표지에 있습니다.

www.yeesan.co.kr

차례 ──────────────────────────────────

일러두기

1. 이 책은 Wm. Theodore de Bary, *The Liberal Tradition in China*(The Chinese University Press of Hong Kong, 1983)을 완역(完譯)한 것이다.
2. 모든 주는 후주로 처리하였으며, 지은이의 주번호는 온괄호(예, 주희(1) (2)…)로, 옮긴이의 주번호는 반괄호(예, 신유학사상1) 2)…)로 표시하였다.

지은이의 한국어판 서문

　나는 15년 전에, 탁월한 중국 역사가인 첸무(錢穆) 선생을 기리기 위하여 홍콩 중원(中文) 대학이 마련한 강좌에서, 내가 '중국의 자유 전통'이라고 이름 붙인 유교 전통의 여러 측면들에 대한 견해를 밝혔다. 당시에 나는, 'liberal'이라는 말이 그 머리글자 'L'로 약칭되기 이전부터 대단히 서구적인 의미를 지니고 있는 이 용어를, 일반적으로 보수주의적인 성격을 띤 것으로—비록 전적으로 반동적이거나 억압적이지는 않다 하더라도—치부되어 오던 중국의 전통사상에 적용하는 일이 다소 '오해의 위험'을 안고 있다는 것을 분명히 인식하고 있었다. 그럼에도 불구하고 만약 나의 작업이 그 동안 기존의 통념에 부합되지 않는다는 이유만으로 간과되어 왔던 유교 전통의 중요한 요소들에 대해 사람들의 관심을 불러일으킬 수 있다면, 그것은 '오해의 위험'을 무릅쓸 만한 가치가 충분히 있다고 생각했다.

　내가 사용하고 있는 '개인주의' '인격주의' '공동체주의' '입헌주의' 따위의 개념들에 대해서도 내 생각은 마찬가지이다. 사실 그런 개념들은 서구의 고유한 역사적 경험에 그 의미의 뿌리를 두고 있다. 따라서 그런 개념들은 출발점에서부터 완전한 '타자'(他者)로 규정되곤 하는 중국이나 유교 전통과는 도저히 양립하기 힘든 것이라고 널리 인식돼 왔다. 물론 유교는 어떤 의미에서는 분명히 '타자'이다. 하지만 우리가 인간적인 공통점을 찾으려 하기보다는, 단지 역사적·문화적인 차이점들만을 찾으려 하는지, 그렇지 않은지에 따라서 그 타자성은 가변적이다.

　내가 감히 '오해의 위험'을 무릅쓰고 'liberal'이라는 말을 적용하게 된 데는, 이미 1970년대에 중국이 컬럼비아 대학을 비롯한 여러 대학과 연구기관에서 인권(人權) 관련 연구 프로그램이나 토론의 주요 주제가 된 상황과도 관련이 있다. 당시에 일부 서구인들은 중국을 인권의 사각지대로 취급하려 들었다. 이런 그들의 견해에서 보자면, 중국과 다른 아시아

국가의 인민들은 오랜 세월 동안 억압에 익숙해져 있고 개인으로서 인간의 존엄성에 대한 어떤 의식도 갖고 있지 않기 때문에, 인권 개념은 그들에게 완전히 낯선 것이다. 이런 편견은 대단히 위험한 두 가지 태도를 낳았다. 하나는, 서구 전통 바깥의 모든 사람들에 대해서는 도저히 인권 개념을 적용할 수 없다거나 아예 인권 개념 자체가 그들에게는 무의미하다고 보는 태도이다. 이런 태도는 결국 비서구 세계에 속하는 인류의 다수를 우리의 적극적 공감의 대상 범위에서 제외시켜 버리고 마는 것을 의미한다. 다른 하나는 전자의 태도와 상응하는 것으로, 비서구 세계의 인류를 미개하고 반(半)문명화된 민족으로 바라보는 태도이다. 이에 따르면, 서구는 비서구 세계의 인류에게 인권이라는 복음을 전파해 주어야 하고 그들을 문명화시키는 막대한 임무를 띠고 있는 셈이다. 하지만 정작 서구의 도움을 받은 수혜자들은 서구인들의 그런 생색내는 듯한 태도를 거만하고 독선적인 것으로 생각하고 있다. 결국 인권의 박탈로 고통을 받고 있는 사람들에게 우리가 베풀었다고 생각하는 도움은, 실제로 그것을 끝내 거부하려는 사람들에 의해 쉽게 불신당하게 마련이다.

이것은 상상 속의 허상이 아니다. 서구의 자유주의적 가치와 민주적 제도(마오쩌둥을 보좌하던 류사오치〔劉少奇〕는 '바람직하지 못한 형식주의'에 불과하다고 주장했다)가 아시아에서는 본질적으로 이질적이고 부적당하다는 견해는, 우파든 좌파든 아시아의 모든 독재적인 통치자들에 의해 악용되어 왔다. 그리고 그런 몰이해로 인해 야기되는 위험들(서로의 가치에 대한 다양한 문화적·사회적 차이점과 유사점들을 면밀히 분석하는 데 실패함으로써 야기되는 위험들)은 동아시아에서 새롭게 펼쳐지고 있는 발전상에 의해 더욱더 심각해지고 있다는 느낌이다. 동아시아인들의 근본적인 정서나 가치관에서 대단히 중요한 요소이자, 20세기 후반에 동아시아인들이 성취한 경제적 기적이라는 성공(비록 시기적으로는 서구에 뒤졌다 하더라도)의 주요 요인으로 재조명되고 있는 유교의 부흥이나 복권도 그런 맥락에서 이해해 볼 수 있을 것이다. 불과 얼마 전까지만 해도 진보와 발전의 장애물로 비판받아 왔던 유교는, 이제 동아시아인들의 규율 잡힌 근로의식과 윤리의 핵심으로 간주되고 있다. 또한 온정주의적·가부장적 조직에 대한 순응과 권위의 수용을 용이하게 해줌으로써 더욱 효율적인 경제운용과 기업경영을 뒷받침하게 해준 것도 유교 덕분이라고 여겨지고 있다. 게다가 산업발전과 생산성 향상을 가능하게 한 정치적 안정에도 유교가 공헌했다고 보는 견해마저 있다. 자유주의적인 것에 대한 순수이론적이고 교조적인 이해는 진작부터 있었지만, 본질적으로 권위주의적이고 보수주의적이라고 비쳐진 유교는 이제 자신들의 배타적인 이익과 비자유주의적인 목표들을 진작시키려는 이들에 의해 이용당하고 있다.

물론 우리는 그런 학문 외적 요인들이 학문적인 탐구영역을 지배하게 해서는 안된다. 따라서 적어도 우리는 다음과 같은 질문을 던질 수 있다. 과연 유교 전통이 본질적으로 보수적이라는 가정이, 보수적인 흐름과 자유적인 흐름이 교직(交織)되어 있다는 것보다 학문적으로 더 뛰어난 점이 있는가라고. 하지만 유교가 보수적이라는 인식은 이미 정치적 담론의 영역에서 공통적인 경향이 되어 버린 감이 없지 않다. 그래서 그런지 메리 라이트(Mary Wright)의 이른바 '중국 보수주의의 마지막 저항'(The Last Stand of Chinese Conservatism)[1]과 같은 말이 과연 정당한지에 대해 의문을 제기한 사람은, 적어도 내가 아는 한 전혀 없었다. 물론 그녀는 자신이 사용하는 개념들을 정의하는 데 아무런 문제의식도 갖고 있지 않았다. 만약 우리가 비서구 전통에서 자유주의적인 요소들이 존재할 가능성에 대한 신중한 고려 없이 그 문제를 덮어두고 만다면, 우리는 부지불식간에 이중적인 비판의 잣대를 받아들이게 되고 마는 것이 아닐까.[1]

학문적 분석을 위해서는, 지나치게 협소하고 서구 중심적일 수도 있고,

또는 온갖 개혁주의를 포괄할 수 있을 만큼 광범위할 수도 있는, '자유주의적'(liberal) 또는 '자유주의'(liberalism)라는 개념의 다양한 정의들 사이에 어떤 중용이 있어야 한다는 견해가 있다. 나는 그런 견해를 높이 평가했다. 또한 나는 자유주의의 필수 불가결한 핵심적인 요소들 — 그것이 기본적인 원리이건 제도이건 간에 — 이라고 많은 사람들이 느끼고 있는 사항들을 무시해 버릴 정도로까지 개념의 고삐를 느슨하게 놓아 버릴 위험이 있다는 것에도 공감했다. 다른 한편으로, 문화적인 한계나 구속을 비교적 넘어서 있는, 과거나 미래에서 이런 가치들의 비서구적인 모습들을 여유 있게 받아들일 수 있을 정도로 개념의 고삐를 늦추어 둘 필요가 있다는 견해에도 공감했다. 이에 따라, 『중국의 '자유' 전통』에서 나는 모리스 코언(Morris Cohen), 찰스 프랑클(Charles Frankel) 그리고 길버트 머리(Gilbert Murray) 등이 규정한 자유주의의 특성들을 일종의 '탐구 작업을 위한 정의들'로 받아들였다. 물론 그들이 규정한 자유주의는 서구 중심적인 전제들로부터 자유롭지 못할 수 있다. 그 대신 적어도 완고한 오리엔탈리스트들의 미심쩍은 편견에 의해 폄하될 위험은 없다. 다만 그 각각의 규정들이 문제를 분명히 하기 위한 단서를 제공해 주고, 자유주의가 무엇이었으며 어떤 모습일 수 있는지 이해하는 데 도움을 주리라는 생각에서, 나는 탐구해야 할 모든 관련 현상들에 일률적으로 적용될 수 있는 확정적이고 궁극적인 정의를 내리지는 않았던 것이다.

이 서문에서는 그것과는 별도로, 나 자신의 '탐구 작업을 위한 정의'에 입각해서, 내가 생각하는 자유주의적 태도나 접근의 본질이 무엇인지 밝히고, 내가 생각하는 자유주의의 핵심적인 가치들을 제시하고자 한다. 그러나 그 밖의 다른 사항들에 대해서는 다양한 입장들에 따라 파생될 수 있는 해석의 여지를 남겨 두고자 한다.

무엇보다도, 먼저 나는 자유주의의 전통적 견해는, 인간적 가치들 —

인간 삶의 가치와 인격의 존엄성 같은 것들—에 대한 긍정적인 언명을 전제로 하는데, 그런 가치들은 각기 다른 사회적·문화적 전통에서도 확인될 수 있는 것이라고 말하고 싶다. 공유되고 있는 인간적 가치들—그리고 다른 것들 못지 않게, 이른바 '아시아적 가치'들—은 공통적이면서도 다양한 요소들로 혼재되어 있다. 이른바 '문화 전쟁'(culture wars)[2]이 발발하기 오래 전에 마크 반 도렌(Mark Van Doren)은 『자유주의 교육』(*Liberal Education*)[2]에서 이렇게 말했다.

> 한 사람의 정신에서건 다수의 일반적인 의지에서건, 상상력은 언제나 해야 할 일이 있게 마련이다. ……그것이 없다면, 예컨대 전쟁과 운명이라는 주제가 빠른 속도로 필수 불가결한 지식의 대상으로 자리잡은 동양에 대해 서양은 어떤 결론도 도출해 낼 수 없다. 동양에 대한 평면적이고 피상적인 통계나 조사만으로는 도저히 상상이 산출해 낼 수 있는 결과에 도달할 수 없다. 차이와 관련한 상상을 통해서, 낯섦과 이질성이라는 인간적 현실에 어둡기 때문에 야기되는 무례함과 폐악들을 없앨 수 있다. 그리고 유사성이나 동일성과 관련된 상상을 통해서, 우리 모두에게 친숙한 모든 것들을 잊어버리지 않을 수 있다.

자유주의에 대한 현대의 지배적인 견해는, 공통성을 도외시하고 차이성에만 집착하려는 회의적이고 비판적인 정신에 자유주의를 부분적으로 국한시켜 버리는 경향이 있다. 유사성과 차이성에 대한 동시적 긍정이야말로—문화적 다양성 속에서 공유되고 있는 공통의 인간적 가치들에 대한 긍정적인 관심—이런 경향에 대하여 분명하게 이의를 제기할 수 있을 것이다. 적어도 나에게 비판적·회의적인 태도는 자유주의의 본질적인 요소이긴 하지만 2차적인 중요성을 지닐 뿐, 1차적인 중요성을 지니는 요소는 아니다. 요컨대 회의적인 태도를 취하기 전에 먼저 긍정적인 신념과 관심을 가져야만 한다. 다만 폭로하고 전복시키고 해체하는 데서 만족을 느끼는 '비판적인 기풍'은 인간 지성의 본령(本領)이 아니다. 그런 기풍은 본질적으로 기생적이며, 결국 아무런 생산적인 결실을 맺지 못하게 될 가능성이 많다.

둘째, 이미 널리 받아들여지고 있는 견해와 의식적으로 일정한 거리를 유지하고, 섣부른 판단을 유보하며, 자신의 고유한 신념과 행동에 대해서도 과감하게 비판하는 습관이다. 이것은 현실을 인식하는 자유주의적인 관점에서 대단히 중요한 요소이다.

세번째는 첫번째와 두번째 사항들로부터 직접 도출되는 것이다. 곧, 자신의 견해와 반대되는 입장들을 기꺼이 수용하는 자세를 지녀야 하며, 그것들을 열려진 공론(公論)과 토의의 장에 올려서 되도록 다른 모든 입장들과 동등하게 다루려는 자세를 견지해야 한다. 이런 과정은 보통 '사상관념의 자유시장(free marketplace)'이라고 표현되기도 하는데, 더욱 작아지고 붐비게 된 하나의 세계 안에서, 그리고 일반적으로 자유롭지 못하고 공정하다고 보기도 힘든 그런 시장에서, 우리는 모종의 정치적·사회적 합의들이 그런 열려진 담론의 장을 제공할 수 있으리라고 기대하게 된다.

마지막으로, 결국 제도적인 틀이나 법적 규정의 마련, 상호견제적인 권력 구조, 정보와 의견의 자유로운 교환에 대한 보장 등이 어떤 자유주의에서도 더할 나위 없이 중요한 요소들일 것이다.

이상은 자유주의적인 원리의 본질적 요소들에 대한 대단히 간략한, 그리고 최소한의 언급이라고 할 수 있다. 나는 자유주의의 총체적인 모습보다는 그 핵심적인 요소들만을 지적하려고 했을 뿐, '자유주의적인 것'이나 '자유주의'가 궁극적인 가치라고 주장하려 한 것은 아니다. 사실 나는 종교적·정치적·경제적 그리고 사회적 요소들에 대한 많은 사항들을 제쳐두었다. 그런데 그런 제반 요소들이야말로 어떤 주어진 역사적 환경이나 배경에서 특수한 결과들을 만들어 내는 중요한 요인들이라고 할 수 있을 것이다. 하지만 내가 여기에서 제시한 사항들이 자유주의적 학문, 자유주의적 교육, 자유주의적 정치, 그 밖의 다양한 측면들에 모두 적용할 수 있는 기본적인 기준이라고 생각하며, 이런 나의 견해를 '자유주의적인 것'의 개념에서 필수 불가결한 것으로 받아들이고자 하는 모든 사람들은, 유교 전통에서 이에 대응하는 가치들을 발견할 수 있으리라 확신한다. 물론 각각의 특수성 때문에 다소의 제약과 한계는 있을 것이다. 특히 중국의 경우에는 네번째 기준이 문제가 될 수 있다. 곧 제도적인 기반구조와 기존의 지배집단이나 권력구조에 대항하는 세력을 용인하는 문제이다. 나는 이것이야말로 시민사회의 진정한 척도라고 본다. 이와 관련해서 나는 『골칫거리 유교』(*The Trouble With Confucianism*, Harvard University Press, 1991)와 『아시아적 가치와 인권』(*Asian Values and Human Rights*, Harvard University Press, 1998, 출간 예정)에서 내 나름의 입장을 개진했다. 여기서는 더 이상의 언급은 하지 않겠다. 다만 이 책을 읽는 독자들이, 유교가 유교 문화권 바깥에서 들어 온 사조들의 영향을 받지 않고, 독자적으로 인권 의식을 낳고 인권을 뒷받침할 수 있는 자유주의적 전통을 갖고 있었다는 나의 주장에 주의를 기울여 주었으면 한다.

아직까지도 서구에서 아주 터무니없이 과소평가되고 있는 유교 전통의 한 가지 측면이 있다면, 그것은 유교 전통의 자기 비판과 자기 갱신의 능력이라고 할 수 있다. 이 책에서 나는, 맹자(孟子)나 『예기』(禮記) 같은 고전적인 차원에서부터 주희(朱熹)·허형(許衡)·왕양명(王陽明)과 명·청(明淸) 시대의 중요한 학자·관료들을 거쳐서 현대에 이르기까지, 교육과 공동체에 대한 유교적인 사고에서 그런 반성적 성찰과 갱신을 통한 부흥의 예를 제시하고자 했다. 그들이 자신들의 사상을 주류 질서와 제도 속에 실제로 자리잡게 하는 데 실패했다는 사실을 들어서 그들을 폄하해 버리는 것은, 서구에서 유사한 실패를 겪었던 자유주의적·공동체주의적·사회주의적 사상을 깎아내리는 것만큼이나 부당한 처사라 아니할 수 없다. 중국의 유교 전통에서 존재했던 자유주의적 가치와 사상의 많은 측면들이, 한국에서 정교하게 제도화되었을 만큼 강력하고 영향력 있는 것이었다는 사실도 잊어서는 안될 것이다.(한국과 관련한 문제들은 별도의 주제이기는 하지만.)(3)

유교 문헌들을 내적인 자기 비판과 갱신으로 점철되어 있는 지속적인 담론으로 읽어 내지 못한다면, 중국의 전통에 완전히 새롭게 부가된 것이라고 볼 수 없는 서구의 영향이, 어떻게 중국의 전통적인 유교 담론에 작동하고 있었던 자유주의적 경향들을 더욱 고무·강화시켰는지 제대로 볼 수 없게 된다. 물론 중국 전통에서 자유주의적 경향이 정치적으로 실질적인 영향력을 발휘하여 지배적인 담론이 되지는 못했지만 말이다. 이와 같은 유교에 대한 오독(誤讀)은 전면적인 서구화를 통해서만이(심지어 혁명적인 격변과 혼란을 대가로 치르고서라도) 필요한 변화를 가져올 수 있다는 잘못된 인식을 확산시키거나, 서구적인 자유주의의 영향은 전통 문화에 근본적으로 해악을 끼칠 뿐이라는 방어적인 전통 옹호론을 불러일으키곤 했다.

내가 처음으로 중국 전통의 자유주의적 요소들에 대한 내 나름의 생각들을 피력했을 때, 유교의 미래는 의혹에 가득 찬 시선을 받고 있었다. 유교 문화를 보전해 오던 제도와 기구들은 문화대혁명 기간에 더 이상 그 기능을 발휘할 수 없게 되어 버렸다. 가족제도도 심각한 타격을 받았다. 유교적 가치의 본산이라고 할 수 있었던 학교제도는 서구화되어 버린 지 이미 오래였다. 1949년 이후, 마르크스·레닌·마오쩌둥의 글과 어록들이 유교 경전이 차지하고 있던 자리를 대신하게 되었다. 오늘날에도 본격적인 유교 연구는 정체상태에 있으며, 인민공화국의 교육제도와 커리큘럼에서 그다지 중요하게 대접받고 있지 못하다.

한편 보수주의라는 상표가 부착된 유교는 국가의 공식적 후원과 반관(半官)적인 진흥책에 의해 주도되면서 실속 있는 유망 산업으로 자리잡게 되었다. 현재 이 산업은 동아시아와 동남아시아에서 다국적 차원의 성장을 구가하고 있다. 물론 과연 이것을 순수한 의미에서 유교의 부흥으로 간주할 수 있는지는 의문이다. 하지만 적어도 다음과 같은 점은 분명하다. 곧, 마르크스-레닌주의의 어떤 형태가 아닌, 유교(또는 유교와 일맥상통하는 가치관념)가 민주주의로의 '평화적이고 점진적인 변화'를 거부하고, 일당(一黨) 통치를 이념적으로 정당화시켜 주는 유력한 논리로 자리잡게 되었다는 것이다. 이것은 1989년 5월에서 6월 사이에 베이징의 천안문 광장에서 일어났던 것과 같은 시위에 대한 탄압을 정당화하는 데도 어느 정도 유용했다.

중국의 젊은이들이 천안문 광장에서 시위를 벌였을 때, 그들은 역사 속에서 자신들이 익히 잘 알고 있었던 정치적 표현수단을 사용했다고 볼 수 있다. 바로 한(漢)과 송(宋) 제국의 조정에서 간헐적으로 일어났던 학생들의 저항, 1919년 '5·4운동'(혁명운동의 일부로 중국 공산주의운동사에 편입되었다)의 민족적 저항운동, 1960년대와 70년대 초의 문화대혁명 등이 그 역사적인 예들이다. 민주의 벽과 그곳에 나붙은 대자보들이 제거될 때까지, 그들은 자신들의 세대 대부분이 듣고 보아 왔던 유일한 정치적 행동주의에 의지할 수밖에 없었다. 바로 문화대혁명 기간 중의 홍위병(紅衛兵)들의 활동으로 대표되는 그런 행동주의였다.

홍위병들이 무력 사용을 서슴지 않았던 바로 그곳에서, 1989년의 천안문 시위자들은 비폭력적이었다. 일반적으로 회자되듯이 공공 광장에서 발을 구르며 소리치는 것은 정치적 갈등이나 차이를 해소하기 위한 최선의 방법은 아니다. 하지만 그 어떤 다른 정당한 절차나 수단—이 책에서 논의되고 있는 시민적이거나 공공적인 기반구조—이 결여되어 있는 상황 속에서 과연 민중들이 의지할 수 있었던 것은 무엇일까? 이상주의적이고 열정적이지만 정치적으로 성숙된 경험을 쌓지 못했고, 잘 조직화되어 있지도 못한 상태에서 날마다 행해지는 즉흥적인 연설에 귀기울이고 있었던 시위자들에게, 자신들의 평화적인 의도와 순수하게 애국적인 저항을 잘 갈무리하여 목표를 구현하게 되기를 기대한다는 것은 애초부터 무리가 아니었을까? 만일 그렇다면 그와 같은 혼란스런 상황 속에서 합리적으로 기대할 수 있는 성취는 무엇일까? 이런 질문에 대한 답을 찾는 과정에서, 급작스럽게 우발적으로 형성된 그들의 리더십은 아무래도 한계가 있게 마련이었다. 그러나 상황은 이미 한계를 넘어설 것을 무리하게 요구하고 있었다.

과거의 유사한 상황에 대한 대응과 마찬가지로 덩샤오핑(鄧小平)이 왜 천안문 시위를 무력으로 진압했는지는 어렵지 않게 이해할 수 있다. 혁명전쟁에서 장군으로서뿐만 아니라, 문화대혁명의 광풍 속에서 살아남은 생존자로서, 그는 자신이 단호하고 과단성 있는 지도자임을 잘 보여주었다. 덩샤오핑에게 천안문 광장에서 일어난 일—그것은 정말 하나의 우발적인 해프닝에 가까웠고, 모종의 치밀하게 계획된 계략이나 음모가 아니었다—은 문화대혁명이 야기시켰던 것과 같은 무정부상태에 가까운 혼란과 무질서를 다시 발생시킬지도 모른다는 위협 바로 그것이었다. 덩샤오핑은 문화대혁명이 야기한 무질서를 평정하는 데 군대와 협력했다. 따라서 새로이 고조된 위기의 순간에 그가 문화대혁명 때 야기되었던 것과 유사한 무질서의 위험에 대해서, 똑같이 군사적 수단을 사용했던 것은 당연한 대응이었다고 할 수 있을 것이다.

그런데 만일 중국 공산당 스스로가 정치적 리더십과 교육에서 독점적·배타적인 권리를 주장한다면, 천안문에서 일어났던 모든 사태들에 대한 책임을 마땅히 져야 할 것이다. 마오쩌둥 자신이나 마오쩌둥을 따르는 공산당은 1960년대와 1970년대 초에 정치적 행동주의를 적극 고무시켰다. 이제 그 결과로, 젊은이들이 스스로의 정치적 의사를 표현할 수 있는 다른 통로는 아무 것도 남아 있지 않게 되었다. 젊은이들이 정치적 판단과 자신들의 소망을 실현하기 위해 성숙해지고 실질적인 체험을 얻게 할 수 있는 그 어떤 합리적이고 제도적인 과정도 없었던 것이다. 40여 년 동안 교육에서 권위와 권력을 독점적으로 휘둘렀던 중국 공산당은, 시위자들을 불법 공모죄와 반역죄로 기소하기보다는 그 젊은이들의 미성숙과 좌절에 대해 스스로의 책임을 통감해야 할 것이다. 공산당이 시위자들을 비난하고 처벌한 행위 자체가, 공산당의 도덕적 정당성을 무색하게 만들어 버리는 처사라 아니할 수 없다.

이제 덩샤오핑의 후계자들이 덩샤오핑과 마찬가지로 그와 같은 책임을 감당할지 안할지에 대한 질문을 던져 볼 때가 되었다. 중국에 관심을 가진 국외자의 입장에서 이 질문에 대한 나의 대답에는, 현재 중화인민공화국의 당총서기이자 주석인 장쩌민(江澤民)과의 세 차례에 걸친 만남이라는 개인적인 체험이 반영되어 있다. 그 세 차례의 만남 중 1994년의 만남은 논의에서 제외시켜도 좋을 것이다. 그 당시 장쩌민은 인민대회당에서 사진기자들을 상대로 포즈를 취하며 간단한 질문에 답하고 있었고, 그는 나에게 자기 옆에 서라고 권했다. 결국 그와 나의 대화도 그저 의례적인 인사와 가벼운 이야기에 불과했다. 다른 두 차례의 만남은 소규모 학술대표단과 함께 하는 자리였는데, 한 차례는 약 30분 정도였고, 다른 한 차례는 거의 2시간에 걸친 만남이었다. 지극히 제한적인 만남인지라 나의 판단이 정확한 것이라는 보장은 결코 없지만, 적어도 내가 받은 인상은 그가 개방적이고 사교적인 인물이며, 그와 같은 지위에 있는 사람으로서 그처럼 사려 깊고 신중한 인물도 찾아보기 힘들지 않을까 하는 느낌이었다. 그는 지적이고 온후했으며, 그가 개진한 입장들도 결코 이념적으로 경직되어 있지 않았고 대부분 미래지향적이었다.(정치적으로 대단히 유동적이고 매우 억압적인 상황에서 그런 종류의 실용주의가 쓸모 있기 때문이었다 할지라도.)

사족이 될지도 모르겠지만, 뒷날 내가 이런 나의 느낌들을 전문적인 중국통들과 베이징 정가에 정통한 관측통들에게 말했을 때, 그들은 대체로 장쩌민이 다만 전환기의 과도기적 인물일 뿐이라고 확신 있게 말하면서 나의 느낌을 그리 중요하게 고려하지 않았다. 또한 그들은 장쩌민이 마오쩌둥 사후의 화궈펑(華國鋒)처럼 얼마 가지 못할 것이라고 말했다. 내가 그런 말을 들은 때가 1989년이었고, 나는 1997년에 이 글을 쓰고 있다. 그리고 장쩌민은 여전히 건재하며, 오히려 그의 입지가 강화되어 있다.

덩샤오핑이 어떤 의도에서 장쩌민을 후계자로 선택했든지 간에, 우리는 덩샤오핑이 자신의 경제개혁 프로그램을 계속해서 수행해 줄 것을 장쩌민에게 기대했을 뿐만 아니라, 끝나지 않은 정치적 과업을 완수해 줄 것을 바라기도 했다고 보아야 할 것이다. 베이징의 강경론자들의 목소리는 결코 그 과업이 자유 민주주의로의 '평화적이고 점진적인 변화'를 뜻하는 것은 아니라고 주장한다. 그들의 완고한 입장 자체가 그런 변화나 발전이 반드시 모종의 갈등과 투쟁을 수반하지 않고서는 일어나기 힘들다는 점을 확인해 준다고 볼 수 있을지도 모른다. 다만, 우리가 바랄 수 있는 것은 그들과는 다른 목소리를 내는 사람들—반드시 장쩌민 자신이 아니더라도—이 중국의 민주화 노력에 참여하고 민주화가 평화적으로 이루어지는 것이며, 또한 그 결과가 외국의 관찰자들의 구미를 전적으로 충족시키지는 못한다 할지라도 천안문 광장에서 자신들의 목소리를 내기 위해 분투했던 보다 젊은 세대들의 열망에 어느 정도 부응하는 것이다.

그들의 성공을 가늠하는 척도는 강력하고 권위적인 국가 기구의 존속을 위해 상투적인 유교적 애국심이나 덕목 또는 집단주의적 이상 같은 '아시아적 가치'들에 그들이 얼마나 자주 호소하는가에 있는 것이 아니다. 그보다는 적당한 시기에 정당한 절차에 입각하여 서구적이거나 유교적인 공공성에 모두 부합되는 정치적·사회적 기초를 마련하는 데 얼마나 기여하는가에 달렸다고 할 수 있을 것이다. 그것은 개인과 집단의 권리들을 보호하는 독립적인 법률체제를 확립하는 문제이기도 하며, 동시에 유교적인 인격의 존엄성을 고양시킬 수 있는 중국의 전통적 요소들을 보전하는 문제이기도 하다.

1997년 12월, 뉴욕에서
윌리엄 시어도어 드 배리

서설

1982년에 첸무(錢穆)[1] 기념강좌(錢賓四先生學術文化講座)[2]의 강사로 초청받았을 때, 나는 첸무라는 중국 학술계의 위대한 인물의 이름에 걸맞은 높은 수준의 강좌에 대한 뭇사람들의 기대에 과연 내가 부응할 수 있을지 자신이 없었다. 그러면서도 한편으로는 그처럼 저명한 강좌의 강사로 초청 받는 영예를 뿌리칠 수 없었다. 그리고 그 초청을 수락하지 않을 수 없는 피치 못할 개인적인 이유도 있었다. 사실 첸무 교수는 나의 스승이다. 그분의 저작들을 통해 나는 언제나 그분의 제자였던 것이다. 물론 저작들을 통해서 나의 사고를 계발시켜 주신 학자들은 그분 외에도 많다. 하지만 첸무 교수는 내가 중국 사상을 공부하기 시작한 때부터 나에게 가장 큰 영향을 끼치신 분이다. 내게 큰 학은(學恩)을 끼치신 분을 기념하기 위한 강좌의 강사로 초청받은 이상, 나는 그 초청을 도저히 거절할 수 없었던 것이다.

나는 첸무 선생의 빛나는 학문적 공헌을 생각할 때마다, 내가 중국학 연구에 처음 뛰어들 무렵에 주목했던 인물인 17세기 초의 유학자 황종희(黃宗羲)를 떠올리지 않을 수 없다. 그때가 1937년에서 1938년경이었는데, 그 당시 대부분의 사람들은 중국이라는 자못 특이한 영역에 대한 연구는 기독교 선교에 종사하는 이들이나 하는 것이라고 생각하고 있었다. 그런데 당시의 뉴욕, 특히 그곳의 컬럼비아 대학에서는 선교를 위한 종교적 관심에 필적할 만큼 강한 정치적 관심을 가지고서 중국을 바라보는 경향이 팽배해 있었다. 바로 그러한 분위기 속에서 나는 폴 로브슨(Paul Robeson, 흑인 공민권운동의 지도자)을 비롯한 급진적인 신념을 가진 여러 사람들과 함께 중국어 수업에 참여했다. 나는 사회주의에 대한 동경을 그들과 함께 공유했고, 젊은이 특유의 이상주의적인 열정으로 마오쩌둥(毛澤東)의 혁명활동에 고무되어 있었다. 그 뒤 내가 속한 동시대(同時代)의 사람들은 혁명의 이상을 배반하는 스탈린의 무자비한 숙정작업, 제

2차 세계대전의 참상을 초래한 히틀러와 스탈린 사이의 협정, 나치와 소비에트 군대에 의한 유럽 분할, 나치에 의한 유태인 대학살과 소련의 강제수용소의 비극 등과 같은 일련의 사건들을 목격하게 되었다. 결국 나는 어떤 미몽(迷夢)에서 깨어나야 한다는 생각을 하지 않을 수 없었다. 그리고 나는 서구적인 혁명이 중국의 곤궁한 상황을 해결하기 위한 방법으로서는 부적합하다는 비관적인 평가를 내렸다. 이후 혁명과 반동(反動) 사이에서 고통을 겪지 않는 미래를 열어 줄 수 있는 그 무엇을 중국인들의 역사와 생활 속에서 찾기 시작했다.

내가 황종희에 주목하기 시작했을 무렵에는, 그는 서구 세계에 잘 알려져 있지 않았다. 20세기가 시작될 무렵 황종희는 중국의 개혁가[3]들과 반청(反淸)혁명가들에 의해 일종의 영웅으로 숭앙받으면서 '중국의 루소(Rousseau)'[4]라고 불렸다. 그런 개혁가들과 혁명가들은 황종희의 사상을 루소의 사상과 비교·검토하면서 황종희가 살았던 시대배경을 바탕으로 그를 이해하려는 자세를 철저하게 갖고 있지 않았다. 그러나 그들의 이런 성급함은 나름대로 까닭이 있었다. 그들은 중국의 과거 역사에서 민주적(民主的) 성향과 가치를 지닌 사상을 찾으려 했던 것이다. 그 뒤에 돌연 등장한 '멋진 신세계'(공산주의 중국)는, 과거의 역사로부터 완전히 해방되는 것만이 모든 문제를 해결하는 유일한 방법이라고 보았고, 결국 모든 형태의 유교적 개혁주의는 혁명의 물결에 휩쓸려 떠내려가 버리고 말았다.

첸무 교수가 나의 관심을 끌기 시작한 것은 바로 이런 상황과 연관이 있다. 중국의 역사와 사상에 접근하는 그분의 방법에서 나는 그런 분열과 혼란의 시대를 바라볼 수 있는 훨씬 폭넓은 시야를 배울 수 있었다. 나중에 그분이 이 기념강좌의 개설 강연에서 분명히 밝히고 있듯이, 중국의 참된 해방은 과거로부터의 모든 유산을 흔적도 남기지 않고 그 뿌리부터 파괴해 버리는 문화대혁명(文化大革命)의 방식으로는 이룩될 수 없는 것이다. 그 나름의 장점과 단점을 지니고 있는 중국 문화를 온전한 모습으로 계승하여, 이 위대한 민족의 미래를 그런 문화 전통 위에 단단히 뿌리박게 하는 것만이 중국의 진정한 해방을 향한 유일한 길이다. 물론 중국인들 가운데 일부(華僑)는 외국으로 이주해 이질적인 문화에 나름대로 적응하기도 했다. 그러나 이런 경우는 과거의 역사를 공유하면서, 대개 그 역사 속에서 형성되어 온 전망과 조건들을 바탕으로 각자의 삶을 꾸려 나가고 있는 대다수 중국인들에게는 해당되지 않는 특수한 경우이다.(1)

보기 드물게 탁월한 중국 사상사가인 첸무 교수는 일찍이 신유가(新儒家)[5]의 사료에 대한 참신한 연구로 신유학사상의 의의를 재발견했고, 송·명(宋明) 시대에서 청대(淸代) 초기에 이르는 사상사에서 황종희의 사상이 차지하는 위치를 새롭게 확립했다. 내가 첸무 교수의 저작,[6] 특히 『중국근삼백년학술사』(中國近三百年學術史)를 알게 되었을 때, 나는 태평양 전선(戰線)의 군복무를 마치고 황종희가 쓴 학술사[7] 연구에 몰두하고 있었다. 첸무 교수는 17세기에서 19세기에 이르는 중국 사상사에 관한 자신의 책 서문에서, 그 시기의 사상이 송대(宋代)의 신유학에 그 연원을 두고 있음을 독자들에게 특별히 환기시키고 있다.(2)

가장 널리 알려진 황종희의 저작인 『명이대방록』(明夷待訪錄)은 그가 이민족 정권인 청(淸)에 대한 치열한 저항운동에서 손을 뗀 지 얼마 안되는 1662년(康熙 元年)에 쓰여졌다.(이 책의 제목을 풀어 옮기면 '시대의 어둠을 뚫고 밝은 새벽이 오기를 기다리며, 그 새벽의 시대를 다스릴 군주에게 올리는 책'이라고 할 수 있다.) 명대의 전제정치와 그 타락을 규탄하는 이 책에는 황종희 자신이 참여했던 명 말의 정치개혁운동의 실패와, 명의 멸망 후에 역시 자신이 참여했던 항청(抗淸)운동에서 겪은 좌절감이 깊숙이 투영되어 있다. 그는 명의 충신으로서 자신의 의무가 (유교적인 사고방식에 충실한 것으로서) 명대 정치의 결점을 솔직하게 비판하는 데 있다고 생각했다. 그리고 광범위한 역사적 교양을 쌓은 신유학자로서, 대대로 내려오는 황제 전제체제의 역사를 돌이켜 분석함으로써 그 체제의 여러 결점과 악(惡)을 문제삼고자 했다.

그의 이런 학술적인 노력은 중국의 전제정치에 대해 가해진 근대 이전의 가장 광범위하고 체계적인 비판으로 나타났다. 실로 그것은 역대 황제 국가체제에 대한 매우 강력한 비판이었다. 황종희가 그 저작에서 명 왕조를 강력하게 비판한 것임에도 불구하고, 청조(淸朝)는 그 저술을 위험한 반정부 문서로 지목했다. 그것이 단순히 명 왕조에 대한 비판일 뿐만 아니라, 황제 국가체제 일반에 대한 근본적인 비판이라는 것을 청조도 분명히 인식했던 것이다. 나는 광범위한 역사학적 소양과 심원한 도덕적 정열을 바탕으로 한 그의 명쾌한 표현력이 유감없이 구사되어 있는 그 저술을 유교 정치사상의 큰 획을 긋는 일대 기념비적 업적이라고 생각한다.

그런 점에서 황종희의 『명이대방록』은 타의 추종을 불허하는, 하나의 고전(古典)에 가깝다. 하지만 그렇다고 해서 그의 저술을 전적으로 독창적인 일종의 예외라고 생각하는 오해를 벅해서는 안된다. 황종희는 과거의 모든 것을 전적으로 부정하고 동시대의 학문적 상황과 아무런 관련을 맺지 않은 고립무원(孤立無援)의 천재는 결코 아니었다. 다만 그와 동시대의 사상가들이 광범위하게 공유하고 있었던 정치적 견해가 과거 정치체제에 대한 그의 항의에서 가장 날카롭고 치밀하게 표현되었을 뿐이다. 다시 말해서 그는 시대 의식을 행동과 사상으로 가장 치열하게 표현했고, 명 왕조의 멸망과 이민족의 중국 정복이라는 급박한 현실에서 비롯된 특유의 첨예함과 위기의식이 그의 주장과 선언들을 더욱 급진적이며 격렬하게 만들었던 것이다. 따라서 황종희가 위대한 지적 거인(巨人)이기는 하지만, 그의 앞에는 그가 짚고 넘어설 수 있었던 위대한 지적 전통과 그 전통을 열고 발전시켜 온 거인들이 자리하고 있었다는 것을 간과해서는 안된다.

더구나 『명이대방록』은 명대에 관한 황종희의 최종적 평가나 궁극적인 결론이 아니다. 그는 명의 멸망 원인을 폭로하고 명 왕조의 악업(惡業)을 청산하는 일에만 전적으로 매달리지는 않았다. 그는 남은 생애의 대부분을 명대 유학자들의 사상이나 문학 관련 자료들을 수집하고 보존하는 일로 보냈다. 그가 만년(晚年)에 이룬 대표적인 업적은 바로 『명유학안』(明儒學案)의 편찬이다. 이 책은 명대 유학사상에 대한 비판적인 선집(選集)으로 중국 학술사(學術史) 분야에서 불후의 업적이라고 할 수 있으며, 후대에 그 책을 모방한 학술사가 많이 나오기도 했다.(첸무 교수의 『주자신학안』〔朱子新學案〕도 그런 저술들 가운데 하나이다.) 황종희는 그 대저(大著)의 첫머리에서, 명대(明代)가 지녔던 결점과 그 현실적 좌절과 질곡에도 불구하고 신유학사상(理學)의 중심 영역에서 명대의 학자들이 전에 없었던 훌륭한 성취를 이루었다고 주장한다.(3)

황종희의 이런 주장은 매우 중요한 의의를 지닌다. 표면적으로는 황종희의 방대한 편찬적 저술작업8)은 보수적인 노력—전통을 보존하려는 유교적 학문의 전형적인 예로서—으로 보이지만, 명대의 다양한 문화적·사회적 양상들에 대한 그의 비판적인 평가를 고려해 볼 때, 그가 명대의 철학사상 부문에서의 성과를 높이 평가했다는 사실을 그저 당연한 일로만 보기는 힘들다. 또한 그것을 전통적인 것에 대한 찬사일 뿐이라고 간단하게 보아 넘겨서도 안된다.

그가 명대 사상에 대해 공감하고, 그 시대의 사상 자료를 보존하는 일의 중요성을 강하게 주장한 것은 17세기 후반에 이루어진 명대 사상에 대한 일반적 평가와 선명하게 대조를 이루고 있기 때문이다. 당시의 사람들은 명대의 사상을 공소(空疎)하고 퇴폐적이라고 평가하고, 멸망해 버린

명의 잔재와 함께 영원히 묻어 버려야 한다고 생각하고 있었다. 황종희는 이런 반(反)명대 사상이라는 큰 흐름(근세기까지도 이어져 내려오고 있다)과 맞서 싸워야 했다. 이런 관점에서 바라보면, 황종희는 명대 신유학의 유산을 보존하려는 노력을 통해 당대의 지배적인 사상 조류와는 자못 상반되는 독자적 입장에서 당시의 공식 견해에 분명하게 이의를 제기했던 것이다.

황종희의 이런 노력이 지닌 깊은 의의에 대해서는 나중에 좀더 자세히 언급하겠지만, 이와 관련해서 내가, 현대의 첸무 교수 역시 황종희처럼, 신유학에 대한 어떤 적의(敵意)나 유교 일반에 대한 치열한 정치적 공격에 대해 학문적으로 저항하지 않을 수 없었다고 주장한다면 지나친 표현일까. 내가 보기에 첸무 교수는 동시대의 지배적인 사조에 이의를 제기하고 효과적으로 그것과 맞섰다. 이 점에서 그는 명대 신유학의 유산을 비판적으로 계승하려 한 황종희에 비견될 만큼 탁월한 학자이다.

명대의 이학(理學)을 변호하면서 황종희는 중국 사상사의 전개과정 중에서 특히 송대(宋代, 960~1279)에 처음 출현했던 하나의 특징적이고 두드러진 국면에 주목했다. 그는 『명유학안』의 편찬을 일단락지은 뒤, 사상사의 탐구 영역을 송·원(宋元) 시대로까지 거슬러올라가며 넓히기 시작했다. 그의 이런 노력은 불행히도 자신이 생전에 미처 완성하지 못한 송·원 시대의 학술사인 『송원학안』(宋元學案)에 집약되어 있다. 이 책은 송대를 그 형성기로 하여 원대를 거쳐 명대에까지 이어져 내려온 유교사상의 광범위한 흐름을 망라하고 있다. 17세기 후반에 이르러서까지도 황종희는 자신이 그토록 찬탄해 마지않았던 명대 사상의 개화(開花)가 자신의 시대는 물론, 후세에서도 생산적이고 위대한 결실을 맺게 되리라 확신했던 것이다.

펑유란(馮友蘭),9) 더크 보드(Derk Bodde),10) 장쥔마이(張君勱)11) 등

이 사용하고, 또 컬럼비아 대학의 '신유학 연구 총서'(Neo-Confucian Studies Series)에서도 사용되는 '신유학'(Neo-Confucianism)이라는 용어는 황종희가 『명유학안』에서 다루고 있는 새로운 사조와 대체로 일치하는 주제 영역이다. 곧 11세기와 12세기 송대의 이 위대한 학자들의 사상에서 유래하는 학파들과 사상 조류들을 포함하고 있다. 탐구의 중심 주제에 근거해 흔히 이학(理學)이라고 부르는 이런 전통은 정주학파(程朱學派)만을 말하는 것이 아니라, 이른바 육왕학파(陸王學派)도 포함하고 있다.(왕양명은 사실 명대 초기의 정주학파에서 출발한다. 이와 동시에 그는 송대에 비롯된 정주학파의 학문적 계승과는 별로 관계없는, 송대의 육상산[陸象山]에게서 유래하는 학문 전통을 이어받아 일가를 이루었다. 육상산과 왕양명 양자 사이의 사상적 친화성 때문에 흔히 '육왕'[陸王]학파라 부르는 것이다.) 신유학의 역사를 연구한 손기봉(孫奇逢)이나 황종희에게 '이학'(理學)이나 '이학파'(理學派)라는 말은 육상산과 왕양명의 학문도 포함하고 있는 말이었다.(4) 동시에 '심학'(心學)이라는 말은 단지 육왕학파만을 가리키는 개념이 아니라, 정주학파에 대해서도 부여해야 마땅한 호칭이었다.

최근의 서구 학자들 중에는 정통성(正統性)이라는 관념에 사로잡힌 나머지 신유학을 정주학파와 완전히 동일시하면서, 그것을 가리켜 특별히 도학(道學)이라고 부르는 사람들이 있다. 그러나 황종희는 정주학을 신봉하는 것만이 '참된 길'(道)을 체득할 수 있는 유일한 길이라는 주장에 동의하지 않았으며, 이학(理學)을 좁은 의미에서의 도학(道學)과 동일시하는 것에 분명하게 반대했다.(5) 물론, 정이(程頤, 1033~1107)와 주희가 도학이라는 말을 처음으로 주창했으니, 그 말을 정주학파를 가리키는 용어로 정당하게 사용할 수 있는 역사적 근거는 충분하다. 더구나 정주학파가 정통적인 유학파라는 것은 중국·한국·일본의 후세 유학자들이 널리 인정하는 바이기 때문에, 오늘날의 우리가 도학 또는 정주학파를 '정통 신유학'이라고 부르는 것은 어떤 의미에서는 비교적 정당한 호칭이라고 할 수 있다. 그러나 이학이나 신유학이라는 개념을 오직 정주의 학설에만 한정하는 것은 이학이라는 학문 전통과 관련한 역사적 사실과 모순되는 것이고, '신유학'이라는 말이 쓰이는 폭넓은 맥락을 사장시킬 위험이 있다.

지금 여기에서 논의되고 있는 용어상의 문제들은 결코 하찮게 보아 넘길 수 없는 것들이다. 사실 그런 문제들이야말로 이 강의에서 내가 이야기하고자 하는 문제들의 핵심과 직접 관련되어 있다. 황종희는 신유학이라는 개념을 협소하게 규정지으려는 경향에 대해 두 측면에서 맞섰다. 그는 협소한 정통 관념에 집착하여, 배타적으로 자신들만이 정통이라고 주장하는 보수적이고 권위주의적인 태도에 반대했다. 다른 한편으로 그는, 그런 정통 관념에 반발해 모든 옛 전통들을 생기 없고 쓸모 없는 것으로 치부하고 송두리째 방기하려는 경향에 대해서도 단호하게 맞섰다. 바꾸어 말하면, 황종희는 역사가이자 철학자로서 신유학을 살아 움직이는 사상으로 이해했고, 보다 넓은 전망 속에서 보다 '자유주의적'(liberal)으로 해석하고자 했다.

물론 '자유주의적'이라는 말을 사용할 대는 오해의 가능성을 십분 감수해야만 한다. 서구의 특수한 역사적·문화적 배경 속에서 탄생하고 정의되어 온, 순수하고 좁은 의미의 자유주의(liberalism, 존 스튜어트 밀이 말하는 것과 같은 자유주의가 그 예이다)를 신봉하는 사람들은 신유학에 대한 나의 평가에 대해 반론을 제기할 것이다. 뿐만 아니라 서구의 고유한 전통으로서의 자유주의에 반발하는 사람들 역시 나에 대해 그리 호의적이지는 않을 것이다. 그도 그럴 것이 그들은 서구의 사상 전통에 기원을 둔 자유 개념[12]을 중국에 적용시키는 것이 무리라고 볼 테니까 말이다. 그만큼 우리가 오늘날 사용하는 '자유'라는 말은 서구의 고유한 개념으로 인식되어 있고, 중국의 전통과는 매우 이질적인 그 무엇으로 간주되고 있다. 하지만 나에게 그런 기존의 통념들은 학문적인 모험을 통해 극복해야 할 작은 난관일 뿐이다. 물론 나는 중국과 서구의 역사적 체험의 차이점들에 대해 철저하게 논의하는 것을 환영한다. 단, 여기에는 조건이 있다. 중국과 서구 사이의 어떤 공통의 기반을 발견하고 그 둘 사이의 깊은 상호이해에 도달하려는 노력을 배제하지 않는다는 조건이다.

몇 해 전 컬럼비아 대학에서 열린 한 학술 심포지엄에서, 지금은 세상을 떠나고 없는 나의 동료 찰스 프랑클—그는 미국에서 자유주의와 인문주의를 명석하고 조리 있게 대변한 인물로 널리 알려져 있다—은 자유주의라는 말의 일곱 가지 의미를 정의했다. 다음은 그것을 요약한 것이다.

1. 문화적 자유주의(지역적 편협성과 광신적인 행위에 대립되는 것으로서): 인간의 정신이 지닌 다양성과 특질들을 손상시키지 않고 발양하도록 함으로써, 인간의 삶의 다양한 가능성들에 대한 공감적인 이해와 비판적인 성찰을 촉진시키는 긍정적인 관심.
2. 정치적 자유주의: 평화적인 변혁의 합법성·정당성의 근거가 되는 절차와 과정을 중시함.
3. 경제적 자유주의: 경제력의 불균등을 시정하기 위한 정책들.
4. 철학적 자유주의: 학문 탐구에서 합리적인 연구방법을 최우선시하는 신념.
5. 자유주의적인 성향이나 태도(중용과 절제, 타협 등을 특징으로 한다).
6. 자유주의적 교육: 이상적인 문화·문명과 높은 도덕적 이상을 추구하며, 독선적인 태도를 버리고 사람과 사람 사이의 화합을 구현하기 위해 노력한다.(6)

위에서 제시한 항목들과 각각 대응되는 유교 전통의 여러 측면들을 예시하는 것은 그다지 어려운 일이 아니다. 물론 그런 예시는 비교와 대조가 충분하고 엄밀하게 이루어졌을 때만이 어느 정도 만족스러울 수 있다. 또한 우리가 유교적 자유주의라 부르는 것과 서구의 다양한 자유주의의 뭇 양상들 사이의 중요한 차이점들도 충분히 검토되어야 한다.(예컨대 4번 항목에서 거론한, 합리적인 연구방법을 최우선시하는 태도의 의미에 관해 서구와 중국은 매우 큰 견해 차이를 보인다.) 그리고 그런 검토에는 양자가 지닌 한계점들에 관한 천착도 당연히 포함되어야 한다.

인간이 이 세계를 변화시켜 나가는 데 중심적이고 창조적인 역할을 담당한다고 보았다는 점에서, 유교는 인간 중심적인 사상이다. 또한 공자(孔子)는 정당하고 올바른 학문의 중심 과제는 인간의 구체적인 삶과 체험이어야 한다고 보았다. 따라서 '인간 중심적'(humanistic)이라는 말은 '현세적'(this-worldly)이라는 뜻이 된다. 하지만 공자는 사물의 신성한 질서가 존재한다는 견해에 대해 반대하지는 않았다. 오히려 인간 사회의 질서 그 자체가 신성한 하늘의 질서를 구현하고 있다고 보았다.

공자는 전통 문화의 정수(精髓)들을 보존하는 데 최선의 노력을 기울임으로써, 인간 체험의 불변하는 가치를 긍정했다. 이런 점에서 공자는 보수적이었다고 말할 수 있다. 하지만 이와 동시에 공자는 과거의 이상이나 규범들을 기존의 제도들을 비판하기 위한 근거로 삼았고, 그런 이상이나 규범들이 하늘로부터 부여받은 인간성의 위대함을 인간 스스로가 깨닫게 해준다고 보았다는 점에서 공자는 자유주의적이었다. 여기서 '자유주의적'이라는 말은, 욕구를 합법적이고 정당하게 충족시킬 수 있는 기회를 사람들로부터 박탈하는 옳지 못한 기존의 제도에 대항하여 당당히 맞서는 개혁자의 태도를 뜻한다. 길버트 머리가 서구의 보수주의와 자유주의에 대해 말했듯이, 그 둘은 서로 모순되는 것이 아니라 상호보완적인 원리이다. "보수주의의 목표는 기존의 사회질서를 유지하는 데 있다. 자

유주의는 기존의 사회질서를 이기심, 맹목적인 욕망, 편견 등에 구애받지
않는 자유로운 정신을 지닌 인간이 추구하고 꿈꾸는 사회에 가능한 한 가
까워지도록 변혁을 통해서 보다 효과적으로 유지하는 것을 목적으로 한
다."(7)

공자 이후의 시대에도 유학자들은, 인간을 최우선시하는 사회복지정책
을 주장하는 개혁주의자들이었다. 혁명적 마오주의(Maoism)나 현재의
중화인민공화국에서 좌파 이념으로 공인받은 사상 진영의 사람들은 유교
안에 그런 개혁사상이 있다는 것을 인식했다. 그러나 그들은 유교의 개혁
사상이 사회적 폐악(弊惡)에 대해 점진적인 개혁, 곧 개량주의적인 태도
로 임하는 오류를 범했을 뿐만 아니라, 오히려 사회적 병폐가 혁명이 일
어날 정도로까지 극도로 만연되는 것을 막음으로써 혁명적 실천을 지연
시키고 방해했다고 비판하고 있다. 마오주의의 입장에 따르면, 유교의 개
혁주의는 환부를 도려 내는 근본적인 치료 방법인 외과수술을 주장하기
보다는 미봉책에 불과한 평화적이고 점진적인 변혁의 방법을 추구했기
때문에 구태에서 벗어나지 못했다는 것이다.

그러나 공자는 현재의 상태에 그럭저럭 만족하는 고분고분한 사람이
결코 아니었다. 그는 자신의 노력이 어떤 현실적인 결실을 이루기 힘들다
고 생각될 때조차도 현실을 변혁시키려는 노력을 그만두지 않았다고 스
스로 자평하고 있다.13) 나이가 들어감에 따라, 자신이 현실 개혁의 사표
(師表)로 삼고 있었던 정치적 이상(理想)시대의 성인(聖人)을 더 이상 꿈
속에서 만날 수 없게 되었다고 탄식하기도 했다.14) 사람은 타인의 요구에
대해 응답해야 할 적극적인 의무를 지니고 있다. 따라서 만일 위정자가
백성들의 요구에 응하지 않는다면 인도적(人道的)이라고는 말할 수 없을
것이다. 결국 유교의 개혁주의는 인류의 복지에 적극적으로 관여하고, 보
다 나은 개혁의 가능성을 항상 염두에 두고 기존의 제도에 대해 비판적인

태도를 취한다는 특징을 갖고 있다.

송대(宋代) 유학의 부흥, 곧 신유학은 이런 유교의 본질적인 태도를 그대로 계승하고 있다. 물론 신유학은 그것을 잉태한 송(宋)이라는 시대의 특수한 상황에 기초하여, 이전의 유교와는 사뭇 다른 새로운 발전양상을 보여준다. 따라서 이제부터 나는, 그런 새로운 사상운동의 고유한 특질을 이루고 있는 요소들을 '신유가'(Neo-Confucian)라는 말로 묶어서 부르고자 한다. 그렇다고 그런 요소들을 이전의 유교에서 전혀 발견할 수 없다는 말은 물론 아니다. 또한 '유가'(Confucian)라는 말을, 시간의 경과에 따라 불가피하게 다소의 변화를 겪긴 하지만 확연하게 달라지지 않은, 비교적 항구적인 가치와 태도들을 가리키는 말로 사용하고자 한다. 사실 유교는 각 시대의 특징적인 경향들로 윤색되어 왔기 때문에, 그런 항구적인 가치와 태도들을 단번에 파악하기는 힘들다. 송대 유교는 여러 측면에서 새로운 발전양상을 보이는데, 특히 전통적인 유교의 가치를 원용(援用)하여 그것을 '근대적'(近代的) · '자유주의적'(自由主義的)인 방향으로 발전시켜 나갔다는 점이 두드러진다. 이후 계속되는 논의를 통해 내가 다루고자 하는 것이 바로 그런 점이다.

이 강좌에서 복잡한 사상사의 흐름을 매우 구체적이고 상세하게 되새겨 볼 수 있기를 기대하지는 말았으면 좋겠다. 다만 나의 논의가 예증이 결여된 공허한 주장으로 흐르는 것을 막기 위한 최소한의 안전판으로서, 신유학사상의 일반적인 흐름을 가장 잘 보여준다고 생각되는 몇몇 핵심적인 개념들을 집중적으로 거론할 것이다. 결국 나는 관념사학(history of ideas)의 방법[15]을 따르는 셈인데, 이 방법은 첸무 교수의 연구방법과 일맥상통하는 것이기도 하다. 나는 이 방법에 따라, 송·명 양 시대의 신유가들의 저작에 나타나 있는 핵심적인 개념들을 취사선택하고, 인용해 가며 논의를 전개할 것이다. 그러나 신유학은 중국에서만 흥성했던 사상이 아니다. 그것은 동아시아 사회 전체가 참여했던 공통의 담론이었다. 이 점을 고려하여, 신유학의 핵심 개념들에 대한 한국과 일본의 접근양상도 이따금씩 언급하려 한다. 황종희가 '이학'(理學)이라고 표현한 넓은 의미의 신유학의 맥락에서 보면, 신유학의 핵심적인 개념들에 대한 논의는 한층 더 복잡해질 수 있다. 하지만 사정이 그다지 곤란한 것만은 아니다. 실제로 우리가 살펴볼 주요 개념들은, 보통 정주학파 또는 '정통'(正統) 신유학파와 동일시되고 있는 신유학의 주류에 연원을 두고 있기 때문이다.

먼저 나는 송대(宋代) 특유의 지적 풍토를 개괄적으로 설명할 것이다. 이 당시에는 '참된 길'(道)의 생명력과 창조성이 새롭게 강조되었고, 맹목적으로 긍정해 버리는 태도가 아닌 비판적인 기풍이 새롭게 진작되었다. 그리고 이 두 가지 새로운 경향은 늘 교차하면서 서로를 고무시키며 상승(相乘)했다. 특히 과거를 재평가하고 전통의 의미를 상세히 부연(敷衍)하여, 과거와 전통을 시대의 요구와 필요에 부응할 수 있게 만들려는 노력에서 그런 상승을 발견할 수 있다. 이 일련의 새로운 태도들은 '도학'(道學), '도통'(道統) 그리고 '심학'(心學)이라는 개념에서 가장 특징적으로 표현되어 있다.

다음으로 신유학사상의 자유주의 교육과 자발적 정신에 대해서 언급하려고 한다. 이 두 가지는 송·명 시대에 전개되었던 특유의 자아 개념과 독특한 개인주의의 기초였다. 이 강의에서는 '위기지학'(爲己之學), '자득'(自得), '자임어도'(自任於道)라는 관념과, 정주(程朱)사상 가운데 '자아'(self)와 관련되어 있는 여러 개념들이 우리의 화두가 될 것이다.

끝으로 이런 사상적 추세가 명 말에 끼친 충격적인 영향에 대한 의의를 평가하고, 결론에서 이것을 새롭게 종합하려는 황종희의 시도—나는 그의 시도 자체를, 신유가적 자유주의(Neo-Confucian liberalism)를 완성시킨 하나의 전형(典型)이라 부르고 싶다——를 언급할 예정이다. 에필로그에서는(부분적으로, 1979년 11월에 했던 컬럼비아 대학 공개강좌에 바탕을 두고 있다), 송(宋)에서 명(明)에 이르는 신유학사상의 발전과 전개를 오늘날 중국의 사상적 현실과 어떻게 연관지어 볼 수 있는지, 내 나름의 견해를 간략하게나마 밝히고자 한다.

1. 신유학의 탄생과 '도통'(道統)

왕안석

일반적으로 신유학이라 불리는 도학(道學)은, 북송기(北宋期, 960~1127)의 위대한 혁신운동의 와중에 출현했다. 정치적으로 볼 때 이 운동은 다양한 제도 개혁과 혁신적 정책을 추진했던 왕안석(王安石, 1021~1086)의 이른바 신법(新法)에서 최고조에 달했다.1) 그런데 여기에서 가장 중요하고 핵심적인 말은 바로 '새로움'(新)이라는 말이다. 적어도 겉으로 보기에 이 말은, 당시 지배적인 위치에 있던 복고주의자들이 이상으로 삼아 숭앙하던 전통 관념과는 대립적인 것처럼 보인다. 그들은 고대 주(周) 왕조의 문물제도를 11세기 송 왕조 안에서 부흥시키려고 했던 것이다. 그러나 이 말이 실제로 의미하는 바는 전통과 혁신이 대립하며 각기 다른 방향을 취했다는 것이 아니라, 그것들이 손을 맞잡고 함께 전진했다는 것이다. 왕안석은 유교 경전들 중에서도 특히 『주관』(周官)2)을 원용해 자신이 단행한 철저한 정치적 개혁을 정당화하려고 했다. 이것은 그가 시행하고자 했던 새로운 제도들과 『주관』에 기술되어 있는 이상적인 제도들 사이에 어떤 밀접한 유사성이 존재했기 때문이라기보다는, 『주관』의 내용들이 기존의 제도들을 공격하기 위한 유력한 근거를 제공해 주었기 때문이라고 할 수 있다.

이처럼 전통을 혁신적인 방향으로 이용하려는 그 시대의 일반적인 경향은, 왕안석 자신이 『주관』에 새로운 주석을 달려고 했다는 사실에서도 엿볼 수 있다. 그 주석본의 제목이 '『주관』의 새로운 의미', 곧 『주관신의』(周官新義)였다는 점도 이런 사정을 단적으로 말해 준다.3) 고전의 재해석이 새로운 비판적 견지에서 행해졌고, 여기에서 비롯된 신고전주의(新古

典主義, 新經學)는 자연히 개혁의 목표에 봉사하는 성격을 띠게 되었던 것이다. '복고'(復古)라는 주장은 이제 새로운 지평에 들어서게 되었고, 오랜 옛날의 '성왕이 제시하신 참된 길'(聖王之道)은 혁신적인 방향으로 새롭게 재조명되며 구체적으로 실천되어야 할 가르침이 되었다.

왕안석은 개혁의 목적을 달성하기 위해 매우 권위적이고 독단적인 태도를 취했기 때문에 큰 비판을 받기는 했지만, 왕안석 한 사람만이, 고대의 이상적인 질서 속에서 가장 바람직한 질서를 찾을 수 있다는 신념을 갖고 있었던 것은 아니다. 그것은 그 시대의 위대한 사상가들의 공통된 생각이었다. 예컨대 정이는 당금(當今)의 '대제'(大制, 위대한 질서) 또는 '대리'(大利, 크고 위대한 이익)를 이룩하기 위한 위대한 개혁의 필요성을 왕안석 못지 않게 열렬히 주장했는데.[1] 그의 이런 말은 린든 존슨(Lyndon Johnson)[4]의 이른바 '위대한 사회'(Great Society)를 연상시킨다. 정이는 정치적인 입장에서는 왕안석과 대립했지만,[5] 자기 주장을 고전의 권위에 기대어 정당화하려 했다는 점에서는 왕안석과 마찬가지로 독단적이었다고 말할 수 있을 것이다. 정치적 입장을 달리하는 그들 두 사람이 같은 사상적 태도를 지녔던 것은, 그들 모두가 도(道)를 과거로부터 내려오는 고정화된 신조로 받아들이는 융통성 없는 자세를 멀리 하고, 인간이 처한 새로운 환경과 상황에 적응하는 역동성을 갖춘 것으로 보았기 때문에 가능했다.

송대 유학에서 이런 사상 경향을 촉진시켰던 한 요인은 『역경』(易經) 연구였다고 할 수 있다. 특히 『역경』 「계사전」(繫辭傳)에는 도가 사물을 무궁무진하게 낳는(生生) 생명력과 창조성을 지니고 있다는 생각이 전개되어 있다. 도학을 제창한 초기 인물이라고 할 수 있는 정이는 도의 생명력과 창조성이라는 관념이, 변화를 무상(無常)하고 덧없는 것으로 보고 도를 생사의 윤회로부터의 해탈이라고 여기는 불교의 부정적·퇴영적 사상과 대비된다고 보았다. 『역경』의 형이상학이 인간의 이해력으로 쉽게 접근할 수 있는 도, 인간의 일상적인 요구와 필요에도 적합한 도라는 지극히 긍정적인 도 관념을 제공해 준다고 보았던 것이다. 결국 정이의 신고전주의에서는 진리으 재발견과 인간성의 갱신이 매우 중요한 가치로 전제되어 있다. 이 시대의 유교 사상가들은 진리를 유교 경전들 속에서 직접 찾을 수 있고, 인간의 구체적인 삶을 갱신하는 데 적용할 수 있는 것으로 보았던 것이다. 정이는 "대학의 도는 백성들을 사랑하는 데 있다"(在親民)는 『대학』(大學)의 초기 판본의 한 구절을 의도적으로, "대학의 도는 백성들을 도덕적으로 갱신시키는 데 있다"(在新民)는 구절로 고치기도 했다.(2)6 주희는 『대학장구』(大學章句)에서, 자아의 갱신이 인류 전체의 갱신과 재생의 기초가 된다는 생각을 크게 강조했다. 원대와 명대 초기의 신유학운동은 바로 이런 사상적 전제에 힘입어 전개되었다. 그런 운동은, 사회의 갱신과 재생이라는 희망이 인간의 도덕성과 개인적인 자기 완성에 입각해 추구되어야 한다는 주희의 자못 새로운 견해에 기반을 두고 있었던 것이다.(3)

그러나 우리는 갱선과 재생, 혁신에 대한 신유학 사상가들의 강조가 반드시 진보의 관점에서 역사를 바라보는 시각을 표명하고 있다고 볼 수는 없다. 그런 진보사관에 따르면 역사는 어떤 고차원적인 이상적 단계를 향해 직선적으로 발전해 나간다. 하지만 신유학자들이 말하는 '새로움'(新)이란 한 해가 지나 '새로운' 해가 돌아오고, 사계절이 순환해 '새' 봄이 찾아온다고 할 때의 새로움의 의미에 가깝다. 이 경우에 진화의 과정을 배제하는 것은 아니지만, 그렇다고 진화의 법칙에 종속되어 따르는 것을 의미하지는 않는다. 여기에서 '생명력' 또는 '창조성'이라는 개념을, 서구인들이 그 말을 사용할 때의 어감에 따라서, 개별적·개인적인 독창성이나 완전한 독자성에 높은 가치를 부여하는 것으로 이해해서는 곤란하다. 신

정호

정이

유학자들의 그런 관점의 밑바닥에는 보편적인 인간성에 대한 강렬한 신뢰가 깔려 있다. 고립무원의 개체로서의 인간이 아니라 공동체적 연대 속에서의 인간, 곧 도덕적 자기 갱신의 바탕이 되는 보편적인 인간성을 공유하고 있는 연속체로서의 인간 일반이라는 관점이 깔려 있는 것이다. 정이가 말하는 '신민'(新民)은 바로 그런 맥락에서, 당시의 사람들이 공유하고 있었던 인간성에 대한 신뢰를 함축하고 있는 말이다.

인간사회에서 도의 진전을 이야기하면서, 정이는 어떤 특정 부류의 사람들이 도의 진전에 특별한 공헌을 한다는 입장을 고수했다. 다시 말해서 소수인들의 탁월한 통찰과 자주적인 노력이 없다면 성인들의 도는 완전히 잊혀지고 말 것이라고 보았던 것이다. 공자와 맹자가 그런 소수 안에 포함되는 것은 당연했고, 특히 정이의 견해에 따르면 맹자가 죽은 이후 오랫동안 도의 계승이 끊어져 오다가 맹자 사후 1,400년이 지나 자신의 형인 정호(程顥)가 등장해 비로소 성인들의 도를 밝혀 사람들을 일깨워 주었다고 한다.[4]

뒷날 주희도 『중용』 서문에서 '도통'(道統)의 의미를 설명할 때, 정이와 같은 생각을 피력했다. 성왕(聖王)들 이후의 도가 어떻게 계승되어 왔는지 설명한 뒤에 주희는 다음과 같이 이야기한다.

> 나는 공자께서 비록 위정자의 지위에 오르지는 못하셨지만, 과거 성인들의 전통을 계승해 후학들에게 전해 주는 공적을 남기셨다는 점에서는 요순(堯舜)을 능가하신 분이라고 생각한다. 그 당시에 공자를 진정으로 이해한 사람으로는 단지 안회(顏回)와 증삼(曾參) 두 분이 있었을 뿐이다. 그 두 제자는 스승의 가르침에 담긴 본질적인 의의를 파악해 그것을 전했던 것이다. 증삼의 다음 세대 제자로 공자의 손자인 자사(子思)가 있었다. 그러나 그분의 시대에 이르면 성인의 시대는 이미 아득히 멀어져 이단적인 가르침들이 만연해 있었다…….
>
> 이후 참된 가르침의 계승은 맹자에게 이어졌다. 그분은 『중용』의 의의를 분명하게 밝혀 해석하고 옛 성인들의 전통을 계승하셨다. 그러나 그분이 세상을 떠나신 뒤, 도의 계승이 끊어져 버리고 말았다. ……하지만 다행히도 그 책만은 완전히 사라지지 않고 남아 있었고, 송대에 정호·정이 두 선생님들이 나와 거의 천년 동안 이어지지 않고 있었던 성인의 가르침의 핵심을 포착하기 위한 연구에 정진하셔서 비로소 도통을 계승하셨다.(5)

이 글에서 주희가 강조하고 있는 것은 도가 끊어지지 않고 전승자들에 의해 계속 이어져 내려 왔다는 사실이 아니다. 그보다는 먼저 오랫동안 도의 계승이 단절되어 있었다는 것을 강조하고 있는 것이다. 두번째로 도의 재발견이나 회복이 비범한 통찰력과 영감을 지닌 인물들에 의해 이루어졌다는 점을 강조하고 있다. 세번째로 쇠락한 시대에 도통을 끊어지지 않게 하려면, 영웅적인 헌신이 필요하다는 점을 강조하고 있다. 내적인 통찰과 영감, 그리고 자기 헌신은 도를 망각과 소멸에서 구해 내는 영웅

진덕수

적인 인물들의 특징인 것이다.[6]

주희 이후 도학의 지도자였던 진덕수(眞德秀, 1178~1235)는 도학의 부흥을 이끈 송대의 위대한 사상가들이 지닌 공통적인 자질을 강조했는데, 한 가지 특이한 것은 그들이 지니고 있었던 천부적인 영감— 거의 초자연적인—을 크게 강조했다는 점이다. 진덕수는 이렇게 말했다. "송대에 일어난 도학의 부흥은 인간의 힘만으로는 불가능한 것이었다. 그것은 하늘의 도우심이 있었기에 가능했다."[7] 그리고 주돈이(周敦頤)·정호·정이·주희 등의 통찰력과 식견을 이야기하면서 다음과 같이 말했다. "네 분 선생님들의 학문은 이전의 사람들이 미처 도달하지 못했던 전인미답의 경지에 이르셨으니, 세상의 속된 학문과 결코 같지 아니하다. 이 어찌 하늘에 기인하고 있지 않다 할 수 있겠는가."[7]

진덕수는 『명도선생서당기』(明道先生書堂記)에서 이와 비슷한 어조로 정호를 '하늘의 참된 이치'(天理)를 중시해 그것을 밝혀 낸 분이라고 말한다. 맹자가 세상을 떠난 후 도가 어둠 속에 가려져 천여 년의 시간이 흘렀고, "송대에 주돈이 선생이 나타나 오랫동안 잊혀져 온 비밀(道學)을 발견하셨다. 그리고 정명도(程明道, 程顥) 선생이 주돈이 선생께서 발견하신 도학의 본질을 확연히 깨달으셔서 어둠을 뚫고 그것을 밝혀 세상을 일깨우셨다." 계속해서 진덕수는 이렇게 말한다. "선생께서는 제자들에게 다음과 같이 말씀하셨다. '나의 학문에는 다른 사람들한테서 배운 것들도 많이 들어 있다. 하지만 내가 제기한 하늘의 참된 이치라는 말, 곧 천리(天理)라는 두 글자만은 나 자신의 체험에서 스스로 깨달은 것이다.'"[8] 다른 전기(傳記)에서 그는 하늘의 불가사의하고 놀라운 창조성을 다음과 같이 생생하게 표현하고 있다. "우리는 지금 성인의 배움을 밝혀 세상의 몽매함을 없애고 천여 년 전부터 이어져 내려온 정통의 가르침(道學)을 바르게 이어가고 있지 않은가! 실로 하늘이 우리 인간의 참된 문화적 전통(道)에 대한 한결같은 호의를 보여주고 있지 않은가 말이다."(9)

졸저(拙著) 『도학(道學)과 심학(心學)』(*Neo-Confucian Orthodoxy and Learning of the Mind-and-Heart*)에서 나는, 앞에서 논한 신유학자들의 사고 경향을 도학사상에서의 '예언적'(prophetic) 요소라고 지적한 바 있다. 이 말에서 내가 뜻하고자 한 바는, 어떤 종류의 진리에 접근하는 데는 특별한 인물들에게만 허락되어 있는 비범하고 이례적인 방법이 있다는 점이다. 그 방법이란 내적인 영감이나 독특한 이해의 과정을 거쳐 경전에서 얻을 수 있는 것 이상의 탁월한 통찰에 도달하는 것을 뜻한다. 그리고 어떤 고차원적인 진리의 질서에 바탕을 두고서, 특정한 문화가 지니고 있는 가치와 경전 텍스트에 새로운 의의와 중요성을 부여하고 그 시대의 상황에 대한 적응성을 부여하는 것을 뜻한다. 물론 유교 전통에서는 그런 인문주의적 '계시'(啓示)를 초자연적인 것으로 보지는 않는다. 하지만 그것은 하늘의 신성한 창조력을 펼쳐 보여주는 예측 불가능하고 불가사의한 성질을 지니고 있는 것으로 이해되기도 했다. 나는 예전에 '예언적'이라는 용어에 대비되는 말로 '전통 묵수적'(scholastic)이라는 용어를 사용했다. 이 말은 예로부터 전해 내려오는 전통적 권위에 기대면서, 광범위한 공중(公衆)들이 외적으로 그리고 통상적으로 받아들이고 있다는 점을 그 유효성과 타당성의 근거로 삼으려 강조하는 태도를 가리킨다.(10)

물론 중국적 전통과 유일신을 받드는 셈족(the Semitic) 세계의 전통 사이에는 그 문화적 배경상의 분명한 차이점이 있다고 할 수 있다. 셈족 세계에서는 신의 길(道)이 인간의 길을 초월하고 있다. 예언자들은 언제나 "신의 길은 인간의 길과 같지 않다"그 말하고 있는 것이다. 또한 신은 인간의 절대적인 복종을 요구하며 인간의 행위를 심판하려 한다. 그리고 가혹하고 엄중하며 때로는 무시무시하기까지 한 최후의 심판을 인간들에게 늘 주지시킨다. 예언자들은 그런 유일신의 명령을 인간들에게 전하는 사람들이었던 것이다. 그러나 그런 차이점이 있음에도 불구하고, 신유학의 도덕관이 내면 지향적 성격을 지니고 있다는 점, 곧 하늘의 권위가 인간의 양심에 대해 어느 정도 구속력을 행사하면서 이상적 질서와 인간의 현실상황 사이에 역동적인 긴장관계가 유지되고 있다는 점을 우리는 충분히 이해할 수 있다. 바꾸어 말하면, 신유학적 관점에서 하늘이 어떤 방식으로 인간의 구체적인 상황들에 영향력을 미치는가라는 문제의 실마리가 바로 여기에 있는 것이다. 이 점은 베버 학파의 유교 연구[8]가 미처 고려하지 못한 것이기도 하다.

'예언적' 태도와 '전통 묵수적' 태도라는 대조적인 두 가지 태도를 신유학의 자유주의적인 경향과 보수적인 경향을 준별하는 말로 생각할 수 있을지도 모른다. 하지만 '예언적–전통 묵수적' 그리고 '자유주의적–보수주의적'이라는 두 범주를 안이하게 대응시키는 것은 위험하다. 그런 종류의 대응에는 항상 세심한 주의가 필요한 것이다. 동서양을 불문하고 예언자들의 발언은 다음과 같은 두 가지 경우 가운데 하나일 때가 많다. 곧, 기존의 사회 제도와 관행에 대한 급진적인 비판이거나, 방종한 사회에 대한 원리주의자(原理主義者)의 반발이었던 것이다. 그런 점에서 생각해 볼 때, 중용(中庸)의 도를 추구하는 유교의 자유주의('온건함과 절제, 타협 등을 특징으로 하는 자유적 성향이나 태도'라는 찰스 프랑클의 정의에 부합되는 것으로서)는 전통 속에서 숙성된 지혜로 눈을 돌리면서도 씌어져 있는 텍스트(經典)나 공적인 제도 안에 구현되어 있는 집단적인 경험에 즉자적으로 매몰되지 않고, 오히려 그것에 반(反)하는 경우도 있는 자기 자신의 양심의 소리에 귀기울이려 한다.

이처럼 서로 상충되는 여러 경향과 태도들이 신유학사상 안에 있다는 점을 인정하면서도, 전체적으로 볼 때 도통(道統)이라는 관념이 창조적인 사상가들의 마음속에서 매우 생산적인 역할을 했다는 것을 분명히 지적하고자 한다. 이 점에서 도통은 신유학의 정통적인 전통에서 중심적인 의의를 지닌다. 개혁가들과 반체제주의자들은 도를 재발견하고 부흥시키는 영웅적인 인물의 출현이라는 이상에 마음속으로 의지하고 있었다. 그 현저한 예들을 다음과 같이 어느 시대에서나 찾을 수 있다. 송대 말기의 진덕수, 원대(元代)의 허형(許衡)·유인(劉因)·오징(吳澄)·명대(明代)의 오여필(吳與弼, 1392~1469), 진헌장(陳獻章)·하심은(何心隱)·임조은(林兆恩) 등이 그런 인물로 숭앙되었던 것이다. 보다 널리 알려져 있는 확실한 예로 왕양명의 경우를 살펴보자. 이하의 인용문은 왕양명의 제자들 가운데 한 사람이었던 왕동(王棟, 1503~1581)이 쓴 글로 황종희(黃宗羲)의 『명유학안』9)에 수록되어 있다.

진대(秦代)에 참된 학문이 파괴되었고, 한대(漢代)에 이르러 고전학자들이 등장해 예로부터 전해 내려오는 고전 텍스트들을 기억해 내 암송했다. 이것은 한 스승에서 다른 한 제자로 계속 이어지면서 몇몇 고전학자들과 지식인들의 전유물에 지나지 않는 학문이 되어 버리고 말았다. 성인들이 진실로 뜻하셨던 학문, 곧 모든 사람들이 이해하고 공유하는 학문은 잊혀져 단절되고 말았던 것이다. 그러나 하늘은 드디어 우리 선생님(왕양명)을 동해(東海, 저장성〔浙江省〕 동부지방)에 보내셨다. 우리 선생님은 탁월한 정신력과 독자적인 깨달음으로 공자와 맹자를 바로 계승하시어, 사람의 마음의 본질을 정확하게 이해하셨다. 선생님이 가르침을 펴신 이후부터, 배우지 못한 자나 어리석은 자들까지도 자기 자신의 본성과 영묘한 지성이 그 자체로 완전하며 충족되어 있어, 외적인 견문(見聞) 지식에 얽매일 필요가 없다는 것을 깨닫게 되었다. 실로 지난 2천 년 이래 전해지지 않고 있던 가르침이 하루아침에 다시 밝혀진 것이다.[11]

양명학파 특유의 사회적·철학적 분위기를 느낄 수 있는 이 인용문에서, 우리는 천부의 자질을 갖춘 인물이 도통을 재흥시키고 인류를 갱신시키는 거의 신화적인 역할을 수행한다는 희망과 믿음을 다시 한번 엿볼 수 있다. 왕양명은 바로 그런 믿음과 희망에 부응한 인물로 제자들에 의해 숭앙받았던 것이다. 그런데 어떤 사람들은 왕양명 사상의 정통성에 의문을 표시하기도 했으며, 특히 학문의 중요성을 지속이라는 관점에서 파악하는 이들이 그를 비판하기도 했다. 그러나 왕양명이 도를 지키고 앙양하려 했다는 주장은 어디까지나 도통의 재흥과 인류의 갱신이라는 정통적 전통의 견지에서 이루어졌다. 탁월한 신유학 사상가들도 대부분 그러했음은 물론이다. 도통을 재흥시키는 탁월한 인물이라는 다분히 영감에 찬 이상이 특히 원·명 시대 신유학자들의 저작들에 매우 자주 언급되고 있다. 이 사실은 이상이 전통을 부활시키기 위한 일종의 강력한 상징으로 기능했다는 것을 말해 준다. 이런 전통의 부활은 다시 정통성의 한계를 뛰어넘도록 발전을 촉진시켰던 것이다.

왕양명의 학설에 그 나름의 특징과 타당성을 부여해 주는 하나의 요소는, 그가 도통이라는 정통적인 견해에서 마음(心)이 움직이는 결정적인 작용을 강조했다는 점이다. 나는 왕양명 만년의 사상이나 주희의 근본적인 교의 모두에, 자기 비판과 자기 혁신이라는 마음의 대단히 중요한 역할이 지적되어 있다고 생각한다. 주희는 『중용장구』(中庸章句) 서문(이미 42쪽에서 '도통'이라는 관념의 경전적인 전거를 명확히 하기 위해 인용했다)에서 도통을 『서경』(書經)에 나오는 인심(人心, 타락하기 쉬운 인간의 마음)과

도심(道心, 깨끗하기 그지없는 순선[純善]한 마음)에 관한 성왕 순(舜) 임금의 가르침[10]과 관련지어 이야기하는데, 그것은 사람들에게 자신과 도 사이의 도덕적·정신적 조화를 유지하기 위해 마음을 정화하고 한결같이 다잡을 것을 권고하는 것이다. 또한 주희는 그 서문에서 그런 마음의 상태가 유교 경전들의 진리를 파악하기 위한 전제라고 말한다. 그런 마음의 상태가 아니라면 눈앞의 경서는 다만 형해화된 고전적 지식을 전달해 주는 매체일 뿐인 것이다. 따라서 그런 마음의 상태를 유지할 때만이 『대학』이나 『중용』 같은 경서들—이 두 경서는 본래 의례 절차와 형식에 관한 방대한 양의 설명이 수록된 『예기』(禮記)의 여러 편들 가운데 하나였고, 신유학자들이 등장하기 전까지는 별다른 주목을 받지 못하고 있었다—의 특별한 의의를 제대로 체득할 수 있다.

마음에 관한 교설은 주희 사상의 매우 중요한 주제로서, 그의 경서 해석이나 임금에게 올린 상주문(上奏文)에서도 두드러지게 나타나고 있다. 1162년(壬午年)에 올린 상주문에서 주희는 다음과 같이 말한다. "천하가 다스려지거나 어지러워짐은 모두 임금이 무엇을 배우는가에 달려 있습니다. 또한 바른 것을 배우느냐 아니냐는 임금의 마음에 달려 있는 것입니다."[12] 주희는 『대학』에서의 팔조목(八條目) 중 수신(修身)의 문제에 관해 다음과 같이 이야기한다.

지식의 확충(致知)과 사물의 탐구(格物)는 요와 순이 가르치신 마음을 정화하고 한결같이 다잡는 것(惟精惟一)과 같습니다. 마음을 바로잡는 것(正心)과 뜻을 참되게 하는 것(誠意)은 요와 순이 가르치신 중용을 지키라는 것(執中)과 같습니다. 예로부터 성인께서 입으로 전하시고 마음에서 마음으로 전하신 가르침이란 이런 것들 이외의 다른 그 무엇이 결코 아닙니다.[13]

1188년(戊申年)에 올린 상주문에서도 주희는 같은 생각을 피력하고 있다. 그는 이 글에서 송의 효종(孝宗) 황제가 세심하고 절박하게 주의를 기울여야 할 여섯 가지 사항들을[11] 언급한 뒤에 다음 같이 말하고 있다.

이들 여섯 가지 사항들은 하나라도 소홀히 해서는 안되는 것들입니다. 하지만 그것들은 결국 모두 폐하의 마음에 뿌리를 두고 있습니다. 마음이 바르다면 이 여섯 가지를 그르칠 일이 없을 것입니다. 사사로운 욕망이나 이기심이 털끝만큼이라도 폐하의 마음에 끼어들게 된다면, 그런 문제들을 바로잡기 위해 아무리 노심초사하고 애를 써도…… 천하는 잘 다스려지지 못할 것입니다. 때문에 모든 시급한 일들 중에서도 가장 시급하고 절박한 것은 마음이라는 뿌리일 것입니다. 한순간이라도 마음이라는 근본을 망각해서는 안됩니다.[14]

당시에 이런 견해가 널리 확산되었던 이유는, 통치자가 갖춰야 할 자질과 덕목에 관한 논의인 이른바 '제학'(帝學, 帝王學)의 영역에서 『대학』의 중요성이 크게 대두되었기 때문이기드 하다. 이런 제학은 정호·정이 형제와 주희 시대의 학자들인 범조우(范祖禹, 1041~1098)와 진장방(陳長方, 1108~1148)[15] 같은 학자들에 의해서 전개된 학문이었다. 진장방은 「제학론」(帝學論)이라는 글에서 『대학』을 인용해 다음과 같이 적고 있다.

인격 수양은 마음을 바로잡는 것(正心)에 달려 있다. 정욕에 따라 움직인다면 마음의 바름을 체득할 수 없게 될 것이다. 두려움에 의해 움직인다면 역시 마음의 바름을 체득할 수 없게 될 것이다. 어떤 것에 대한 탐닉에 의해 움직인다면 마음의 바름을 체득할 수 없게 될 것이다. 분노나 비탄에 의해 움직인다면 또한 마음의 바름을 체득할 수 없게 될 것이다.[16]

또한 우리는 진장방의 「제학론」에서, 이른바 '심법'(心法)이라는 용어가 최초로 사용된 예를 확인할 수 있다. 이 용어는 당시의 신유학자들이 발전시킨 것으로, '정심'(正心, 『대학』의 팔조목〔八條目〕 중의 하나)의 방법을 가리키는 말이다. 나는 다른 곳에서 이 개념이 11세기와 12세기의 신유학자들 사이에서 어떻게 사용되었는지에 대해 고찰한 적이 있다. 여기서 주목해야 할 점은 주희의 도통과 마찬가지로, 진장방은 심법을 역대 성왕들과 공자·맹자가 전해 준 법이라고 보고 있다는 사실이다. 그는 제왕의 학문(帝王之學問)이나 통치자의 정신 수양법(人主心法), 그리고 마음을 바로잡아 자기 수양을 하는 『대학』의 방법 사이에 명확한 상관관계가 있다고 보았던 것이다. 뿐만 아니라 뒷날 주희가 도통이라고 부른 관념과도 내적인 관계가 있다고 보았다. 실제로 주희는 『중용장구』의 첫머리에서 그 관계를 명확히 지적하고 있다. 그는 『중용』을 천하의 바른 도, 곧 정통적인 전통을 전해 주는 것으로 규정하면서, "이 책은 공자학파(孔子學派)에서 전해 내려오는 심법(心法)을 설명하고 있다"는 정자(程子)의 말을 인용하고 있다.(17)

단순하게 말하면 이런 종류의 학문은 전적으로 도덕심에 주안점을 두고 있지만, 더 엄밀히 말하면 언제나 정치적 배경과 맥락에서 도덕 문제가 논의되고 있다고 할 수 있다. 그 결과 위정자의 사회적 양심이 특별히 중요시되었던 것이다. 권력의 행사에 따르는 막중하기 그지없는 책임, 특히 황제의 권력과 권력 남용으로 인한 인민의 고통을 고려할 때, 신유학자들은 마음의 선이나 악이 초래하는 심대한 영향을 대단히 강조하지 않을 수 없었던 것이다. 모든 인간들의 마음이 그런 의미에서 대단히 중요하지만, 그 중에서도 위정자의 마음은 더더욱 결정적인 중요성을 지닌다고 본 것이다. 신유학에서 말하는 도의 본질은 앞에서 살펴본 여러 사항들에 나타나 있다고 할 수 있는데, 우리는 그것을 탕쥔이(唐君毅)12)의 다음과 같은 말에서 잘 알 수 있다. 그는 신유학의 특징을 "인간에 대한 유교적 신뢰의 부흥", 그리고 "인간 본성의 부정적인 요소들에 당당히 맞서 그것들을 극복하고, 궁극적인 이상을 실현하기 위한 방도를 적극적으로 탐구해 나아가야 할 필요성을 분명히 인식하는 것"이라고 설명했다.[18]

송대 사상의 발전에서 매우 중요한 시기에 도학과 심학이 함께 출현했다는 사실은 매우 중요한 의의를 지닌다. 그것은 마음의 자율성에 관한 새로운 주장과 개개인이 직접 도에 접근해 체득할 수 있다는 주장—도학이라는 말 자체가 개인이 도에 관해 발언할 수 있는 권리를 가진다는 것을 암묵적으로 뜻하고 있다—사이에 상호 관련성이 있다는 것을 의미한다. 뿐만 아니라 그것은 고전과 학자들 개개인의 관계가 각기 다를 수 있다는 것, 다시 말해서 고전(古典, 經書)을 대하는 학자들의 태도가 각양각색일 수 있다는 함의를 내포한다. 『주관』의 권위는 왕안석에 의해, 『대학』의 권위는 정이에 의해 비로소 앙양될 수 있었는데, 이 두 책에 대한 그들 두 학자의 재해석이 그때까지 전해 내려오던 전통적인 주석들보다도 우선시되기에 이르렀다. 물론 경서 그 자체의 중요성은 여전했지만, 경서의 의의에 대한 개인들 나름의 이해방식이 더욱더 중요해졌던 것이다. 정이와 주희는 『대학』이 고전학자들에 의해 그 진정한 가치가 인식되지 못한 채 2천 년이라는 긴 세월 동안 방치되어 왔다고 생각했다. 이 점을 고려한다면 그들이, 텍스트의 물질적인 전승보다 각 개인들이 그 텍스트의 참된 의의를 스스로 이해하는 것을 훨씬 더 중요하게 여겼음을 미루어 짐작할 수 있을 것이다. 마찬가지로 '도통'이라는 관념에서도, 정통적 전통이 경서 자체의 전수보다는 경서를 계승해 해석하는 개인의 통찰력에 더 의지하고 있다는 것을 알 수 있다.

신종(神宗)이 제위에 있을 동안(1068~1085) 호원(胡瑗)은 유가의 도라는 것을 그 실체(體)와 작용(用), 그리고 도를 전달하는 수단으로서의 문학적 표현(文)이라는 측면들로 나누어서 황제에게 가르쳤다고 한다.[19] 정이와 주희는 도의 실체와 작용을 역설하기는 했지만 도를 표현하는 수단으로서의 문장(文)을 이야기하는 경우는 드물었다. 그렇다고 해서 그들이 경전과 학술적 연구를 경시했던 것은 물론 아니다. 13세기 초 정주학파의 제일인자였던 진덕수는 도를 본체(體)와 작용(用), 그리고 그 전달(傳)이라는 세 가지 측면에서 정식화해, 종래 문학적 표현(文) 또는 경전이 차지했던 자리를 전달(傳)이라는 말로 대체했다.[20] 이런 입장은 결국 마음이 도를 직접 파악할 수 있다는 것을 강조함으로써 마음의 결정적인 역할을 다시 한번 승인한 것이라 할 수 있다. 주관성에 큰 의의가 부여된 반면에 객관적인 기록이나 경전의 가치는 예전에 비해서는 적지 않게 줄어들었던 것이다. 이에 따라 경전과 고전적 전통에 대해 개인이 매우 폭넓은 자율성을 발휘하기 위한 기반이 마련되었다. 정이와 주희가 자신들의 사상에 적합하게 『대학』 텍스트를 고쳐서 재배열할 수 있었던 자유, 그리고 그들의 제자들이 그런 경전의 개정을 별 거부감 없이 순순히 받아들였다는 것, 이것들이 모두 위에서 언급한 사항들을 잘 대변해 주는 예들이다.

정통적 전통 또는 도통이라는 관념은 전통적 가치를 부활시키고 사회 개혁과 인류 갱신을 실현하는 도덕적 영웅의 이상을 표현하고 있다. 그런 영웅적 존재의 예언자적 역할이라는 관념과 결부되어, 사람의 마음은 도덕적·사회적 의식을 갖추고 있는 것으로 여겨졌다. 그런 마음은 자신의 행위의 결과에 대해 책임을 져야 한다는 통렬한 개인적 자각을 수반한다. 또한 그런 자각이 개인의 양심을 예민하게 갈고 닦아야 할 필요성을 함축하고 있다는 것은 물론이다. 정주(程朱)의 가르침 안에서 개인의 양심이라는 것은 일체의 외적인 권위로부터 자유롭다. 그렇게 자유로운 양심은 사람의 마음 안에 내재해 있으면서 사람의 행위를 이끄는 하늘의 이치(天

理)이다. 나는 개인의 중시, 자기의 양심을 행사해야 할 의무, 전통을 창조적으로 해석해 내는 개인의 자주성 인정과 같은 신유학적 가치들이 서구의 자유주의 전통에서의 가치들과 크게 다르지 않다고 본다. 그러나 이런 표면적인 유사성으로부터 어떤 결론을 이끌어 내기에 앞서, 신유학의 개인주의의 다른 여러 측면들을 그 사회적인 배경 속에서 살펴보아야 할 필요가 있다.

2. 주희와 자유주의 교육

1. '자기 자신을 위한 배움'(爲己之學)

주희의 사상은 철두철미하게 '자기 자신을 위한 배움'(爲己之學)이라는 목표로 시작해서 그것으로 끝난다. 이 말은 『논어』(論語)의 「헌문」(憲問) 편에 나오는 공자(孔子)의 말에서 유래한 것이다. 공자는 참된 배움이란 자기 자신을 위한 배움, 곧 스스로의 수양을 위한 배움이어야 하며, 남들을 위한 배움, 곧 남들의 눈에 들고 남들을 기쁘게 하기 위한 것이어서는 안된다고 말했던 것이다. 주희는 자기 자신을 바르게 이해하고, 자신의 도덕적인 의무를 완성하는 것에 최고의 가치를 부여하는 이 목표를 어릴 적에 아버지한테서 물려받았다. 주희가 이동(李侗, 1093~1163)을 스승으로 모시고 배움의 길을 걷고자 했던 것도 이런 목표의식과 연관이 있다. 이 목표는 그의 관료생활을 이끈 지침이었으며, 학문생활 내내 그의 머리를 떠나지 않았다. 뒷날 주희의 가르침을 따르는 많은 유학자들에게 이 목표는, 참된 유학의 가르침과 그렇지 못한 다른 것들을 구별하는 기준이 되었다.

유교(儒敎)는 '교'(敎)라는 말에서도 알 수 있듯이, 바른 가르침과 바른 배움을 지향한다. 다시 말해서 학문을 하는 바른 길을 가르치는 것이 유교의 한 의미이기도 한 것이다. 그리고 주희는 관료이고 사상가이기 전에 한 사람의 뛰어난 교사였다. 실제로 주희의 철학 전반에서 교육이 점하는 의미는 너무나 중요하다. 주희의 철학과 교육을 따로 떼어 내 논하는 것 자체가 불가능할 정도이다. 이번 강의에서는 '자기 자신을 위한 배움'에 관한 주희의 생각을 이야기해 보고, 자발성을 중시하는 그의 일반 민중교육론을 검토한 다음, 고등교육에 대해 주희가 부여한 사회·문화적인 의의를, 어떤 의미에서 '자유주의적'이라고 할 수 있는지 살펴보고자 한다. 그리고 다음 강의(3.신유학의 개인주의)에서는 주희가 자신의 정치적·문화적 생활 가운데서 특유의 신유학적 개인주의를 어떤 형태로 표현했는지 제시해 볼 것이다.

1148년(紹興 18), 18세 때 주희는 송(宋) 제국의 수도에서 시행되는 관료선발 최종시험(殿試)에 합격해 진사(進士)가 되었다. 당시의 기준으로 보아도, 그는 매우 어린 나이에 전시에 합격했다. 전시 합격은 그 당시 송 제국 안의 대다수 지식인들이 갈망하는 최고의 영예이기도 했다. 주희는 대부분의 다른 합격자들과 달리 20세가 되기도 전에 벌써 그 영예를 획득했던 것이다. 과거(科擧)의 최종시험에 합격한 후 얼마 안 있어 그는 푸젠성(福建省) 동안현(同安縣)의 주부(主簿, 書記官)로 임명되었다. 임지에 부임한 그는 지방 학교(縣學)를 감독·관리하는 일을 비롯한 여러 가지 임무를 수행했다. 특히 그는 자신이 관할하는 학교의 학생들에게 면학을 격려하는 일종의 강연을 할 기회도 있었다. 그는 학생들에게 이렇게 말했다. "배움이란 스스로의 덕성을 긁기 위한 것이어야 한다. ……그런데 요즈음 세상에서는 아버지가 아들을 북돋우고, 형이 아우를 격려하며, 스승이 제자를 가르치고 제자가 스승에게서 배우는 것이 모두 과거시험[1] 준비를 목표로 하고 있을 뿐이다." 주희는 학생들에게 '남들에게 보이기 위한 배움'을 추구하지 말고 옛 어진 이들이 말했던 '스스로를 수양하기 위한 배움'을 추구하라고 독려했다.[2] 이 말은 과거시험에 합격하는 것만을 목표로 삼는 배움보다는 자신의 덕성을 갈고 닦아 온전히 펼치고, 자신의 때묻지 않은 참된 모습을 잘 이하하고 지키기 위한 배움에 힘쓰라는 뜻이다.[1]

1175년(淳熙 2)에 주희는 여조겸(呂祖謙)과 함께 『근사록』(近思錄)[3]을 편찬하면서, 그 책의 전반적이고 핵심적인 요지가 잘 나타나 있는 제2권 「위학류」(爲學類)에 공자의 말에 대한 정이의 풀이를 다음과 같이 수록했다. "정이는 '배움의 길을 걸었던 옛 사람들은 자기 자신을 위해 배움

주희

의 길을 걸었다'는 공자의 말을 '배움의 길을 자기 바깥에서 구하지 말고 자기 안에서 찾으라(自得)'는 뜻으로 풀이했다. 또한 '배움의 길을 걷는다는 오늘날의 사람들은 다른 사람들을 위해 배움의 길을 걷는다'라는 말을 '다른 사람들한테서 인정받기 위해 배움의 길을 걷는다'는 뜻으로 풀이했다."⁽²⁾ 정이의 '자기 안에서 찾으라'는 말은 맹자(孟子)의 다음과 같은 말과 그 취지가 같다고 할 수 있다. "군자(君子)는 '자기 스스로 참되고 바른 길(道)을 깨달아 얻어(自得)' 그 안에 깃든다. 스스로 깨달았으니 깨달은 바에 대해 확신을 가질 수 있고 흔들림 없이 편안할 수 있다. 흔들림 없이 편안하니 깨달은 바에 대한 이해도 한층 더 깊어진다. 이해가 깊어지면 깨달은 바를 자기 주변의 어떤 상황에 적용시키더라도 참되고 바른 길과 만날 수 있다. 그래서 군자는 자기 스스로의 힘으로 참되고 바른 길을 깨닫고자 하는 것이다."⁽³⁾ 여기에서 '자기 자신을 위한 배움'은 자기 안에서 참되고 바른 길을 찾고, 그렇게 찾은 참되고 바른 길 안에서 깊은 내적 만족을 누리는 것이라고 해석되고 있다.

주희는 후에 『논어』의 해당 구절을 풀이하면서 다시 한번 다음과 같은 정이의 말을 인용하고 있다. "배움의 길을 걸었던 옛 어진 이들은 자기 자신을 위해 배웠는데, 그 결과는 참으로 다른 사람들에게까지 널리 미치어 그들의 도덕적 완성을 도울 수 있었다. 그러나 요즈음 사람들은 남들을 위한 배움을 추구해 결과적으로는 자기 자신을 상실하고 파괴하는 데까지 이르렀다."⁽⁴⁾ 주희는 자신의 『논어집주』(論語集注)에 정이의 이 말을 수록했고, 『논어』의 해당 구절이 '간결하면서도 정곡을 찌르는 매우 긴요한(切而要) 말이라고 평가하고 있다.(5) 이 밖에도 주희는 『논어정의』(論語精義)에 '자기 자신을 위한다'(爲己)는 말에 관한 송대의 여러 유학자들의 해석들을 수록해 놓았다. "자기 자신에 대해 진실하다"(自信而已)든지, "마음을 올바르게 추스르고 뜻을 참되게 한다"(正心誠意)든지 하는 것들이다. 어느 경우에도 '자기를 위한다'는 것이 이기적이고 편협한 자기애(自己愛)로 이해되고 있지는 않다. '자기를 위한다'는 것은 자기 수양을 출발점으로 해 다른 사람들에게까지 그 효과가 미치도록 한다는 뜻을 지니고 있다고 주희는 생각한 것이다.(6) 주희는 다른 사람들까지 도덕적 완성의 경지로 이끄는 참된 자기 수양과, 자기 자신을 상실하는 결과를 낳는 이기적인 만족을 명확하게 구분하고 있는 것이다.

주희는 『근사록』 제6권 「가도류」(家道類, 가정생활을 도리와 예에 합당하게 꾸려 나가는 일에 대한 내용이 담겨 있다)에서 다시 한번 같은 주제에 대해 논하고 있다. 주희는 이 글의 첫머리에서, '자기 자신을 위한 배움'에서 도덕적 의의가 가장 중요하다는 것을 정이의 다음과 같은 말을 인용하며 지적한다. "배움의 길을 걷는 젊은이들은 도덕적인 의무를 수행하고 나서 여력이 있을 때 비로소 지적인 교양을 쌓고 글공부에 힘써야 한다. 만일 자신의 도덕적 의무를 수행하지 않고서 지적인 교양과 글공부에 몰두한다면, 그것은 자기 자신을 위한 배움이 아니다."(7) 여기에서 주희는 도덕적인 수양을 위한 학문과 지적인 교양을 쌓고 글을 익히는 지식 위주의 학문을 구분지으며 그 사이에 모종의 긴장관계를 상정하고 있다. 후자에 몰두하다 보면 정작 더욱 중요하고 근본적인 전자를 무시할 가능성이 있다는 점을 강조하는 것이다.

실제로 관직에 있었던 기간도 짧았고 간헐적이었을 뿐만 아니라 결코 만족스럽지 못했던 주희는 관료생활이 막바지에 이를 무렵, 옥산서원(玉山書院)을 방문했다. 이 시기는 그의 학문이 정통을 벗어난 불온한 학문이라는 공식적인 규탄을 당하기 직전이었다. 이 서원에서 그가 행한 강의는 철학적인 문제들과 교육문제에 관한 그의 성숙된 사상을 잘 보여주는 가장 신뢰할 수 있는 발언으로 알려져 있다. 그는 그 강연을, 청년시절 동안현에서 신참 관료로서 교육사업에 처음 참여했을 때 현학(縣學)의 학생들에게 강조했던 내용과 완전히 동일한 주제를 가지고 시작했다.

나는 다음과 같이 들었다. "배움의 길을 걸었던 옛 사람들은 자기 자신을 위해 배움의 길을 걸었다. 그런데 요즈음 배움의 길을 걷는다는 사람들은 남들을 위해 배움의 길을 걷는다." 그래서 성인과 현인들은 사람들을 배움의 길로 인도하면서, 과거에 급제해 높은 지위와 봉록을 얻기 위한 목적으로 말과 문장을 그럴듯하게 꾸미는 배움을 가르치지 않았던 것이다. 다만 "온갖 사물과 일들의 이치를 탐구해 지식의 확충에 힘쓰고(格物致知), 뜻을 참되게 하며(誠意), 마음을 바르게 추스르고(正心), 제 몸을 바르게 닦아(修身), 가정을 화목하게 잘 꾸려 나가며(齊家), 나라를 올바른 길로 이끌고(治國), 나아가 온 세상을 평안케 하는(平天下)" 것이야말로 바른 배움이라고 보았던 것이다.(8)

주희는 이 짧은 문장 안에서 그의 시대 특유의 이념들과 그가 평생에 걸쳐서 발전시킨 교육철학을 집약적으로 보여주고 있다. 북송(北宋)의 혁신적인 사상가들을 사로잡고 있었던 '올바른 배움'(正學), 정주학파가 『대학』에서 이끌어 낸 '성현들의 배움'(聖賢之學), 그리고 주희 자신이 배움의 출발점이자 목표로 설정한 '자기 자신을 위한 배움'(爲己之學) 등의 사상관념들이 잘 나타나 있는 것이다. 주희는 이런 도덕적이고 정신적인 배움을 과거에 급제하기 위한 배움과 대비시켜 참된 배움의 길로 제시하고 있다. 또한 정이의 말을 인용하면서, 도덕적인 배움의 길을 희생시키면서 문학적인 지식과 기량을 닦는 배움의 길을 걷는 것에 적극 반대하고 있다. 뒷날 원(元)의 쿠빌라이 황제 시대에 과거제도의 부활 문제가 주요 이슈로 등장한 일이 있었다. 이때 '문장파'(文章派)라 불린 이들은 과거제도의 부활을 주장한 반면, 주희의 사상을 추종하는 이들은 '위기지학'(爲己之學)의 기치 아래 과거제도의 부활을 반대했다.[9] 원대에 '위기지학'을 표방하며 서원(書院)의 교육과정에 주희의 저술들을 넣은 이들도 역시 주자학파의 유학자들이었다.[10] 조선(朝鮮) 왕조의 수립과정에서도 관리등용제도와 관련해서 비슷한 문제가 야기됐을 때, 신유학의 교의에 충실하고자 하는 이들은 정부의 어용학문을 가리켜서 '위기지학'을 주창하는 공자의 가르침에 반하는 '위인지학'(爲人之學)이라고 규탄했다.[11] [4]

2. '자기를 억제해 예로 돌아감'(克己復禮)

'자기를 억제[5]해 예로 돌아감'(克己復禮)이라는 주제에 관한 주희의 해석에서 우리는 '자기'(自己)에 대한 또 하나의 신유학적 관점을 발견할 수 있다. 언뜻 보면 이 경우의 '자기' 개념은 바로 앞에서 논의한 '자기' 개념과 완전히 반대되는 것으로 보인다.

신유학자들은 '자기 자신을 위한 학문'에 나오는 '자기' 개념에는 자못 적극적인 의미를 부여하지만, '자기를 억제해 예로 돌아감'에 나오는 '자기' 개념은 '자기 중심적이고 사욕을 추구하는 자기'라는 식으로 부정적으로 본다. 이렇게 '자기'가 부정적으로 이해되고 있는 한편, '예'(禮)라는 말은 개인이 사회생활에서 마땅히 따라야 할 규범들을 객관적으로 표현해 놓은 것으로 이해되고 있다. 사회의 구성원으로서 한 개인은 자신이 속한 공동체의 공공의 이익을 위해 사사로운 욕망을 접어 두어야 하는 것이다. 결국 한 개인의 참된 인격은 자신의 욕망을 공공의 이익과 맞서지 않고 그것에 순응할 수 있도록 잘 다스림으로써 완성될 수 있다. 욕망이 선하게 보이거나 악하게 보이거나 하는 것은 전적으로 그것이 공공의 이익과 부합되는지 아닌지에 달려 있다. 자기 수양의 완성 여부가 자기 자신과 타인들 사이의 갈등과 모순을 어떻게 극복하는가에 달려 있듯이 말이다. 신유학자들은 『논어』 「안연」(顔淵) 편에 나오는 공자와 안연 사이의 '인'(仁)에 관한 문답을 자주 언급하며 중요시한다.

> 공자께서 말씀하셨다. "자기를 억제해 예로 돌아가는 것에 인(仁)이 있다. 어떤 사람이 단 하루만이라도 자기를 억제해 인으로 돌아갈 수 있다면, 하늘 아래 모든 사람들이 그 사람에게서 '완전한 덕'(仁)을 찾아볼 수 있을 것이다." 이에 안연이 말했다. "인의 요점이 어디에 있습니까?" 공자께서 말씀하셨다. "예에 어긋나는 것은 보지도 말고, 예에 어긋나는 것은 듣지도 말며, 예에 어긋나는 것은 말하지도 말며, 예에 어긋나는 것은 행하지도 말라."6)

공자가 '인'이라는 개념에 부여한 이런 고전적 정의는 신유학에서 중심적인 역할을 맡게 됨으로써 특별히 중요한 의미를 부여받게 되었다. 특히 주희가 『근사록』 가운데 중요한 한 권(제5권 「극기류」〔克己類〕)에서 인에 대해 각별한 관심을 기울임으로써 더더욱 그렇게 되었다. 이 권의 내용은 자기 반성과 도덕적 수양을 논하는 것으로, 그런 주제는 주희가 『대학』을 중요한 교육과정의 하나로 설정하면서 최대의 관심을 기울인 문제이기도 하다. 이 권의 제목은 판본마다 다른데,7) 윙칫찬(陳榮捷) 교수의 영역본은 엽채(葉采)의 판본을 따르고 있다. 엽채는 주자학의 주요 입문서인 『근사록』의 주해본을 편찬한 최초의 인물이다. 그가 쓴 이 권의 제목에 관한 해설은 다음과 같다.

> 「극기류」는 모두 41장으로 되어 있다. 이 권에서는 배운 바를 실천하기 위한 노력이 중점적으로 논의되고 있다. 이치를 명료하게 인식하고 마음의 덕을 두텁게 하고 본래의 맑은 성품을 기른 바탕 위에서, 사람은 자신이 이해한 바와 수양의 결과를 구체적인 행위로 표현하게 된다. 바로 이때 사람은 자기 수양에 최대의 노력을 기울여야 한다.(12)

여기서 엽채가 설명하고 있는 학문방법론은 '자기 자신을 위한 배움'에 관한 논의에서 주희가 제시한 방향을 충실히 따르고 있다. 그 방향이란 자기 인식은 반드시 타인에 대한 구체적인 행위 속에서 그 결실을 맺어야 하며, 자기 자신 안에만 머물러서는 안된다는 것이다. 윙칫찬 교수는 '극기'(克己)를 위와 같이 '자기 수양'(the self-discipline)이라고 번역했다. 이 번역은 이 장의 전체 내용의 핵심적인 요지를 살리면서, 이성적·도덕적 절제를 강조하는 신유학의 추지에 잘 맞는다. 특히 이 권에 대한 엽채의 해설에 대한 의의를 분명하게 표현해 주는 번역이기도 하다. 실제로 '극기'라는 말은 원문 안에서도 빈번하게 '자기 수양' 또는 '자제'(自制)라는 말과 같은 뜻으로 사용되고 있다.

그러나 나는 '극기'를 '자기 억제'(subduing oneself)로 번역하고 싶다. 그리고 이렇게 번역해도 될 관한 충분한 근거가 있다고 생각한다. 그 하나는 영어의 'subdue'(억제하다, 억누르다, 정복하다, 누그러지게 하다, 완화하다)라는 말이 '극'(克)자의 본뜻인 '정복하다' 또는 '복종시키다'에 더 가깝기 때문이다. 또 다른 근거는 '극기'라는 말의 뒤를 이어 그 의미를 보완·완성시키고 있는 '복려'(復禮)라는 말이 신유학 특유의 사상적 맥락 속에서 '올바른 예의법절로 돌아간다'는 뜻으로 해석되었다는 데 있다. 본래 '예'라는 말에는 희생(犧牲)을 바치는 제사(祭祀)를 거행하던 시대의 종교적인 의미가 짙게 드리워져 있었다. 이때의 예란 씨족, 지역 공동체, 국가 등의 구성원들이 공동의 제사에 참여하면서 각자의 지위와 계급에 따라 행해야 할 의식절차를 뜻했다.[8] 공동체의 연대와 질서를 재확인하고, 강화시키는 제의(祭儀)의 절차가 예였던 것이다. 예라는 매우 중요한 개념이 지니고 있는 이런 종교적 의의를 성급하게 무시해 버려서는 안된다. 도덕적·합리적 인본주의에 익숙한 현대인들의 취향과 맞지 않는다고 해서 예가 지닌 전통적인 종교적 측면을 간과해서는 안되는 것이다. 사실 예가 지니고 있는 종교적 의미는 예가 지닌 합리적·도덕적 의의와 함께 신유학 안에 깊숙이 자리잡고 있다. 신유학에서 말하는 '극기복례'란 악(惡)의 문제에 대해 깊이 통찰하고, 철저한 자기 검증의 필요성을 의식하며, 완전한 자기 억제를 통해 협소한 자기 자신을 초월하려는 종교적 열망을 지닌다는 인간 특유의 비범한 가능성들을 아우르고 있는 개념이다. 결국 신유학자들은 '예'라는 말이 지닌 본래의 종교적 의의를 그런 함축으로 재발현시켰던 것이다.

이 점은 후대의 신유학자들 가운데 종교적 정열을 강하게 품었던 이들이나 그런 종교성을 혐오했던 이들을 살펴보면 더욱 분명하게 드러난다. 사실 이 문제에 관한 신유학자들의 주장은 본질적으로 양면성을 띤다. 합리적 측면을 중요시하는 듯한 신유학자도 종교적 측면을 완전히 무시하지 않으며, 종교적 측면을 중요시하는 듯한 학자도 합리적 측면에서 완전히 벗어나려 하지는 않는다. 어느 한 측면을 더 강조하는 유학자라 하더라도 그의 구체적인 삶 속에서는 두 측면이 모두 나타나는 것을 볼 수 있는 것이다. 대부분의 경우, 종교적 열정이라고 할 수 있을 만큼 대단한 열의를 가지고 제의(祭儀)에 임하면서도 합리적 한계를 넘어서는 정도로까지 열광적이거나 신비적이지 않고, 결과적으로는 제의의 종교성을 거부하는 듯한 태도마저 표명한다. 그런 태도에서 우리는 종교적 측면과 관련해 신유학의 가르침이 지니는 본질적인 이중성을 엿볼 수 있다.(13) 주희의 권위 아래 규정된 엄격한 제의의 규율이 자기 수양의 방향으로 작용하기보다는 자연스러운 인간성을 억압하고 만다는 항의가 속문학(俗文學)의 세계에 표현되어 있기도 하다. 그것은 '극기복례'라는 가르침이 지니고 있는 종교성의 부정적인 측면을 보여주고 있는 것이다. 요컨대 '자제'나 '자기 수양'이라는 말은 신유학이 지니고 있는 합리성과 특유의 종교성을 모두 아우르는 말로는 다소 어울리지 않는다는 것이 내 생각이다. 자기 수양이나 자제라는 말은 남들을 세심하게 배려하는 점잖은 신사의 이미지를 잘 나타내 주기는 하지만, 어려운 시련과 유혹을 견디며 욕망을 이기고 경건한 의식절차의 수행에 매진하는 구도자의 이미지를 담아 내지는 못한다. 결국 자기 억제라는 말이 신유학자들이 의례와 수양에 대해 지녔던 종교적 열정을 더 잘 담아 내고 있다고 생각한다. '극기복례'가 자기 억제라는 계몽적 실천에서부터 자기 초월이라는 종교적 체험을 모두 의미한다는 것이 『근사록』의 '제5권'에서 주희가 인용한 정이의 말 속에 나타나 있다.

사람에게는 보는 행위가 우선이다. 예가 아닌 것을 본다면, 흔히 말하듯이 "두 눈을 뜨기만 하면 잘못을 범한다." 보는 것 다음은 듣는 것, 그 다음은 말하는 것, 다시 그 다음은 행동하는 것으로, 이들 네 가지 사이에는 순서가 있게 마련이다. 사람이 자기 자신을 억제할 수 있다면 마음은 넓고 너그러워지며, 몸은 활기차고 편안해질 것이다. 그런 사람은 위로는 하늘에 대해, 아래로는 사람들에 대해 아무런 부끄러움이 없을 것이니, 우리는 그런 사람이 누리는 즐거움을 미루어 알 수 있다. 그러나 만일 그가 한순간이라도 방심해 자기 억제에 태만해진다면 그의 몸과 마음은 즉시 쇠약해지고 말 것이다.(14)

이상에서 지금 우리가 논하고 있는 '자기'는 한 종류가 아니라 두 종류임이 보다 분명해졌다. 하나는 내면에 있는 본래의 참된 자기이다. 다른 하나는 이기심으로 특징지어지며, 자기 중심적인 태도에 의해 지배당하고 있는 자기이다. 마음을 다스리고 추스르는 것은 생래적(生來的)으로 악한 자기에게 모종의 외적인 규제와 단속을 가해 이루어지는 것이 아니다. 이와는 반대로 깊은 내면의 자기가 지닌 본래적으로 선하고 좋은 자질들을 충분히 발휘해 냄으로써 이루어진다. 주희와 정이는 바로 그런 발휘과정을 외재적·형식적으로 표현해 놓은 것이 예의규범이라고 보았다. 주지하다시피 예의규범은 타인들과의 상호 교류에서 지켜야 할 마땅하고 올바른 행동양식이다. 결국 주희와 정이는 선한 자질의 발휘과정을 통해 다른 사람들과의 상호 교류에서도 자기 성장과 내적 만족에 도달할 수 있다는 낙관적인 견해를 가질 수 있었다. 자기 수양과 내적 만족이 외면적이고 형식적인 규범체계에 대한 순응과 결코 어긋나는 것이 아니라는 낙관론을 펼쳤던 것이다.

최근 중화인민공화국에서, 중국철학사가인 펑유란(馮友蘭)과 런지유(任繼愈) 사이에 '신유학이 종교인가?'라는 문제에 관한 논쟁이 벌어졌다.(15) 이런 종류의 논쟁은 사실 '종교를 어떻게 정의할 것인가?'라는 개념 규정의 문제로 귀착되곤 한다. 그런 점을 고려한다면, 우리는 구체적이고 일상적인 인간 경험의 차원을 문제삼는 신유학의 발언들이 때때로 '종교적'으로 보인다고 말할 수 있다. 여기서 종교라는 말을 자유주의적 교육(liberal education)과 대립되는 의미를 지닌 서구에서의 종교 개념으로 이해할 필요는 전혀 없다.(16) 어떤 경우에서든지 신유학에서 말하는 '자기 억제'는 방임적·해방적 의미를 지닌 자유주의에 입각해서가 아니라, 이기적 자아를 극복하고 그것을 주체적·자율적으로 다스린다는 자유주의의 고전적 의미에 입각해서 '자유주의적'이라고 할 수 있다. 이때의 자기 억제는 자기가 지닌 잠재적인 능력들을 해방시켜 올바른 방향으로 발전시켜 나간다는 의미인 것이다.[17]

이상에서 언급한 바와 같이 정이와 주희는 자기 억제(克己)를, 일정 정도의 구속을 기꺼이 받아들임으로써 결과적으로는 그 구속을 초월하고, 자기와 타인들 사이의 차별을 극복해 도덕적·정신적 공동체에 자발적으로 참여하는 과정이라고 보았다. 여기에서 극단적인 개인주의는 배제되고 있으며, 내가 유교적인 인격주의라고 부르는 것—고립된 자아를 무제약적으로 우선시하지 않고 타인들과 최선을 다해 친밀하게 교류하고자 할 때 구현되는 참된 자기로서의 인격 개념—이 극단적 개인주의가 배제된 자리를 차지하고 있다.[9]

3.『소학』에서 말하는 '자기'와 인격

유교적 인격주의의 의의는, 유소년들이 예의를 실천하는 방법을 배우기 위한 입문서로서, 주희가 편찬한『소학』(小學)에 상세하게 논의되어 있다.『소학』은 자기의 바른 의미와 자기 도야의 방법을 정통 신유학의 입장에서 기술하고 있는 전형적인 신유학의 고전이다. 1187년(淳熙 14)에 주희의 주관 아래 편찬된 이 책은 유소년들이 장차『대학』에 제시되어 있는 보다 수준 높은 가르침들을 배우기에 앞서 반드시 익혀야 할 기본적이고 핵심적인 가르침들이 들어 있다고 판단한 유교 고전에서 가려 뽑은 구절들을 엮은 것이다. 결국 주희는 경전의 권위를 이용해 자신이 확신하는 체계적인 교육론을 펼치려 했던 것이다. 여기에서 주희가 생각한 교육은 사회의 최저층에 자리한 유소년들에게까지 폭넓은 기초교육을 실시한다는 특징을 지닌다.『소학』연구의 권위자인 우노 세이이치(宇野精一) 교

허형

수는 이 책의 근본 목표가 자기 수양을 통해 뭇사람들을 다스리고 교화시키는 데(修己治人) 있다고 말한다. 이것을 다른 말로 표현하면, 이상적인 다스림은 권력이 아니라 모든 인간들의 자기 수양에 기반을 두어야 하고, 백성들의 자기 규제능력을 신뢰하는 바탕 위에서 지방자치에 최대한의 자율성을 부여해야 한다는 것이다. 이런 생각은 위정자에서 일반 서민들에 이르는 모든 사람들이 자기 수양(修身)을 실천함으로써 평화와 사회 질서의 기틀을 마련해야 한다는 『대학』의 중심 사상을 전개한 것이라고 할 수 있다. 주희는 이 사상을 자신의 철학의 중심 테마로 삼아 발전시켜 나갔다.(18)

『소학』은 「내편」(內篇)과 「외편」(外篇)으로 구성되어 있는데, 「내편」에서는 유교 경전에서 인용한 기본적인 원칙들을 기술하고 있으며, 「외편」에서는 역대(歷代) 사서(史書)와 문학 작품들에서 가려 뽑은 구체적인 예들을 제시하고 있다. 「내편」은 '가르침을 세움'(立敎), '바람직한 인간관계를 밝힘'(明倫), '몸가짐을 경건하게 추스름'(敬身)이라는 세 부분으로 나뉘어 있다. 원대(元代)의 대표적인 주자학자10)인 허형(許衡, 1209~1281)은 『소학』에 대해서 "나는 이 책을, 신성한 것을 경건하게 믿듯이 그렇게 신뢰한다"고까지 말하고 있다.(19) 허형은 일반인들의 교육을 위해 자기 나름의 방식으로 『소학』의 내용을 요약해 설명하기도 했다. 다음의 인용문은 그 가운데 중요한 내용을 간추려 본 것이다.

가르침을 세움(立敎): 이것은 3대(三代, 夏・殷・周)의 성왕(聖王)들이 사람들을 가르친 참된 방법을 밝힌다는 의미를 지닌다. 생각건대, 사람이

타고난 마음은 본래 선(善)하여 결함을 갖고 있지 않다. 그러나 사람이 태어난 이후에 신체적·물질적인 갖가지 사물들과의 상호 작용을 통해 맹목적인 욕망과 이기심, 곧 불완전함이 처음으로 자라나 불선(不善)하게 된다. 하여 성인은 가르침을 펴서 사람의 마음의 본래적인 선함을 북돋우고 이기심에서 생겨나는 불선을 제거하도록 도우신 것이다…….

그런데 그런 가르침은 선왕(先王)들이 자의적으로 설정해 놓은 것이 결코 아니다. 하늘이 모든 것들이 마땅히 따라야 할 이치(理)를 이미 갖추고 있기에 선왕들은 그런 이치를 충실하게 따랐을 뿐이며, 하늘이 참된 길을 이미 갖추고 있기에 선왕들은 그런 참된 길을 충실하게 걸어갔을 뿐이다. 그분들은 하늘이 명한 순리를 따라서 그것이 구체적인 인간사 속에서 구현될 수 있도록 만들었다. 이렇게 하늘이 명한 바를 뭇사람들이 따를 수 있게 성인들이 만들어 놓은 것, 그것을 바로 '가르침'이라고 부른다…….

그렇다면 여기서 말하는 참된 길(道)이란 무엇인가? 그 길은 다름 아닌 부모와 자식, 임금과 신하, 남편과 아내, 연장자와 연소자, 친구와 친구 사이의 도덕적인 관계이다. 그런 관계 속에 하늘이 부여한 본래적인 도덕성과 모든 사람들이 밟아 나가야 할 참된 길이 있는 것이다…….

바람직한 인간관계를 밝힘(明倫): '밝힘'(明)이란 '분명하게 제시한다'는 뜻이며, '바람직한 인간관계'(倫)는 도덕적인 원리를 뜻한다. 하늘이 사람에게 부여한 본래적인 도덕성을 바탕으로 하여 사람들은 각자가 마땅히 따라야 할 규범들을 지닌다. 예컨대 부모와 자식 사이의 친밀한 애정관계, 임금과 신하 사이의 도덕적 의무관계, 남편과 아내 사이의 역할의 구분과 다름의 관계, 연장자와 연소자 사이의 서열관계, 친구와 친구 사이의 신뢰관계 같은 것들이 그런 규범이다. 이런 모든 도덕적 관계들은 하늘이 본래 사람에게 부여한 자연스러운 인간관계들이다.

3대의 성왕(聖王)들이 학교를 세워서 하늘 아래 모든 사람들을 가르칠 때, 그분들은 바로 이런 관계들을 바르게 설정해 밝히고자 했을 따름이다. 이런 인간관계(人倫)를 분명하게 체득하지 못하는 사람들은 존귀함과 비천함의 구별도, 위와 아래의 구별도, 중요한 것과 덜 중요한 것의 구별도, 본질적인 것과 본질적이지 않은 것의 구별도 하지 못하게 된다. 이 지경에 이르면 결국 갖가지 재앙과 혼란이 발생해 모든 일들이 금수(禽獸)의 세계에서와 같이 타락해 버리게 된다.

몸가짐을 경건하게 추스름(敬身) : 『소학』의 이 절의 서문에는 "군자는 언제나 경건하다"는 공자의 말씀(『예기』에 나온다)이 인용되어 있다. 몸가짐을 경건하게 추스르는 것은 대단히 중요하다. 나의 몸은 부모의 사랑(뿌리와 줄기에 비할 수 있다)에서 비롯되어 생겨난 가지라고 할 수 있다. 그러니 어찌 그것을 경건하게 추스르지 않을 수 있겠는가? 자기 몸가짐을 추스르지 않음은 결국 부모의 사랑을 배반하는 것이다. 부모의 사랑을 배반하는 것은 생명의 근본을 손상시키는 것이다. 제 몸이 비롯된 근본을 손상시켜 버린다면 결국 제 몸도 죽음에 이르게 된다. 뿌리와 큰 줄기가 상한 나무의 가지는 시들어 버리게 마련이다!

성인들은 사람들에게 엄중히 경고하셨다. 진정 사람답고자 하는 사람이라면 하루라도 경건함으로부터 떠나서는 안된다. 이것이야말로 진실로 모든 사물의 근본일진대, 나의 몸가짐을 추스르는 것보다 더 중요한 것이 또 무엇이 있으랴. 근본에서 잘못을 저지르게 되면 모든 것들을 그르치게 된다. 사람이 어찌 감히 경건하지 않을 수 있겠는가.

몸가짐을 경건하게 추스르는 것은 다음과 같은 네 가지 세부 실천항목들로 이루어져 있다. 마음을 바르게 다스림(心術), 상황에 맞게 바른 자세와 태도를 취함(威儀), 옷차림을 단정하고 깨끗하게 함(衣服), 간소하고 적절한 음식 섭취(飮食). 내면적으로 마음을 바르게 다스리고 외면적으로 바른 자세와 태도를 취한다면, 그런 사람은 몸가짐을 경건하게 추스르는 일의 본질적인 부분을 성취했다고 할 수 있다. 의복과 음식은 몸을 보호하고 유지시켜 준다. 그 두 가지를 예절(禮)과 의로움(義)에 합당하도록 적절하게 조절하지 않으면 사람의 몸을 보호하고 유지시켜 주는 그 두 가지가 도리어 사람에게 해를 끼치게 될 것이다.

위에서 말한 세부 실천항목들을 다시 분류해 보면, 심술(心術)과 위의(威儀)는 덕을 갈고 닦는 것(道德性)과 관련 있다 할 수 있겠고 의복(衣服)과 음식(飮食)은 자기 억제와 관련 있다 할 수 있을 것이다. 물론 그 네 가지 모두가 몸가짐을 경건하게 추스르는 데 필수 불가결한 항목들이라고 할 수 있다. 생각건대, 자기 몸을 경건하게 추스르지 않는다면 부모와 자식, 임금과 신하, 남편과 아내, 연장자와 연소자, 친구와 친구 사이의 관계에 올바르게 대처할 수 없을 것이다. 이것이야말로 옛 어진이들이 "몸을 경건하게 추스르는 것(敬身)이 인격을 갈고 닦기 위한 가장 중요한 기본"이라고 말씀하신 까닭일 것이다.[20]

여기에서 우리는 고전에 대한 주희의 주석(注釋)과 주희 자신의 저작물에서 우리가 일반적으로 접하게 되는 자기와 자기 수양에 관한 많은 견해들을 재차 확인할 수 있다. 그리고 그런 재확인을 통해 적어도 두 가지의 중요한 사항들을 분명하게 인식할 수 있다. 첫째, 인간의 존재방식이 근본적으로 상호 의존적인 성격을 지닌다는 점이다. 인간이 자기의 인격을 향상시키는 일도 그런 근본적인 상호 의존성을 배경으로 하여 이루어진다.

이런 인간 존재의 상호 의존성이라는 주제는 앞의 인용문에 언급되어 있는 '가장 기본적인 다섯 가지의 도덕적인 상호 의무관계'(五倫, 父子·君臣·夫婦·長幼·朋友)에 대한 논의 속에서 반복적으로 강조되고 있다. 허형은 한 인간의 인격이 개인적인 도덕적 책무에서 출발해 친밀한 정을 주고받는 관계에 있는 타인들에게까지 그 책무의 범위를 넓혀 감으로써 성장·발전한다고 본 것이다. 이것은 신유학자들 사이에서는 결코 새로운 생각이 아니었다. 그들은 인간관계에서 비롯되는 의무와 속박으로부터 벗어남으로써 마음의 해탈을 추구하는 불교도들과는 대조적으로, 인간의 마음이 그 기원과 본질에서부터 사회적이고 도덕적인 의식(意識)이라고 보았다. 그러나 주희의 가르침을 이어받은 허형은 여기에서 한걸음 더 나아가 개인의 사회화과정이 창조적인 사랑(앞서 언급한 '오륜'을 가능케 하는 사랑)이라는 근본적인 현실에 바탕을 두고 있다고 보았다. 그리고 생명 그 자체와도 같이 근원적이고 신성불가침한 '오륜'을 낳는 그런 사랑이야말로 인간이 추구해야 할 중심 과제라고 보았다. 『소학』의 「경신」(敬身)편 첫머리에 인용되어 있는 『예기』의 일절이 지니는 논리상의 결함[11]에도 불구하고(몇몇 주석가들은 그 부분의 문헌적 진실성에 의문을 제기하기도 했다. 공자의 말이라고 보기에는 무리가 따른다는 것이다).[21] 주희와 허형 두 사람은 '경신'(敬身)과 관련한 문제의 인용구에 전폭적인 신뢰를 보내며 중시했다. 주희가 첫머리에서 인용했고, 허형이 『소학』을 요약하며 유일하게 인용한 그 『예기』의 일절은 이들의 논의를 순환론의 오류에 빠뜨리는 듯이 보인다. 인생의 의의를 부부간의 사랑에서부터 부모의 자애와 자식의 효도에 이르는, 애정이 깃들어 있는 모든 인간관계의 신성한 집적체(集積體)에서 찾으면서 동시에 개인의 인격에 대한 중시와 존중에 모든 주의를 기울이고 있는 듯한 인상을 주기 때문이다.

주희와 허형은 결과적으로 개인과 사회의 분리를 드러내지 않는 인격개념에 기초하고 있는 교육과정을 구상하고 있다. 앞에서 보았듯이 신유학자들의 전형적이고 공통적인 사고방식으로는, 교육과정이란 현재의 상태를 안정적으로 유지시키는 기존의 신분·계급 질서 안에서 예의규범을 준수하고 자기를 억제하는 훈련과정이다. 그런데 허형은 그런 인간관계들이 인격의 발전을 촉진시키는 적극적인 역할을 한다고 보았다. 이런 발전을 이끄는 주체는 사람의 마음(心)이다. 그리고 사람의 마음은 타자와의 친밀한 인간관계를 경험함으로써 도덕적 감수성을 기를 수 있게 된다. 경전(經典)을 기계적으로 암기하거나 마음 바깥의 사물들에 관한 지식 그 자체만을 추구해서는 인간의 도덕적 감수성이 자라날 수 없다.

　허형의 견해에서 확인할 수 있는 두번째 중요한 사항은 보다 쉽게 알 수 있다. 『소학』의 앞부분의 두 편(「입교」와 「명륜」)에서는 인간의 삶이 유기적인 성격을 지녔다는 관점이 전거되고 있다. 인간의 삶은 어디까지나 타인들과의 관계 속에서 이루어지는 것이다. 그러면서도 『소학』이라는 책의 구성상 그리고 내용상, 무게 중심은 '몸을 경건하게 추스르는 것'(敬身)에 놓여 있다. 바로 이 때문에 『소학』은 본질적으로 '자기 자신을 위한 배움'(爲己之學)인 것이다. 그런데 '경건하게 한다'(敬)는 말의 의미에는 자못 심오한 면이 있다. '경'(敬)은 사람의 본래적으로 선한 성품을 발전시킨다는 지고(至高)의 가치를 지닐 뿐만 아니라, 전형적인 신유학의 도덕적·종교적 정신이 흠뻑 스며들어 있는 개념이기도 하다. 주희는 '경'(敬)을 '자기'(自己)의 도덕적·정신적 생활에 대해 끊임없이 민감하게 주의를 기울이는 태도라고 보았다. 그는 그런 태도를 무척 강조해 마음을 바르게 추스르기 위해서나(正心), 그리고 남들이 보지 않는 곳에 혼자 있을 때 스스로에 대한 도덕적인 경계의 눈초리를 늦추지 않기 위해서나(愼獨) 필수 불가결한 태도라고 보았다. 한편 그런 태도는 삶의 모든 국면에서 경건함을 잃지 않으려는 지극히 종교적인 것이기도 하다. 그런 태도에서 '자기'는 반드시 타인들과 연관되어 있는 '자기'이며, 한 개인의 삶은 인간 존재 전체의 삶의 과정들 속에서 그 의의를 발견하는 삶일 수밖에 없다. 결국 '경'(敬)이라는 태도 안에서 인간 삶의 실천적·활동적 측면과 관조적·반성적 측면이 연결되며, 그 안에서 우리는 도덕적 자기 수양이 지니는 종교적 차원을 확인하게 된다.

그러나 한 가지 중요한 측면에서, 『소학』은 인간관계의 자연적인 상호 의존성이라는 주희의 견해를 충분히 설명해 주지 못한다. 『소학』은 앞서 언급했듯이 『대학』을 비롯한 보다 높은 수준의 배움으로 나아가기 전에 거쳐야 할 예비 교육과정에 있는, 유소년들을 대상으로 편찬되었다. 따라서 『소학』에서 말하는 부모와 자식 사이의 관계는 자식의 입장에서 부모에게 취해야 할 모범적인 행위의 측면에서 다루어지고 있다.(22) 뒷날 『소학』은 원대 초기의 신유학자들로부터, 특히 허형으로부터 열렬히 숭배된 나머지 마치 법률(法律)과도 같은 지대한 영향력과 권위를 가지게 된다. 그러나 부모에 대한 유소년들의 효도를 이렇게 일면적으로 강조하는 것은 주희가 본래 의도했던 바를 벗어나는 것일 뿐만 아니라, '사서'(四書, 『論語』·『孟子』·『大學』·『中庸』)에 기록되어 있는 내용 이상으로 부모에 대한 자식의 효도만을 전면에 부각시킨 것이라고 할 수 있다. 이 문제에 관한 주희 자신의 생각은 『연평답문』(延平答問)에 더 잘 나타나 있다. 여기에서 주희는 『논어』 「위정」(爲政) 편의 공자의 말을 설명하는 자신의 스승 이동(李侗)의 말을 인용하여, 효도의 기초로서 자식을 향한 부모의 애정과 관심을 강조하고 있으며, 결코 부모에 대한 자식의 일방적인 복종을 강조하고 있지는 않다.(23)

4. 민중교육

주희가 『대학장구』(大學章句)에서 논하고 있는 고등교육에 대해 고찰을 하기 전에, 『소학』에는 초등교육에 대해 우리가 주목해야 할 또 다른 측면이 있음을 기억해야 한다. 주희는 중앙 부처의 고위 관료를 지낸 적이 없었다. 그는 지방 행정업무에 주로 종사했을 뿐이다. 그런 주희였기에 교육이 지방 학교—이것에 대해 주희는 개인적으로 지대한 관심을 기울였다—에서뿐만 아니라, 지역공동체의 조직과 활동에서도, 지방 차원의 제도화된 생활 양식과 규범을 규모 있게 이끌어야 한다고 보았다.[24] 곧, 지역민들의 제도적·공식적인 생활과정 속에 교육의 효과가 스며들어야 한다고 보았던 것이다. 주희는 도서관을 건립하거나 사람들의 모범이 될 만한 지방의 선현들을 모시는 사당(祠堂)을 세우기도 했으며, 오랫동안 일반인들의 생활 속에서 중시되지 않던 의례 절차를 학생과 부하 관원들에게 가르쳤다. 또한 그는 배우지 못한 일반 민중들을 도덕적으로 교화시키기 위한 계몽적인 글을 쓰기도 했다. 그런 글의 전형적인 예로 그가 장주(漳州)에서 재임하고 있을 때(1190~1191) 쓴 『권유방』(勸諭榜)을 들 수 있다. 여기서 그 글의 상세한 내용을 언급하지는 않겠다. 다만 그 글의 대체적인 특징을 말하면, 공적인 업무를 바르게 수행하기 위한 기초를 권위나 법률에서 구하지 말고 상호 의존성과 호혜성에서 구하라고 강조한다는 점이다. 이 글이 지닌 특유의 설득력은 바로 자기 자신에 대한 존경과 타자에 대한 배려의 일치나 결합이 자발성에 기초한 사회질서를 지탱하는 가장 자연스러운 방법이라고 보고, 이런 자발적인 사회질서가 국가의 통제 기구와 제도들이 행사하는 강제력에 기초한 질서보다 우월하다고 보는 데 있다.[25]

이와 유사한 접근방식이 주희가 추진한 '향약'(鄕約, 지역공동체의 자치 규약)에 잘 나타나 있다. 같은 지역에 사는 사람들이 해당 지역을 스스로 다스리기 위한 자치조직을 구성하고 각자가 지켜야 할 사회생활 규범을 정리해 놓은 것이 향약이다. 주희는 정이의 제자인 여대균(呂大鈞)이 기초한 향약을 나름대로 수정·보완했다. 지역공동체에 활기를 불어넣는 자주적·자발적 협동이라는 이상이 '향약'의 '약'(約)이라는 글자에 잘 나타나 있다. '약'은 서로 도와가며 상호 이익을 함께 도모하기로 공동체의 성원들이 맺은 일종의 계약을 뜻한다. 여기에서 가장 주목해야 할 점은 이 계약이 개인의 인격을 철저하게 존중하는 성격을 지니고 있다는 사실이다. 향약은 비록 일종의 계약이기는 하지만, 상품교환 때 수반되는 손익 계산이나 소유권과 관련한 이해관계와 같은 우리가 보통 생각하는 계약관계들은 중요시하지 않는다. 그보다는 사람들이 지닌 기본적인 욕구와 소망을 서로 존중해야 한다는 점을 강조한다.

'여씨(呂氏) 향약'의 주요 조항은 다음의 네 가지이다. 유덕(有德)한 행위를 서로 북돋우고 권장함(德業相勸), 잘못된 행동을 바로잡도록 서로 타이르고 훈계함(過失相規), 올바른 예절과 풍속 안에서 서로 사귐(禮俗相交), 곤궁과 재난에 빠졌을 때 서로 도와 함께 극복해 나감(患難相恤). 이런 주요 조항 아래, 향약에 참여하는 이들이 준수해야 할 구체적인 행동들이 상세하게 규정되어 있다. 또한 향약의 각 조항들이 제대로 실행될 수 있도록 책임자를 순번에 따라서 정하는 규정도 포함되어 있다.(26)

이런 향약 속에 공동체의 일상생활과 직접적으로 연관되어 있는 민중교육의 모델이 포함되어 있었다. 곧, 신유학의 기본적 원칙들을 친족관계나 개별적 인륜관계('오륜'으로 대표된다)의 범위보다도 더 넓은 배경 안에서 실현시키기 위한 실천적인 방법들이 향약에 나와 있는 것이다. 송(宋)제국의 국가권력이 날로 확대·강화되어 가는 것을 지켜 보아야 했던 주희는 단순히 가정생활 또는 오보(伍保, 다섯 가구를 제반 행정의 최소 단위로 묶은 것) 조직과 같은 작은 규모의 조직만을 공공 도덕의 기반으로 삼지 않았다. 대신에 그는 국가권력과 가족의 이익을 조정하고 매개해 줄 수 있는 지역공동체 질서 안에 자발성을 중시하는 원리를 구현시키려 했다.(27) 이에 따라 그는 지방자치에 대한 국가의 간섭을 제한하고 보다 자율적인 지역 자치단위들이 권한을 나누어 가진 기초 위에서, 형벌과 법률 대신 민중 교육과 예법의 준수를 근간으로 하는 사회 개혁(social program)을 추진하고자 했다. 이 개혁의 배경에는 개인의 자기 변혁과 공동체 구성원들 모두의 상호 협력을 정치의 기본으로 삼는다는 이상, 곧 '공익과 사익의 일치'(公私一體)라는 관념이 깔려 있다.(28) 주희 자신이 작성한 지역사회의 교화를 위한 글들,(29) 지방 관리르서 그가 각별한 관심과 노력을 기울였던 사창(社倉, 빈민구제를 위해 곡식을 비축해 두는 곳, 또는 그런 제도)의 설치, 그리고 『주문공가례』(朱文公家禮, 가정에서 지켜야 할 올바른 예법들을 체계적으로 설명하고 있는 주희의 저술)12) 등이 모두 그런 태도와 관념이 다른 방식으로 표현된 것들이다.

이런 일련의 지역사회 개혁과 관련한 주희의 논의는 대단히 상세하여, 그가 실제 행정에 관해 매우 분명하고 투철한 이해를 지니고 있었다는 것을 잘 보여준다. 뒷날 그런 종류의 게도를 현실화시킬 때, 주희의 방법을 모델로 삼았던 것은 어쩌면 당연한 일이었다고 할 수 있겠다. 주희의 지역사회 개혁구상은 지역사회의 현설에 대한 생생한 체험과 이해가 신유학의 기본 원칙과 어우러진 결과였기 때문이다. 사실 일정 규모의 지역공동체가 신유학의 정신에 가장 부합하는 이상적인 공동체였다고 할 수 있다. 오늘날의 연구자들은 보통 중앙정부의 정치에 관심을 집중시키기 때문에 그런 측면의 중요성을 간과하는 경우가 많다. 그러나 중국의 사회사를 연구하는 학자들 중에는 향약제도가 후세의 역대 왕조들을 거치면서 오랜 기간 복잡하게 발전하는 과정에 주목하는 이들도 있다.(30) 사실 그 제도가 환영받은 것은 단순히 주희가 누린 권위 때문만은 아니다. 향약은 그것이 지닌 자발적이고 상호 협동적인 성격이 지역공동체의 자율성과 자치를 강조하는 신유학의 원칙——허형의 말로 표현하면 "자기 억제를 밑거름으로 해서 다른 사람들을 잘 이끌어야 한다"(克己以治人)——과 부합되었기 때문에 널리 환영받았다고 할 수 있다.

개인의 자주성을 발휘하는 것과 공동체에 대한 책임을 수행하는 것을 동시에 유지시켜 나가야 한다는 난점 때문에 향약제도는 다양한 양상의 부침을 겪어야 했다. 하지만 명대의 왕양명을 비롯한 역대 개혁가들은 향약제도의 부활과 재활성화가 지방자치를 실현하기 위한 최상의 수단이라고 생각했다.(31) 왕양명의 경우, 주체성을 중시하는 행동적이고 실천적인 그의 철학이 향약이 지닌 자발성과 잘 어울리고 있는 것을 볼 수 있다. 이렇게 왕양명과 주희가 지방자치제도에 관한 견해에서 서로 일치하고 있다는 것은 이상한 일이 아니다. 그런 제도들은 그들 모두가 공통적으로 지니고 있던 근본적인 신념을 구체화시킨 것이기 때문이다. 중국 바깥의 지역으로 눈을 돌려보면, 조선 왕조에서 지도적인 위치에 있던 신유학자들이 향약의 가치를 인식해 매우 광범위하고 철저하게 향약제도를 실시하여 발전시켜 나갔던 것을 볼 수 있다.(32) 이런 향약은 '극기이치인'(克己以治人)의 원리를 바탕으로 지역공동체의 자율성을 구체화시키는 중요한 제도로 자리매김되면서 20세기까지도 이어져 내려왔다.

지금까지 나의 논의가 민중교육에 관한 주희의 입장을 충분히 설명해 준다고 하기는 힘들다. 그러나 적어도 주희가 지식인 엘리트의 육성에만 관심을 기울였다든지, 그런 엘리트들이 배우지 못한 민중들을 일방적으로 통치하는 제도를 꿈꾸었다든지 하는 따위의 피상적인 견해가 나의 논의에서 도출될 위험성은 없다고 자신한다. 사실 민중들을 대상으로 한 주희의 몇 안되는 글들은 민중교육을 고급 문화가 발 딛고 선 기반으로 강조하는 데까지는 못 미친다. 바로 이 점이 주희의 민중교육론이 끼친 영향들을 정당하게 평가하는 작업에서 우리가 맞닥뜨리게 되는 난점이다. 이것은 우리 시대로부터 멀리 떨어져 있는 과거의 역사를 상세하게 연구하려 할 때 직면하는 간단치 않은 어려움을 잘 말해 주는 실례이기도 하다.

중국 학술사의 전통에서는 학문 커리큘럼의 편성과 고등교육의 방법론에 관한 주희의 견해가 그의 민중교육론보다는 한층 더 높은 평가를 받아 왔다. 또한 학자들이 읽어야 할 주요 텍스트와 그 독서법을 확립시켰다는 점에서 위대한 공헌을 남겼다고 평가받고 있다. 이 점에서 그의 가장 중요한 저작은 『근사록』(近思錄)과 『대학장구』, 그리고 『백록동서원게시』(白鹿洞書院揭示)라고 할 수 있다. 이런 저작들은 모두 한층 깊이 있고 높은 수준의 학문, 곧 '대학'(大學)으로 나아갈 수 있는 기회를 지닌 소수의 사람들을 상대로 한 것들이다. 『근사록』과 『대학장구』는 신유학의 개인주의를 논해 볼 다음 강의에서 다루기로 하고, 여기서는 주희가 1179년(淳熙 6)에 쓴 『백록동서원게시』에 초점을 맞추려 한다. 백록동서원[13]은 이후 동아시아 전체의 신유학 교육기관의 모델로 자리잡게 된다.

주희는 개인의 인격 발전이 불변의 도덕적 관계를 기초로 해서 달성된다는 요지의 선언으로 『백록동서원게시』를 시작하고 있다.

"부모와 자식 사이의 애정, 임금과 신하 사이의 의로움, 남편과 아내 사이의 마땅한 구별, 연장자와 연소자 사이의 위계 서열, 친구 사이의 신뢰."[33]

이 다섯 가지 항목은 상고시대의 성왕(聖王) 요(堯)와 순(舜)이 사도(司徒, 백성들의 교육을 책임진 벼슬)인 계(契)에게 선포하도록 엄숙하게 명령한 사항들이다.[34] 학문을 하고자 하는 이들이 진정 배워야 할 것은 바로 이 다섯 가지 가르침뿐이니, 이런 배움의 바람직한 절차에는 다음과 같은 다섯 가지 항목이 있다.

"넓게 배우고, 절실하게 묻고, 신중하게 사색하고, 밝게 분별하고, 독실하게 실천한다."[35]

이상이 학문을 하는 올바른 순서이니, 배우고(學), 묻고(問), 사색하고

(思), 분별하는(辨) 것이 참된 이치(理)를 철저하게 파고드는 올바른 방법인 것이다. 실천에 대해서는, 개인적인 수신(修身)에서부터 갖가지 일과 사물들에 대처하고 사람들과 교류하는 것에 이르는 다양한 국면들마다 그 각각의 요점이 있다. 바로 다음과 같은 것들이다.

"말은 언제나 믿음직스럽고 진실해야 하며, 행동은 언제나 확고하고 성실해야 한다."(36)

"노여움과 욕망을 억제하고(37) 잘못을 고쳐서 선(善)으로 향하라."(38)

이상은 개인적인 수신(修身)의 요점들이다.

"도덕적 의무를 성실하게 다할 뿐, 이익을 도모하지 말라. 참된 길(道)을 밝힐 뿐, 어떤 사사로운 이익을 구하지 말라."(39)

이상은 갖가지 일에 처해 처신하는 방법의 요점이다.

"다른 사람들이 나에게 행했을 때 내가 탐탁치 않게 여길 그런 행동을 남들에게 행하지 말라."(40)

"자신의 행위에 만족스럽지 못한 점이 있거든, 그 원인을 남들에게서 찾지 말고 자기 안에서 찾아 반성하라."(41)

여기서 핵심은 자기 수양과 타인에 대한 배려이다. 이것은 민중교육에 대한 주희의 자세를 특징짓는 자발성의 존중과 상호 부조와 같은 정신을 고등교육의 차원에까지 확대하여 전개시킨 것이라고 할 수 있다. 우리는 『소학』에서처럼 여기에서도 교육의 과정이 부모와 자식 사이의 관계에서 성립하는 상호 경애(敬愛)로부터 시작되고 있음을 보게 된다. 물론 사람들의 지위와 신분, 처지는 결코 같지 않다. 현실적인 불평등을 분명한 사실로 인정하지 않을 수 없는 것이다. 하지만 각기 다른 위치에 놓인 사람들 사이에서 성립하는 인간관계는 그들 사이의 차이를 뛰어넘어 공동으로 삶을 영위하는 존재로서의 근본적인 상호 유대를 지향해야 한다.

효(孝)를 자식이 부모의 내리 사랑에 응해 부모를 공경하고 봉양하는 호혜적 관계로 이해하는 주희의 견해는 당시에는 흔한 것은 아니었다. 육구연(陸九淵, 象山)의 형인 육구령(陸九齡, 1132~1180)은 자신이 쓴 시(詩)에서 이렇게 말했다. "품에 안기는 아기 때는 사랑을 알고, 자라나면 부모에 대한 공경을 배우게 된다."[42] 또한 불교도의 저작에서도 부모에 대한 공경과 섬김이 절절하게 표현되어 있는 곳이 있다. 효를 부모의 내리 사랑에 바탕을 두고 이야기하는 글[43]을 쓴 계숭(契嵩, 1007?~1072)과, 다음과 같이 효에 대해 말한 중봉명본(中峯明本, 1263~1323)을 그 예로 들 수 있다.

모든 부모들은 그들의 자식을 먹이고 보살피며 사랑한다. 이 때문에 성현들은 부모에게 효도하라고 우리에게 가르치신 것이다. '효'(孝)는 '효'(效, 본받는다)를 의미한다. 자식은 부모가 자기를 먹이고 보살피며 사랑한 것을 본받아 부모에게 먹을 것을 올리고 보살펴 드리며 공경하는 것이다. 결국 부모의 사랑을 본받아 부모에게 사랑으로 보답해 드리는 것이다.[44]

여러 차례 언급된 '다섯 가지의 항구적인 인간관계 또는 도덕적인 규범'(五倫)은 인간관계와 그 안에서 필연적으로 발생하는 갈등을 처리하는, 널리 받아들여지고 있는 전통적인 지혜를 담고 있다. 주희가 '오륜'을 강조하는 것은 개인과 개인의 의지의 충돌이나 국가권력의 간섭에 의한 강압의 위협에서 발생하는 모든 인간적인 갈등상황을 막아 보려 했기 때문이었을 것이다. 자신의 뜻을 상대방에게 일방적으로 강요하는 식의 자기 주장은 부모와 자식 관계와 같은 불평등한 상황에서 특히 자주 찾아볼 수 있다. 또한 비교적 평등한 관계에 있는 사람들이 서로가 각자의 의지를 관철시키려고 첨예하게 맞서는 경우도 많다. 어느 경우에서든지 그런 자기 주장은 의지가 꺾인 쪽의 자존심에 깊은 상처를 내게 마련이다. 강제는 개인의 자발성과 자발적인 동기 부여를 파괴해 버리는 경향이 있다. 바람직한 것은 서로에 대한 애정을 돈독하게 키워 나감으로써 서로의 차이를 인식하고 그것을 극복하는 것이다. 이렇게 본다면 결국 '개인'이나 '자기'라는 것을 사람과 사람 사이의 관계 속에서 이해해야 할 필요가 있다. '개인' 또는 '자기'를 극단적인 개인주의의 관점에서 고립적·원자적인 것으로 파악하기보다는 관계적·상호 인격적(interpersonal)인 개념으로 파악하는 것이 바람직하다.

5. 고등교육에서 자발성과 대화의 중시

『백록동서원게시』의 전반부에서 주희는 사회관계를 강조하고 있다. 이에 비해 후반부에서는 송대 사상가들 특유의 관심을 반영한 보다 지적인 문제에 몰두한다. 본격적으로 학문의 중요성을 강조하고 있는 것이다. 우리는 주희의 『백록동서원게시』에 인간 일반에게 보편적으로 타당한 도덕적 언명이 결여되어 있다든지, 대부분의 인간적인 상황들에 적용하기에는 부적합한 가르침들이 제시되어 있다고는 말할 수 없다. 하지만 송대 사상이 지닌 특유의 분위기상, 농민들이 주희의 가르침을 따라서 "넓게 배우고, 절실하게 묻고, 신중하게 사색하고, 밝게 분별한다"는 것은 상상하기 힘들다. 더구나 당시의 일반 농민들에게 그런 기회는 현실적으로 주어지지 않았던 것이 사실이다. 주희가 그 글의 말미에 덧붙인 학자가 지녀야 할 마땅한 태도를 논하는 부분에서도 사정은 마찬가지이다.

내가 보건대, 옛 성현들께서 사람들에게 학문을 하라고 가르치신 것에는 다만 한 가지 뜻이 있었던 것이니, 사람들이 토론과 학습을 통해 도덕원리의 의미를 이해함으로써 각자 자기 수양을 도모하고, 그런 이후에 그 결과가 타인들에게까지 미쳐야 한다고 생각하신 것이다. 성현들께서는 사람들이 다만 명성이나 관직을 획득하기 위한 수단으로 경서(經書)를 암기하고 시문(詩文)을 짓기를 바라지 않으셨던 것이다. 그런데 오늘날 학문을 한다는 사람들은 그런 성현들의 뜻을 너무도 분명하게 거스르고 있다. 성현들께서 사람들을 가르치실 때 택한 방법들은 경서 안에 모두 들어 있다. 학문에 진정으로 전력을 기울이고자 하는 사람이라면, 그런 경서를 숙독(熟讀)하며 깊이 사색해 그 바른 의미를 물어 분별해 내야 할 것이다.

만일 참된 도리(道理)를 추구하는 것의 절실함을 깨닫고, 그런 추구에 전력을 기울여야 할 책임이 자기 자신에게 있다는 것을 인정한다면, 사람이 마땅히 따라야 할 규범과 금령(禁令)을 타인이 나에게 부과해 주기를 기다릴 필요가 전혀 없다. 근래에 학교에서는 배움과 관련한 여러 규칙이 제정되고 있으며, 이에 따라 학생들은 피상적이고 얕은 교육을 받고 있기가 일쑤인데, 그런 금령과 규칙을 통해 가르치는 따위의 방식은 옛 사람들의 방식과 어긋난다. 그러므로 나는 최근에 유행하는 규칙을 이 배움터에서는 실시하지 않으려고 한다. 나는 다만 옛 성현들이 어떻게 배울 것인가라는 문제에 관해 제시하신 핵심적인 원칙들을 특별히 취사선택해서 그 하나하나를 열거하여, 본 서원의 문 위에 내걸었던 것이다. 학생 여러분들은 그 원칙들을 서로 논하고 잘 따라 익혀서, 그것의 실천을 자기 자신의 당연한 도덕적 책무로 내면화시키기 바란다. 그렇게 한다면, 모든 생각과 말과 행동에서 금령과 규칙에 의존해 그냥 따르기보다는, 자기 스스로를 돌이켜 반성하고 스스로 어떻게 할 것인가를 올바르게 정하여 행해 나갈 수 있게 될 것이다. 이상에서 내가 말한 것들을 무시해 버리거나 다른 길을 찾아 행하려 한다면, 최근에 널리 이야기되고 있는 온갖 규칙과 금령의 족쇄에 갇혀 버려, 결국은 그것 없이는 아무 것도 하지 못하는 상황에 처하고 말 것이다. 제군들은 부디 이 점을 유념해 주기 바란다.(45)

여기에 다시 한번, 교육에서 자발성을 중시하는(여기서 자발성은 결코 방임과 비슷한 뜻이 아니다) 주희의 생각이 분명하게 표현되어 있다. 그런데 역설적이게도, 외부에서 부과되는 금령이나 규칙을 거부하라는 주희의 언명은 그의 가르침을 따르는 신유학 서원들에서 끊임없이 반복되면서 그 자체가 하나의 규칙이자 금령으로 자리잡아 갔고, 때때로 다른 규칙들에 의해 보충되기까지 했다. 주희의 사상은 후학들에 의해 주희 자신이 그토록 비판해 마지않던 방향으로 변용되어 버리는 운명을 맞이했던 것이다. 그러나 분명히 주희 자신은, 여기에 표현되어 있는 대로, 규칙과 금령을 통해 인간을 구속시키는 것보다는 개인의 자주성을 중시했다. 그는 도덕적 책임의식의 적극적인 자각과 자발적인 동기에 따른 행동이 없다면, 학교 교육은 '자기 자신을 위한 배움'이라는 목표를 달성하지 못할 것이라고 보았다.

『백록동서원게시』의 논점이 기본적인 사회관계에서 학문적 관심으로 이행해 간 것은, 그것이 학생들을 위해 쓰여졌다는 점을 고려한다면, 당연한 일이었다. 주희 자신의 경험상 사회와 학문은 함께 어우러져 인생이라는 그물망에 복잡하게 얽혀 들어가 있는 요소들이었던 것이다. 그런데 주희의 논의를 따라가 보노라면, 우리는 그가 개인의 역할을 반드시 필연적이거나 보편적인 것으로 규정하고 있지는 않다는 인상을 받게 된다. 실제로 주희가 부여한 역할은 사람들이 그토록 존중해 마지않았던 오륜(五

倫)의 테두리만으로 쉽게 아우를 수 있는 것은 아니었다. 그보다는 주희 자신이 속한 계급과 문화적 전통의 범위 안에서 당연하게 받아들여지는 그런 역할들을 특별히 강조했던 것이다. 바로 교육받은 엘리트의 대부분을 점하고 있는 교사·학자·관리로서의 개인의 역할이었다. 주희는 자신의 주요 저작물들에서 그런 역할들에 대해 자주 언급한다. 그리고 '자기 자신을 위한 배움'이라는 말이, 그 분명한 의미를 부여받는 것도 바로 그런 역할들의 맥락을 통해서이다.

『백록동서원게시』의 후기에서 우리는 상호 존중의 바탕 위에서 이루어지는 사람과 사람 사이의 대화가 학문의 올바른 방법이라고 보는 주희의 교육방법론과 만나게 된다. 거기에서 주희는 학문은 논의를 통해 진전되어야 한다는 것과, 그런 논의가 학생들이 묻고 교사가 그에 답하는 일방적인 문답형식이 아니라, 학생들 상호간의 철저한 토론형식으로 이루어져야 한다는 점을 거듭 지적하고 있다. 엄밀하고 진지한 지적 탐구와 올바른 판단은, 공평한 입장에서 서로 의견을 주고받음으로써 온전히 이루어진다. 그 결과 학생들은 자신의 정신을 스스로 다잡고, 각자의 생각과 행동에 대해 개인적인 책임을 지는 자세를 지니게 된다.

이와 같은 원리가 군주의 교육에서도 적용되었다. 군주 교육은 다른 사람들과의 대화 속에서 자기 스스로를 교육시킨다는 성격을 지니고 있었다. 효종 황제에게 올린 긴 상주문에서 주희는 황제의 첫번째 요건이 바로 강학(講學, 학문적 토론)이라고 지적한다. "천하의 모든 일들이 황제 폐하 한 분에 뿌리를 두고 있으며, 황제 폐하 한 분의 몸을 다스리심은 바로 폐하의 마음에 뿌리를 두고 있습니다. 만일 군주의 마음이 올바르다면 천하의 모든 일들이 올바르게 돌아갈 것입니다." 이렇게 되기 위해서는 황제가 어떤 결정을 내리기 전에 모든 문제와 쟁점 사안들에 관해 철저히 토론하여, 사안과 문제들이 내포하고 있는 선과 악의 경향성들을 분명하

게 밝히는 것보다 더 좋은 방법은 없다.(46)

사실 대화나 담화는 중국인들의 철학활동의 전통적인 방식이었는데, 신유학운동이야말로 그런 종류의 철학적 대화를 진작시켰다는 점에서 특기할 만하다. 신유학자들은 경연(經筵, 황제가 경서에 대한 강의를 듣는 자리)에서 중요한 정책 사안들을 의논하는 것을 매우 중요시했다. 이 제도는 훗날 특히 조선 왕조의 궁정에서 중요한 제도로 자리잡아 철저하게 시행되었다.14) 신유학적 교육의 이념이나 제도의 빠른 확산과 함께, 동아시아 각국에서 차례로 지적인 앙양의 분위기가 자리잡게 되었고, 새로운 학교와 서원들이 사람들의 지적 관심을 자극하고 그들의 역량을 하나로 결집시키는 강학의 중심지 역할을 하게 되었다.(47) 강학이라는 방법이 사회의 기층에까지 널리 보급되어 실시된 것은 명대의 중기와 말기의 일인데, 이로써 지적인 교양을 지니지 못하고 있었던 도시와 촌락의 민중들 사이에서도 널리 시행되었던 것이다.(48) 18세기 일본의 심학(心學)파들의 사상과 활동에서도 그런 측면을 발견할 수 있다.(49) 자발성을 존중하는 주희의 교육방법은 집단의 도덕적 교화뿐만 아니라, 개인의 자기 수양과 덕성 계발에도 공헌을 끼친 하나의 사회적 과정 속에서 자연스럽고 온전하게 구현되었다고 할 수 있다.

'자기 자신을 위한 배움'이라는 중심 문제는, 독재적인 정치가 장거정(張居正, 1525~1582)이 앞서 기술한 여러 동향들에 대해 취한 반동적 조치들에 의해 더욱 현저하게 부각되었다. 장거정은 각지의 서원에서 사람들이 강학하고 토론하는 것을 탄압했다. 그는 '정통' 유교사상을 고수한다는 명분 아래, 참된 인격을 지닌 사람이라면 타인들로부터의 학문적인 도움이 필요 없으며, 전적으로 스스로의 힘으로 자기 자신을 위해 배워야 한다는, 제법 그럴듯해 보이는 의론을 전개했다.(50)

서원 이외의 장소에서도 이루어졌던 당시 각지의 토론 모임들은 — 앞에서 언급했던 향약 관련 모임들——대부분 강학의 방법을 채택하고 있었고, 그런 모임들 안에서 참가자들은 일상생활 속에서의 도덕적 문제들에 관한 의견을 서로 교환하는 것이 보통이었다.(51) 여기에서 우리는 신유학의 교육론이 교양 계층뿐만 아니라, 비교양 계층 사이에서도 일관되게 지켜지고 있었다는 것을 알 수 있다. 계층적 차이를 무색하게 하는 이런 일관성은 자발성과 상호 부조를 동시어 강조하는 주희의 입장에서 비롯된 것이라고 할 수 있을 것이다.

6. '폭넓은 배움'으로서의 고등교육

'liberal'이라는 말을 '관용적인', '관대한' 또는 '도량이 넓은', '치우치지 않고 폭넓은' 등의 의미로 이해해 본다면, 고등교육에 관한 주희의 태도에는 그 말을 적용할 수 있는 또 하나의 측면이 있다.『백록동서원게시』에서 주희는 '폭넓은 지식의 탐구'(博問)를 배움의 출발점이라고 지적한다. 뒷날 널리 알려진 것처럼, 주희의 가르침에 나타난 두드러진 특징은 바로 '폭넓은 배움'(博學)을 강조했다는 데 있으며, 주희의 학문활동 자체가 그것을 뒷받침해 주고 있다. 하지만 '폭넓은 배움'의 중시라는 이 특징은 관리로서 복무하기 위한 준비교육의 커리큘럼으로 그가 쓴 글에서 더욱 분명하게 표현되어 있다.『학교공거사의』(學校貢擧私議)라는 제목의 글에서 주희는 중국의 인문주의(humanism) 전통을 포괄적이고 광범위하게 반영하고 있다.(52)

주희는 자신의 주장 속에서 '자유주의적'이라고 할 수 있는 두 가지의 주요한 차원에 대해 언급하고 있다. 그 중 하나는 교육받은 사람이라면 당연히 져야 할 정치적·사회적 책임과 관련이 있다. 주희는 교육받은 사람들이 자신이 몸담고 있는 사회의 여러 문제들에 대처하고 그것들을 극복하기 위한 방안 없이 자기 자신을 온전하게 발견하려는 헛된 시도 속에서 허우적거리지 않으려면, 모든 영역의 지식들을 두루 배워야 할 필요가 있다고 말한다. 동포들의 곤궁을 대변하고 그에 대처하는 삶을 살아 나가기 위해 배워야 할 영역들은, 예악·제도·천문·지리·군사·형법 등 실로 다양하기 그지없다. 주희는 이런 배움의 영역들이야말로 더할 나위 없이 '중요한 것들'(원문 그대로 쓰면 '大端')이라고 말한다.(53)

다른 하나는, 교육받은 사람은 지식의 추구에서 배타적인 태도를 지녀서는 안되며, 다원적이고 폭넓은 관점을 갖고 성인의 도(道)가 전해 주는 다양한 지식과 교훈들을 배워서 취하는 자세를 지녀야 한다는 것이다. 불행하게도 성인의 가르침들 중에는 단편적인 형태로 전해 오고 있는 것들이 적지 않다. 더욱더 나쁜 것은 세상의 학자들이 오직 하나의 경서(經書)나 한 사람의 사상가에 대한 연구에만 집중하는 것을 올바른 방법이라고 생각한다는 데에 있다. 사실 주희는 도가(道家)나 법가(法家)의 저작들에까지 눈을 돌렸다. 그는 학자들이 그런 사상의 장점이나 단점에서도 언제나 무엇인가를 배워야겠다는 각오를 하고 있지 않으면 안된다고 생각했던 것이다. 주희의 이런 다원적인 학문 자세는 왕안석(王安石)의 자세와 확실히 대조를 이루고 있다. 왕안석은 스스로 직접 주석을 한 세 가지 경서들, 곧 『시경』(詩經)·『서경』(書經)·『주례』(周禮)만을 공인된 텍스트로 인정해 교육과 과거를 실시하려고 했던 것이다.(특히 그는 실용적·실천적인 목적을 위해 『주례』에 유달리 큰 비중을 두었다.)(54)

교육 커리큘럼과 관련해 주희와 왕안석을 비교해 본다면, 주희의 커리큘럼에는 경서로서는 『역경』(易經), 『서경』, 『시경』 이외에 『주례』, 『의례』(儀禮), 『대대례』(大戴禮), 『소대례』(小戴禮), 『춘추』 삼전(三傳, 공양전〔公羊傳〕·곡량전〔穀梁傳〕·좌전〔左傳〕의 세 가지 주석), 그리고 『대학』, 『논어』,

『중용』, 『맹자』 등이 포함되어 있었다. 유교 경서 외에도 주희는 송대의 주요한 사상가들의 저작을 중시했고, 순자(荀子), 양웅(揚雄), 왕충(王充), 한비자(韓非子), 노자(老子), 장자(莊子) 등과 같이 유학자들에 의해 이단시되던 사상가들의 저작들까지도 포함시켰다. 또한 주희는 당대(當代)의 문제들을 이해하기 위해서는 역사서들을 읽는 것이 필요하다고 역설했다. 이에 따라 그는 『춘추좌전』(春秋左傳), 『국어』(國語), 『사기』(史記), 『한서』(漢書), 『후한서』(後漢書), 『삼국지』(三國志), 『신·구당서』(新·舊唐書), 『오대사』(五代史), 『자치통감』(資治通鑑) 등을 커리큘럼에 포함시켰다. 이 밖에도, 앞서 언급했던 제도나 지리 등의 실용 학문을 배울 수 있는 책으로, 두우(杜佑)가 쓴 『통전』(通典)과 같은 백과전서류의 책도 추가되었다.

이상에서 언급된 문헌들에 익숙한 사람이라면 누구나 주희가 제시한 일종의 필독 도서목록이 학자들에게 얼마나 엄격하면서도 광범위한 배움을 요구하고 있는지 분명하게 이해할 수 있을 것이다.(덧붙여 말하건대, 이상에서 언급된 문헌들을 완전하게 익힌 학자들은 결코 많지 않을 것이다. 황종희[黃宗羲]나 첸무[錢穆] 등의 소수의 학자들만이 그 모든 문헌들을 실제로 읽어 냈을 것이다.) 주희 자신도 이 문헌들을 한꺼번에 전부 익히기는 도저히 불가능하다는 것을 인정하고, 3년을 한 단위로 차례차례 이 문헌들을 연구해야 한다고 주장했다. 그가 보기에는 배움의 대상에서 제외되는 문헌이란 원칙적으로 없었다. 그는 이렇게 말했다. "사대부(士大夫)가 익히지 않아야 하는 경서란 있을 수 없다. 사대부가 연구하지 않아야 하는 역사서란 있을 수 없다. 그런 책들 가운데 작금의 시대에 적용되지 못할 것은 하나도 없다."(55)

주희는 사대부라면 마땅히 이상과 같은 광범위한 학문 연구에 매진해야 한다고 보았다. 그런 연구는 그가 다양한 차원에서 관심을 기울이며 궁리해 온 교육체계에서 최정점에 해당한다. 확실히, 그런 커리큘럼을 마스터하고 학문 연구에 정진하는 문화적인 책무를 일반 서민들이 질 수는 없는 노릇이었다. 결국 교육받은 엘리트 계층이 그런 책무를 감당해야 했고, 주희는 그런 엘리트들이 자신들이 받은 고등교육에 필연적으로 수반되는 정치적·사회적 책임을 기꺼이 떠맡아야 한다고 생각했다. 이 점에서 주희의 교육론은 엘리트주의의 위험성에 노출되어 있다. 경서에 대한 깊이 있는 이해와 광범위한 경학적 지식의 천착을 요구한다는 것은 결국 엘리트 계층에 대한 편중적인 기대를 뜻한다. 그렇지만 이미 본 대로, 주희의 자유주의적 교육론에서는 자발성과 상호 부조의 원리가 지식인 계층과 비지식인 계층 모두에게 적용되고 있다. 또한 그는 이 원리들을 적용함에 있어서 다양하게 다른 사회적 맥락과 배경들이 있다는 것을 확실히 인식했고, 그것들을 일률적으로 적용하기보다는 자기 발견, 집단적인 토론, 그리고 사회 혁신에까지 이르는 일련의 연속적인 과정에 의해 점차적으로 구체화·정식화할 필요성이 있다는 것을 절감하고 있었다. 바로 그런 과정의 정점에 송대의 사회와 문화의 가장 숭고한 포부를 표현하고 있는 '자기 자신을 위한 배움'이라는 이상이 위치해 있는 것이다. 이 점에 대해서는 신유학의 개인주의를 주제로 한 다음 강의에서 더욱 상세하게 언급할 것이다.

3. 신유학의 개인주의

'리버럴리즘'(liberalism)과 '인디비주얼리즘'(individualism)이라는 서구의 개념들이 19세기에 동아시아에 소개되었을 때, 중국어와 일본어에는 이것에 정확히 상응하는 말이 없어서 새로운 용어를 만들 수밖에 없었다. 그 결과 'individualism'에 상응하는 것으로 만들어진 용어가 바로 '개인주의'(個人主義)였다. 이 용어에서는 특히 분리되어 있고 고립되어 있는 개인이라는 측면이 강조되고 있다. 이것은 내가 바로 앞 강의에서 언급했던 공자의 인격주의와 좋은 대조를 이룬다. 공자의 인격주의는 개인을 인류라는 커다란 유기체의 일원으로 보며, 사람을 사회와 분리하지 않고 타자들과의 역동적인 관계 속에서 삶을 영위하는 존재로 본다. 생물학적이고 역사적인 연속체 안에서의 인간, 그리고 도(道)의 유기적인 과정 속에서의 인간이라는 관점을 지녔던 것이다. 'liberalism'에 상응하는 '자유주의'(自由主義)라는 말에서는 개인의 자율성, 자기 자신의 경향성에 따라야 한다는 생각, 다시 말하면 사람은 자기 나름의 본래적인 자질과 성향을 마음껏 펼칠 수 있어야 한다는 생각 등이 강조되고 있다. '자유'(自由)라는 말은 서구의 정치나 법 사상의 맥락에서 쓰이는 'liberty'와 'freedom' 개념의 다양한 함축과 측면들을 전달하면서, 동시에 현대 중국어에서 많은 복합어들의 일부분으로 사용되고 있다. 최근의 중화인민공화국에서 쓰이고 있는 '자유화'(自由化)라는 말이 그런 예들 중의 하나이다.

이런 예들에서, 개인을 특별히 강조하는 것이 서구적인 태도의 특징적인 측면이라는 점을 인식하면서도, 동아시아의 번역자들은 외래의 관념들을 표현하기 위한 말을 찾지 못해 어쩔 줄 몰라 하지도 않았고, 완전히 낯선 관념들을 표현하기 위한 유일한 방법으로 음역(音譯)에 의존하지도 않았다. 이 강의에서 내가 분명히 밝히려고 하는 사항이기도 하지만, 사실 개인의 자율성을 중시하고 자기 나름의 자질과 성향을 마음껏 펼칠 수 있어야 한다는 생각은 중국의 전통적인 사고방식에서 낯선 것이 아니었다. 때문에 19세기 서구의 자유주의 개념—프랑클 교수가 그 말에 부여한 현대적 정의보다도 훨씬 더 개인적 자유를 강조하는—을 표현하는 번역어를 선택할 때 이미 어떤 종류의 신유학적 편향이 작용했다고 볼 수 있을 것이다. 프랑클 교수의 자유주의에 대한 정의는 서구나 유교적 전통 전체에 적용할 경우에는 대단히 유효하지만, 이 강의의 목적에는 『웹스터 신국제사전』(*Webster's Third New International Dictionary*) 제3판에 수록되어 있는 다음과 같은 자유주의 개념에 대한 정의가 더 적합하다. "진보의 신념에 기반을 두고, 인간성의 본질적인 선함과 개인의 자율성을 신뢰하며, 삶의 모든 영역에서 관용적 태도를 견지하면서 독단적인 권위에 대해 개인의 자유를 주장하는 철학."[1]

몇 년 전에 나는, 당시로서는 매우 급진적인 성향을 보여주고 있다고 여겨졌던, 그리고 현대의 많은 저술가들에 못지 않게 급진적이기도 했던 16세기 명대 일단의 사상가들이 개인주의 사상 경향을 띠고 있는 점에 주목한 적이 있다.[2] 그런 급진주의적 성향에도 불구하고 나는, 왕양명 문하의 태주학파(泰州學派)[1]에 속하는 그런 사상가들, 그 중에서도 특히 이지(李贄)의 사상을 신유학의 장기간에 걸친 발전의 소산으로 이해할 수 있다고 생각했다. 이 강의에서 그런 개인주의의 근원을 신유학사상에서 탐색하고자 한다.

1. 신유학의 개인주의와 관련된 여러 관념들

'자유'(自由)의 '자'(自)는 자기(self)를 나타내는 말로, 종종 '기'(己), '신'(身), '사'(私) 등의 말들과 결합되어 쓰인다. '기'(己)나 '신'(身)이라는 말들과 마찬가지로, '자'(自)도 보통은 단순하게 'self'(자기)라고 번역할 수 있다.⑶ 고전에 나오는 용법을 보면, '자'(自)는 '그 자신으로부터' '그 자체 안에' '그 자신의' 등의 의미를 지니고 있다. 이 점에서 본다면, 영어의 접두사 'auto'와 매우 흡사하다. 또한 '자'가 지닌 '자기 스스로에 기반을 두다' 또는 '자발적인 동기에 따라 행동한다'는 의미는 '……으로부터'의 뜻을 지닌 '유'(由)라는 말과 결합되어 쓰이면서 특별히 강조된다. 이에 따라 '자'라는 말은 영어에서 'self-'가 접두사로서 붙은 복합어에 상응하는 말을 만드는 데 쉽게 사용되었다. 예를 들어서 『대학』에는 이런 말이 나온다. "뜻을 참되게 한다(誠意)는 것은 스스로를 속이지(自欺) 않는다는 것이다. 나쁜 냄새를 싫어하고 아름다운 것을 좋아하는 것처럼(선을 추구하고 악을 제거할 수 있다면), 이를 일러 스스로 만족스럽고 기쁘다(自謙)고 한다." '자기'(自欺)와 '자겸'(自謙)이라는 두 말이 함의하고 있는 것은, 가치의 근원이 개인의 내부에 있으며, 자기 자신의 마음속 깊은 곳의 진솔한 감정에서 유발되는 태도로 사물과 일에 대처해 나가는 것만이 참되고 진실하다는 것이다. 신유학 사상가들은 바로 이런 기본적인 입장에서 출발하고 있다. 우리가 그들의 논의 속에서 자주 등장하는 '자'(自)라는 접두사가 붙은 복합어들을 모두 모아 그 의미를 밝혀 정리한다면, 신유학의 윤리학 용어사전을 하나 만들 수 있을 것이다. 다음은 그 대표적이고 일반적인 예들이다.

자연(自然): '자연적'(natural)이라는 말로 옮길 수 있는 용어로, '그 자체 그대로의'라는 의미를 지니며, 작위적으로 만들거나 억지로 꾸미는(僞) 것의 반대말이라고 할 수 있다. 신도가(新道家)²⁾들은 도덕적인 기준을 초월한 현실에 대한 적응력, 또는 억제되거나 제약받지 않는 자발성이라는 의미에서, 자연스러움에 지고한 가치를 부여했다. 한편 신유학자들은 도덕적 수양이나 이성적인 사유가 인간에게 부자연스러운 것이라고 생각하지 않았다. 그들은 극단적인 두 태도, 곧 방임주의적이고 몰가치적이며 현실을 긍정하고 그대로 따르려는 태도와, 강제적인 노력과 의식적인 조작과 작위를 중시하는 두 태도 사이에서 중도(中道)를 걸으려고 했던 맹자의 방법을 추구했던 것이다. 맹자는 인간의 도덕적인 본성을 의식적으로 도야하는 것을 잊어버리는 것에도 반대했고, 사물에 내재되어 있는 본래적인 경향성에 따른 자연적인 성장의 과정에 반해 억지로 어떤 작위적인 조작을 가하는 것에도 반대했다. 신유학자들은 이런 맹자의 가르침3)을 자주 인용했다. 작위적이지 않고 억지로 꾸미지 않은 자연스러운 도덕적 삶을 어떻게 유지하고 영위할 것딘가의 문제가 송명 사상의 중심적인 과제였다. 오징(吳澄, 1249~1333)은 주희의 『대학장구』 첫머리의 일절을 설명하면서, 자기의 도덕적인 본성을 도야하는 일이야말로 자연스럽게 다른 모든 사람들의 혁신으로까지 이어지며, 그 까닭은 한 사람의 도덕적 수양의 완성이 모든 사람들 각자의 마음에 내재되어 있는 도덕적 본성을 환기시켜 큰 반향과 공명(共鳴)을 불러일으킬 수 있기 때문이라는 것을 지적했다.(4)

자임(自任): "스스로 떠맡는다" "스스로 책임을 진다"는 의미이다. 이 관념은 도덕적인 삶이나 행위의 자발성과 어우러지며, '자기 자신을 위한 배움'(爲己之學)이라는 사고방식과도 근본적으로 일맥상통한다. 자임이란 결국 자기 자신의 행위에 대해 스스로가 전적인 책임을 져야 한다는 의미를 지니고 있다. 그도 그럴 것이 다른 사람들의 눈에 들기 위한, 또는 다른 사람들을 기쁘게 하기 위한 행위는, 주희의 말을 빌리면 '자기 파괴'에 이를 뿐이기 때문이다.

이 용어의 출전은 『맹자』 「만장 상」(萬章上) 편의 제7이다. 곧, "온누리라는 무거운 짐을 자기 자신이 스스로 떠맡는다"(自任以天下之重)는 말에서 따온 것이다. 신유학에서 이 용어는 도덕적 영웅의 관념과 밀접하게 연관되어 있으며, 신유학의 도덕적 개인주의를 표현해 주는 중요한 관념이다.

자득(自得): 문자대로 해석하면, "자기 자신의 힘으로 또는 자기 자신을 위해 어떤 것을 획득한다"는 뜻이다. 이 용어는 두 가지 중요한 의미로 사용되었다. 하나는 비교적 평범하고 분명한 것으로, 자기 자신을 위해 어떤 진리를 배우고 체험하여 그 속에서 마음의 기쁨을 얻는다는 의미이다. 여기서 자득은 '스스로 만족하다' '스스로 지니다' '스스로 만족하기 위해 배운다' 등의 의미를 지닌다. 다른 하나는 더욱 깊은 뜻으로서, 맹자의 "도를 자기 자신 안에서 찾아 얻는다"는 말에 잘 나타나 있다. 관련 원문을 보면 다음과 같다. "군자는 '자기 스스로 참되고 바른 길을 깨달아 얻어(自得)' 그 안에 깃든다. 스스로 깨달았으니 깨달은 바에 대해 확신을 가질 수 있고, 흔들림 없이 편안할 수 있다. 흔들림이 없이 편안하니 깨달은 바에 대한 이해도 한층 더 깊어진다. 이해가 깊어지면 깨달은 바를 자기 주변의 어떤 상황에 적용하더라도 참되고 바른 길과 만날 수 있다. 그래서 군자는 자기 스스로의 힘으로 참되고 바른 길을 깨닫고자 하는 것이다."(『맹자』「이루 하」〔離婁下〕, 14.) 장자(莊子) 또한 이 용어를 자기 자신의 내면과 도(道)의 근본적인 조화의 달성을 의미하는 말로 사용했다.(5) 도와 조화를 이룬 자기 내면의 깊은 만족을 이야기하는 것이다. 주희는 맹자가 말하는 자득을 마음의 고요한 깨달음과 통찰이라고 보았다. 그 결과 자기 안에 깃들어 있는 도를 자연(自然)스럽게 발견하게 된다는 것이다. 그는 "말없는 가운데 자연스럽게 체득하는 배움, 이것이야말로 진정으로 '자기 안에서 얻는 것'이다. 의식적이고 강제적인 배움은 '자기 안에서 얻는 것'이 아니다"(6)는 정호의 말을 인용하고 있다.

정주학(程朱學)에서 '자득'이라는 관념은 실로 중심적인 위치를 차지하고 있는데, 명대에 편찬되어 오랜 세월 동안 신유학의 바이블로 존중되었던 『성리대전』(性理大全)에서, 학문의 방법론을 논하고 있는 첫장의 첫머리에 정자의 자득에 관한 논의가 인용되고 있다는 사실에서도 그 비중을 잘 알 수 있다. 여기서 정자는 배움이란 자기 자신 안에서 구하는 것(自求得之)이라고 말하고 있으며, 또한 그것이 학문을 하는 가장 세련되고 치밀한 방법이라고 말하고 있다.(7) '득'(得)이라는 말은 영어의 'acquire' 'obtain' 'possess' 등의 말로 옮길 수 있는데, 이 번역어들이 모두 신유학자들이 '득'이라는 말을 사용하는 맥락과 부합된다. 나는 좀 일상적이고 구어적인 표현이기는 하지만 보통 'get'(얻다, 입수하다, 가지다, 획득하다)이라는 번역어를 자주 사용해 왔는데, 가끔씩 '자기 안에서 발견하다'(find)라든가, 자기 안에서의 '만족'(satisfaction, contentment), 또는 '기쁨'(joy)이라는 번역어도 사용했다.

자임(自任)이나 자득(自得)이라는 말은 신유학자들 중에서 지도적인 사상가들의 결정적인 회심(回心)의 체험이나 학문상의 중요한 전기(轉機)를 기술할 때 자주 사용되었다.

주희의 『근사록』 제4권 「존양류」(存養類)의 많은 부분이 '스스로 그러함'(自然)이라는 문제 그리고 자기 자신을 위한 진리 또는 도(道)의 체득이라는 문제를 실천적인 자기 수양의 문제로 다루고 있다. 이것은 정이가 특별히 관심을 기울인 문제들이었다. 이 점에 관한 정이의 많은 논의들 가운데 특별히 다음의 두 문장을 인용해 그의 논지를 밝혀 보고자 한다.

정이천(程伊川) 선생은 이렇게 말씀하셨다. "배우는 사람들은 자신의 마음에 세심하게 주의를 기울여 그것을 경건하게 다잡아 지켜야 한다. 조바심을 내어 억지로 그렇게 하려고 애써서는 안되며, 마음을 깊고 풍부하게 갈고 길러서 스스로 그 안에 젖어 들어야 한다. 그래야 스스로 얻었다(自得) 할 수 있을 것이다. 만일 조급하게 추구해 들어간다면, 그것은 이

기적인 행위(私己)일 뿐이어서, 결국 도를 체득하는 데까지는 이르지 못하게 될 것이다."⁽⁸⁾

　　오늘날 배우는 사람들은 세심하게 주의를 기울여 경건하고 진지하게 마음을 다잡는 것에 대하여 알고 있기는 하지만, 도를 스스로 체득(自得)하지는 않는데, 이것은 그들이 경건하게 마음을 다잡으려 하다 보면 마음이 편안하지 않기 때문이다. 또한 그들이 일상적인 일들을 처리하면서 진지함과 경건함을 너무나 과도하게 추구하기 때문이기도 하다. "예의규범에 따르지 않은 채 경건함과 진지함을 추구한다면 부질없이 힘들게 서두르는 꼴이 될 뿐이다……"⁽⁹⁾라는 말이 바로 이것을 지적하는 것이다. 예의규범은 겉으로 보이는 의식절차가 아니라 자연적인 도리이다. 다만 경건하고 진지하기만 하고 자연적인 도리를 행하지 않는다면, 거리낌없이 스스로가 편안하지는(自在) 못할 것이다. 사람은 분명 경건하고 진지해야 하지만, 동시에 그 마음이 편안하고 여유가 있어야 한다.⁽¹⁰⁾ 자신의 용모와 행동을 단정히 하고 말을 바르게 하는 것은, 타인들의 평판을 두려워해서가 아니라 자기 한 몸의 덕을 완성하기 위한 것이다. 하늘의 마땅하고 참된 이치(天理)에 따른다면, 사람은 마땅히 그러해야 하는 것이다.(곧 그렇게 하는 것이 지극히 자연스럽고 합당한 것이다.) 근본적으로, 사사롭고 이기적인 생각이 있어서는 안되는 법이니, 다만 지극히 자연스럽고 합당한 이치(理)에 따를 뿐이다.⁽¹¹⁾⁴

　　여기에서 '자득'이라는 관념이 '다른 사람을 위한 배움'과 반대되는 '자기 자신을 위한 배움'(爲己之學)이라는 주장과 깊이 관련되어 있음은 두말할 나위조차 없다. 도덕적 노력의 적극성과 종교적 외경(畏敬)의 수동성을 어떻게 조화시키고 조정할 것인가의 문제는, 다른 종교나 윤리 전통의 정신적 생활 속에서도 발견할 수 있다.(12) 정이의 경우에는 그가 사용한 '경'(敬)이라는 개념(경건함·엄숙함이라는 의미를 지니고 있는)의 근본적인 애매함 때문에 문제가 더욱 복잡하다. 양심을 지닌 인간에게 지극히 자연스럽고 합당한 방법 안에서 도덕적 노력과 종교적인 수동적 태도가 결합되어야 한다는 것이 정주학파의 일반적인 견해였다고 할 수 있을 것이다.

주희의 경우에도 '자득'은 도를 자기 안에서 찾아 자기 안에 지니고 있다는 것과 관련해 특별히 중요한 의의를 지닌다. 『중용』의 14장에는 삶의 모든 상황들에 적응하는 군자(君子)의 삶의 방식을 언급한 다음과 같은 구절이 있다. "군자는 자신이 처한 상황에 능동적으로 대처해 스스로 깨달아 얻지 못함이 없다."(君子無入而不自得焉.) 주희는 『중용』의 의의를 총괄적으로 다음과 같이 말했다.

자사(子思)는 자신이 전해 받은 관념들에 기반을 두고 말했다. 첫번째로, 그는 도가 본래 하늘에서 비롯된 것으로서 결코 바꿀 수 없다는 것을 설명하면서, 도의 실질적인 핵심은 자기 자신 안에 이미 갖추어져 있기 때문에 거기에서 결코 분리할 수 없다는 것을 분명히 해두고 있다. 다음으로, 마음속에 있는 도의 실질적인 핵심을 보전하고 기르며 자기 성찰을 행하는 것의 필요 불가결성을 이야기하고 있다. 마지막으로, 성인(聖人)이 자기 자신 안의 덕의 힘을 널리 펼쳐서 이루어 놓은 성과들을 이야기하고 있다. 자사는 배우는 사람들이 바깥이 아닌 자기 자신 안에서 도의 실질적인 핵심을 구해 얻게 되기를 바랐던 것이다.(13)

이상의 설명에서, 주희의 '도통' 관념이 정자(程子) 형제의 '자득'에 관한 견해에 반영되어 있을 수밖에 없다는 것을 이해할 수 있다. 또한 진장

주돈이

방(陳長方)이 성인의 심학(心學)을 '자득'과 결부시키고 있는 것도 마찬가지로 이해할 수 있다. 윙칫찬 교수는 주희가 어떻게 '도통' 관념에 도달했는가에 대한 논의에서, 정이의 중심적 역할에 주목했다. "정이의 주된 논점은 자신의 형 정호가 공자와 맹자의 가르침을 유교의 고전들 속에서 자기 스스로 발견했다는 것이다. 대부분의 신유학자들과 마찬가지로, 정이는 정호가 성인의 도를 '자득'했다는 점을 강조했던 것이다." 윙칫찬 교수와는 다소 다른 각도에서 주희의 사상의 다른 한 측면을 연구한 학자인 리처드 린(Richard Lynn)은, 주희가 훌륭한 시(詩)를 평가하는 여러 가지 기준들 가운데 자연스러움, 자유, 자발성 등과 함께 특히 '자득'을 중요시했음을 지적했다.(14)

2. 이상적인 개인으로서의 성인

성인됨의 문제, 곧 어떻게 하면 성인이 될 수 있는가 하는 문제는 정주학의 중심 주제였다. '자기 자신을 위한 배움'(爲己之學)의 최종 목표는 '성인이 되기' 위한 것이었다. 이미 이것은 주돈이(周敦頤, 濂溪, 1017~73)의 주저인 『통서』(通書)(15)에 일관되어 있는 주요 이념이기도 했다. 주희는 『근사록』 제2권 「위학류」(16)의 첫머리에서부터 그 책의 내용을 인용하고 있다. 또한 정이가 청년시절에 쓴 논문 「안자소호하학론」(顔子所好何學論)(17)—— '안자(顔子)가 배우고자 했던 학문은 무엇이었나?'라고 번역할 수 있으며, '어떻게 성인이 될 것인가?' 하는 문제에 대한 논문이다—도 그 주제의 발전에 크게 공헌했다. 주희는 그 논문의 내용 역시 『근사록』 제2권에서 인용하고 있다. 이에 상응해, 주희 자신의 저작에도 사람들의 모범이 될 만한 성인이 지니고 있는 자질에 관한 논의가 포함되어 있다.

사실 '성인'(聖人)은 오랜 옛날부터 중국 사상에서 첫째가는 이상(理想)이었다. 고전 유가들이나 신유가들뿐만이 아니라, 도가(道家)나 신도가들에서도 마찬가지였다. 다만 송대에 들어와 정자 형제와 주희가 그런 성인론에 매우 특별한 의의를 부여했다고 할 수 있는데, 그들은 성인이라는 것을 일반 사람들에게서 멀리 떨어져 있는 고원(高遠)한 이상일 뿐이라고 여기지 않고, 바로 자기 시대의 모범적인 인격으로 보는 성인관을 제시했다. 그들은 누구든지 배움을 통해 성인이 될 수 있다는 확신을 공유하고 있었다. 그런 확신을 단언해 말하는 주돈이의 다음과 같은 말은 뒷날 신유학의 문헌들에 자주 인용되면서 큰 논란거리가 되기도 했다.

> "배움을 통해 성인이 될 수 있습니까?"
> "그렇다."
> "그렇게 하기 위한 어떤 요점 같은 것이 있을까요?"
> "있다……."(18)

여기에서 말하는 '요점'(성인이 되기 위한 핵심적인 방법)을 둘러싼 문제들이 주돈이 자신의 저작과 다른 중요한 신유학 문헌들의 주요 관심사이다. 결국 성인은 추상적·상징적 가치를 일반화시켜 인간적 이상으로 표현한 것에 불과한 것이 아니라, 자기 수양을 위한 특별한 모델이 되었던 것이다. 그것은 정이의 다음과 같은 논의에서 명확히 볼 수 있다.

배움의 길이란 마음을 바로잡고 본성을 기르는 것 이외에 아무 것도 아니다. 누군가가 중용과 정의를 지키면서 성실하게 매사에 임하고 있다면, 그가 바로 성인이다. 군자의 배움에서는 맨 먼저 자기의 마음을 분명하고 투철하게 다잡아 자신이 나아갈 방향을 정하고, 성인의 경지에 도달하기 위해 적극적으로 열심히 활동해야 한다……. 그러므로 배우는 자들은 참으로 자신의 마음을 다해 노력하지 않으면 안된다. 그렇게 하는 사람은 자신의 본성을 깨달아 알게 될 것이다. 자기 자신의 본성을 깨달아 알고, 자기 자신을 성찰하여 매사에 성실하게 임한다면, 그런 사람이 바로 성인이다.[19]

배우는 사람들 모두를 향한 이 메시지는 알고 보면 이 이상 직접적이고 평범할 수 없을 정도로 단순하다. 단지 성인이 되겠다는 결의를 굳게 다지기만 한다면, 그 누구라도 성인이 될 수 있는 기본적인 능력과 자질을 갖추고 있다는 것이다. 그런 능력과 자질이 없는 사람은 아무도 없다. 앞의 인용문에 이어서 정이는 다음과 같이 말했다.

후세 사람들은 성인이 태어나면서부터 기본적으로 천부적인 자질과 능력을 지녔으며, 배움을 통해서는 도무지 성인이 될 수 없다고 생각했다. 그 결과 배움의 길이 끊어져 버리게 되었던 것이다. 사람들은 자기 자신 안에서 구하지 아니하고 바깥에서 구하고 있으니, 이것저것 잡다한 지식을 추구해 그것들을 암기하기에만 힘쓰며 말과 문장을 그럴듯하게 다듬고 우아하게 치장하는 데만 몰두하고 있다. 때문에 도에 이르는 이가 드물었던 것이다. 오늘날 이른바 배움이란 안자(顏子)가 좋아하며 추구했던 배움과는 참으로 다르다 하겠다.[20]

여기서 우리는 다시 한번 '성인이 되기 위한 배움'이 '다른 사람들을 위한 배움'이 아닌, '자기 자신을 위한 배움'과 밀접히 관련되어 있음을 분명히 알 수 있다. 둘 중 하나를 추구한다는 것은 곧 나머지 다른 하나를 추구한다는 것과 같은 의미를 지녔던 것이다. 그것은 배우는 사람이 반드시 추구해야 할 바라고 할 수 있다. 또한 그 둘 모두는 당시에 유행하던 문학과 잡학적인 박식함의 추구와 대립되는 것이기도 했다. 성인에 이르는 길(道)을 실천적인 관점에서 이야기하자면, '자기 자신 안에서 도를 구하는' 방법을 의미한다고 할 수 있으며, 따라서 성인은 신유학자들의 자기 수양을 위한 이상적인 모델이 되었던 것이다.

여기에는 이중적인 의미가 있다. 주희는 『소학』「경신」(敬身) 편의 의의를 해설하면서, 이 편은 "성인과 현인을 우러러 모범으로 삼기 위한" 기본적인 모델을 제공해 준다[21]고 했다. 그러나 다른 곳에서 주희는 성인의 가능성을 자기 자신 안에서 찾아야 한다는 점을 강조하고 있다. 주희의 제자가 성인의 가르침을 자기 자신의 학문과 행위의 지침으로 삼아 의지하는 것에 대해 물었을 때, 그는 다음과 같이 대답했다. "학생들에게 말할 때 나는 성인의 가르침에 따라서 행등하라고 가르치지 않을 수 없다. 부단히 노력한 결과 학생들이 자기 자신 안에서 무엇인가를 발견하게 된 다음에는, 성인이 된다는 것이 실제로 두엇인지 자기 스스로 자연스럽게 깨닫게(自知) 될 것이다."[22] 바꾸어 말하면, 성인의 모범을 따름으로써 얻게 되는 결과를 자기 자신의 체험 속에서도 끌어 낼 수 있으며, 그 결과는 바로 개별성(자기 자신의 독자적인 체험에서 얻게 되는 가치들)과 보편성(성인이 지닌 것들로서 보편적으로 승인되어 온 가치들)이라는 양면적 성격을 지니게 된다는 것이다. 성인이란 그런 양면적인 성격의 가치들을 대단히 큰 스케일로 체현한 한 개인이라고 할 수 있을 것이다. 한편으로는 경전과 역사서들에 표현되어 있는 성인의 경지를 내면화시켜 체득하고, 다른 한편으로는 자기 자신의 개인적인 체험을 객관적으로 투영시키는 한 인격체가 성인인 것이다.

이런 일련의 자기 성찰과정에는, 자기 시대 특유의 경험, 그 자신이 속한 세대가 공유하는 일종의 선입견 등이 개입하게 된다. 주희 자신도 그런 점을 이해하고 있었던 것 같다. 그는 『근사록』의 끝 부분에서, 성현의 학문으로 이끄는 지침으로 고대의 성인이나 현인들만을 모범으로 삼기보다는, 송대의 사상가들과 자기 자신의 개인적인 체험을 대단히 중시해야 한다는 입장을 개진했던 것이다. 사실 주희가 『근사록』을 편찬한 목적도 자기와 동시대 또는 상당히 가까운 시대의 인물들의 자기 수양과 관련한 교훈이나 성과에 눈을 돌림으로써, 성인이 결코 먼 과거가 아닌 바로 당대(當代)와 관련해 중요한 의의를 지닌다는 점을 보이기 위해서였다. 그 책의 효용과 주희의 후학들이 그 책에서 느꼈던 매력이나 호소력은 바로 그 현대성(그들의 시점에서 볼 때)과 동시대성에서 기인하고 있었다. 그도 그럴 것이 그 책을 읽는 사람들은 송대의 위대한 사상가들의 구체적인 인생경험을 자기 자신의 인생경험과 대조하며 공감할 수 있었기 때문이다. 결국 성인은 먼 과거의 추상적 존재로 남아 있지 않게 되었고, 구체적으로 분명하게 규정되면서 한 시대의 특질 위에서 일정한 한계를 지니는 이상적인 개인이 되었다고 할 수 있다.

주희보다 훨씬 뒤의 시점에서 역사를 되돌아볼 수 있는 우리는, 그런 한계를 보다 더 분명하게 인식할 수 있다. 주희는 모든 인간의 내면에 도덕적 본성이 자리잡고 있다는 것을 믿어 의심치 않았다. 철학적으로 볼 때 이런 확신은, 사람들 각자가 도덕적 본성이나 모든 것들 안에 내재되어 있는 원리를 생득적으로 소유하고 있다는 그의 입장에 바탕을 두고 있다. 이것은 모든 인간은 천지(天地)와 만물(萬物)을 일체화시켜 줄 수 있는 공통적·보편적인 본성을 지니고 있음과 동시에, 각자가 자기 자신의 개별성을 지니고 있기도 하다는 것을 의미한다. 가끔씩 주희는 달과 달이 물위에 비치어 생겨나는 다양한 모습들과의 관계를 비유로 들면서, '이일분수'(理一分殊, 참된 원리는 하나이지만 그것은 다양한 양상으로 개별화·특수화·차별화된다)[5]라는 말로 사람의 마음에 내재되어 있는 원리의 보편성과 개별성 사이의 관계를 명시하고 있다.[6] 그러나 불교의 화엄종(華嚴宗)의 교설[7]에서 빌려 온 이런 비유에는 결함이 있다. 하늘에 떠 있는 달은 실재로 존재하는 것인 반면에 달의 영상들은 이내 스러지고 말 일시적인 현상이기 때문이다. 따라서 개별적인 사물들 안에 나타나 있는 성질들은 단지 어떤 초월적인 실재의 실체성 없는 근순한 투영에 불과한 것으로 볼 수도 있다. 그러나 주희는 자신이 구상한 구체적인 인간관에서 개별적인 사물의 실재성을 도덕적·물질적이라는 양 측면에서 모두 긍정하려고 했다. 결국 나중에 그는 그 원리를 곡식이 성장하는 것에 비유하여 설명하고 있다.

> 하나의 실체가 만물 안에 표현되어 있다. 그러나 하나의 실체와 만물은 그것 자체로서 완전하며, 각각의 크고 작음도 그 나름의 정해진 성질이다. ……만물은 각기 그 안에 자신의 원리를 체현하고 있다. 이것이 바로 주돈이가 『통서』에서 한 다음과 같은 말의 의미이다. "하늘의 도가 변화하고, 그 결과 만물은 각각의 본성과 생명을 부여받았다." ……(이를 비유적으로 말하자면) 곡식의 씨앗이 성장하는 모습과 비슷하다 할 수 있을 것이다. 씨앗에서 싹이 움터 계속 자라나 꽃이 피고, 꽃은 열매를 맺는다. 이에 다시 씨앗을 맺어 본래의 모습이 보존된다. ……이처럼 영원히 생육(生育)과정이 이어지는 것이다.[23]

여기에서 개별적인 사물들 안의 원리(性)——자기 완성과 성인으로 나아가려는 의지의 기반이 되는—의 실재성이 매우 구체적이고도 분명하게 언급되고 있다. 그런 성이 주어지지 않은 인간은 없는 것이다.

주희가 저술을 하는 동안 줄곧 그의 머릿속을 떠나지 않았던 생각은 만인들 속에 내재하는 보편적 원리와 잠재능력이었다. 그는『대학장구』의 서문과 그 책의 주석 첫머리에서 보편적인 교육을, 사람들의 도덕적인 혁신과 자기 자신의 본성을 완성시키려는 노력을 위한 기초로 강조하고 있다.『근사록』서문에서 그는 궁벽한 시골 마을의 젊은이들에게도 이 책이 자기 수양과 성인이 되려는 뜻을 실천하는 데 도움이 되기를 희망한다고 말했다.(24) 마찬가지로 그는『소학』「경신」(敬身) 편을 교육받지 않은 사람들(蒙士)의 계몽을 위해서 요긴한 것으로 추천하고 있다.(25) 당시의 사(士)라는 말이 주희에 의해 정확히 어떤 의미로 쓰였는지는 불분명하다. 아마도 주희는 사(士)라는 계급을 그들이 지닌 기본적인 인간적 기능과 책임능력의 측면에서, 고대의 지식인 귀족이나 관료와 본질적으로 다르지 않다고 생각했을 것이다. 물론 주희는 제반 생활조건들이 많이 변화했다는 것을 인식하고 있었을 것이다.(예를 들어 교육과 과거제도의 측면이 그러하다.) 아마도 오늘날의 우리는 시골 마을에 거주하는 일반 서민들과 사 계급을 확연히 구별짓는 사(士) 계급의 엘리트적 지위와 지도자로서의 기능을 주희 이상으로 뚜렷하게 인식하고 있다고 할 수 있을 것이다.

3. '자기 스스로 책임을 떠맡음'(自任)—인간의 의무

송대의 유학자들은, 교육받은 인간은 정치에 참여하고 인류의 복지에 공헌하기 위해서 필요한 특별한 자질과 능력을 발전시켜 나가야 한다고 보았고, 정주학파는 정치의 본질이 만인의 자기 수양과 군주의 자기 억제에 있다고 보았다. 신하된 자는 오륜(五倫)에 정해진 군주와의 관계(군주와 신하 사이의 의무에 기초한 관계) 속에서, 황제가 자기 수양을 행하고 도덕적인 생활을 실천하도록 보좌해야 할 의무를 지닌다. 바꾸어 말하면, 신하는 군주의 상담자이자 선도자(善導者)이고 교사로서 군주를 보좌해야 한다.

정자 형제와 주희는 그런 생각을 유달리 강하게 갖고 있었다. 주희는 경연(經筵)에서 경서에 나타나 있는 가치와 원칙에 입각해 최근의 중요한 현실문제들을 논함으로써, 황제의 교사르서의 역할을 수행하기도 했다. 그는 황제에게 강의하거나 상주문을 올릴 때 위정자의 근본적인 도덕적 심성에 호소해, 도와 관련한 행위들에 대해서 전적으로 개인적인 책임을 져야 한다는 것을 역설했다. 이런 생각은 바로 '자임'(自任)이라는 말로 자주 표현되었다. 이 말은 '자기 자신을 위한 배움' '스스로 결의함' '도를 위한다는 단호한 결의를 가지고 '책임을 떠맡음' 등의 의미와 밀접하게 연관되어 있다.

정호(程顥)는 신종(神宗) 황제에게 올린 상주문에서 다음과 같이 말했다. "성실한 마음으로 다스리는 사람이 진정한 임금일 것입니다. ……폐하께서도 요(堯)와 순(舜)의 자질과 능력을 지니고 계십니다. 하지만 요와 순의 마음을 자기 자신의 마음으로 지니는 것을 스스로의 도덕적 책무(自任)로 간주할 때만이, 비로소 도를 온전하게 충족시킬 수 있을 것입니다."(26)

정호의 사상에서도, '성'(誠, 마음을 성실하게 함)과 '자임'이 밀접하게 관련되어 있었음을 분명히 알 수 있다. 정이 또한 같은 개념들로 같은 생각을 개진하고 있다. "정치의 도는 그것의 가장 근본적인 차원에서, 그리고 그것의 실제적인 차원에서 논의되어야 한다. 근본적인 차원에서 정치란 군주의 마음속의 잘못을 바로잡는 것이며,(27) 조정 관리들의 마음을 바로잡기 위해 군주 자신의 마음을 바로잡는 것 이외에 아무 것도 아니다.(28) 실제적인 차원에서 말하면, 군주가 나라를 구하고자 하는 마음이 없는 한, 그 어떤 일도 행해질 수 없다는 것이다."(29)

정이는 황제에게 올리는 한 편의 긴 상주문에서 황제는 도를 행하는 것을 자신의 책무로 떠맡아야 한다는 것을 반복해서 강조하고 있다. 그는 다음의 세 가지가 위정자가 반드시 갖추어야 할 요건들이라고 보았다. 황제 스스로 도를 행한다, 개인적으로 도를 행하는 책임을 떠맡는다, 마찬가지로 이런 책임을 떠맡을 수 있는 현인(賢人)을 널리 구한다.

이와 같은 상주문에서 그는 이렇게 말했다.

뜻을 세운다는 것은 다음과 같은 것을 의미합니다. 마음을 완전히 성실하고 한결같게 다잡는다. 도를 행하는 것을 자기 자신의 책임으로 기꺼이 떠맡는다(以道自任). 성인의 가르침을 신뢰하고, 옛적의 훌륭한 임금들의 정치를 실현하는 것이 가능하다고 믿는다. 뿌리가 튼튼치 못한 비속한 관행이나 세간의 평판과 분위기에 미혹되지 않는다. 고대의 이상적인 세 왕조 시대(夏·殷·周)를 재현하겠다는 결의를 굳게 가진다.(30)

1162년(紹興 32)에 효종(孝宗) 황제에게 올린 봉사(封事, 황제만이 직접 개봉해 볼 수 있는 일종의 의견서)에, 비교적 초기8)의 주희의 정치적 의견이 잘 나타나 있다. 주희는 그 봉사에서 주희 자신이나 다른 사람들의 말에 의지하지 말라고 황제에게 권고하고 있다.(31) 대신에 객관적인 연구와 주체적인 판단, 그리고 다른 사람들과의 토의(講學)를 통해 황제 스스로 도를 '자득'할 것을 권하고 있다. 그 상주문과 그 밖의 다른 여러 글들에서 주희는 군주가 도와 관련해 도덕적인 책임을 다하기 위한 필수적인 방법으로 마음을 바로잡는 것(正心)을 강조했다. 이런 방법은 이미 언급했던 교육론에서 도출된 것이라고 할 수 있다. 교육론이 정치영역에까지 확장되었던 것이다. 다른 한편으로, 마음을 바로잡는다는 교의의 핵심적인 요소들이 인간성의 도야를 위한 보다 보편적인 교의로서『중용장구』서문에 등장하기 이전에, 그의 봉사(封事) 속에서, 그러니까 정치적인 맥락 속에서 처음으로 언명되고 있다는 사실이 의미심장해 보인다. 그 이유는 인간의 공적(公的)인 측면과 정치적 기능이라는 관점을 통하여 보다 본질적이고 근본적인 인간의 문제들이 처음 논의되었기 때문이다.

송대 정치의 특징은 중앙집권의 강화와 관료제도에 있었다고 할 수 있다. 이런 특징을 강조하여 '송대 군주 독재체제'라는 말을 자주 쓰기도 하는데, 이는 중국 전제왕조제도의 장기간에 걸친 발전의 새로운 한 단계를 지칭하는 말이다. 그러나 송대는 사대부 계층의 발흥과 그들의 정치적 영향력의 증대라는 점에서 자못 새로운 단계이기도 하다.(32) 그런 점에서 송대는 그 이전의 어떤 시대보다도 조정에서의 자유로운 토의와 논쟁이 장려된 시대라는 범조우(范祖禹, 1041~1098, 송대의 정치가이자 역사가)의 확언은 현대의 학자들의 견해와 완전히 일치한다.(33)

이런 일련의 추세들은 긴장관계 속에서 그리고 상호 보완적인 관계 속에서 공존하고 있었다. 관료통치의 중앙집권이 점점 더 강화되었으며, 지배자의 수중에 절대적인 권력이 집중되는 한편, 정치의 다양한 차원들에서 지배계층에게 막중한 책임이 부여되었다. 일반 백성들을 귀히 여기고 그들을 위해야 한다는 유교적 교육을 받은 사대부라는 새로운 계층의 눈에는, 지배자의 절대적인 권력이 불길한 징후이자 동시에 어떤 가능성으로 보였다. 황제에게 강의할 때 그들은 황제가 자신에게 주어진 절대적인 권력을 악한 일보다는 선한 일에 사용하는 것이 매우 중요하다고 역설했다. 또한 그들은 절대권력을 신뢰하여 자신만만해 하는 황제의 관심을 선한 일에 묶어 두려고 애썼고, 악한 방향으로 나아갔을 때 생기는 실패와 비참한 결과를 황제의 마음속에 각인시키려고 노력했다.

특히 북송(北宋) 시대에는 이성을 창조적으로 활용하여 선하고 위대한 업적을 이룩할 수 있는 인간의 능력에 대한 낙관적인 분위기가 지배적이었다. 경제성장과 문화적 번영이 그런 낙관주의를 고무시켰으며, 그 결과 송대의 개혁가들이 내세운 이상주의적 목표들을 달성하려는 노력들이 여러 차례에 걸쳐서 좌절과 실패를 겪었음에도 불구하고, 그런 낙관주의는 지속되었다. 정자 형제들이나, 보다 훗날 매우 곤란한 상황9)에 처했던 주희에게서, 어떤 종류의 정치적·문화적 위기의식을 발견할 수 있지만, 그럼에도 그들은 인간의 내부에 외부로부터의 어려운 시련에 대처하는 힘이 잠재되어 있다는 이상주의적 신념을 굳건히 지니고 있었다.

정자 형제10)나 주희를 비롯한 송대의 학자들은 그들의 저작에서 자신들의 입장을 매우 단호하고 자신 있게 표현했으며, 조정에서도 매우 솔직하고 허심탄회하게 의견을 개진했다. 이런 그들의 태도는 바로 당시의 일반적인 추세와 사대부 계층 특유의 입장을 반영하고 있다.11) 경제발전, 특히 중국 중부와 남부의 경제발전은 수많은 지식인들이 각자의 역량을 정치와 문화 영역에서 발휘할 수 있는 기반을 제공했으며, 그들에게 새로운 존재 의의와 활력에 찬 연대감을 부여해 주었다. 그 결과 그들의 자의식과 자신감이 대단히 강화되었다.(34) 이는 비단 정자 형제만이 그러했던 것은 아니며, 그들의 정적(政敵)이었던 왕안석과 소식(蘇軾)의 경우에도 마찬가지였다.

물론 그들 사대부들의 자신감은 뒷날 서구 근대 부르주아 계급이 지녔던 사회적 해방을 지향하는 과감한 자세와는 다르다. 송대의 사대부들이 어떤 의미에서 중산계급의 정치적 기능을 수행했다고 볼 수 있는 일말의 여지가 있다면, 그것은 단지 그들이 지방의 신사(紳士)계급으로서 한편으로는 토지에 기반을 두고, 다른 한편으로는 관료체제 안에 있었다는 사실에서 연유한다.(35) 이 시기의 중국에서 볼 수 있다고 여겨 온 이른바 '자본주의의 맹아(萌芽)'는 서구에서 볼 수 있는 경제적·정치적 다원주의와 유사한 그 무엇으로 자라나지는 않았다.(36) 이용 가능한 모든 자료들을 검토해 볼 때, 정자 형제와 주희는 별다른 재산을 소유하지도 않았고 부유하지도 않았다.(37) 그들의 후학들도 스승이 대단히 어렵고 궁핍한 생활을 영위했다고 보았다.(38) 이것은 아마도, 신사계급 전체가 발전하고 있었던 상황 아래서도 발전의 정도가 지역에 따라 차이를 보였고, 개인이나 가족 차원에서 어떤 운이 따르거나 그렇지 못하거나 하는 다양한 처지들이 있었기 때문일 것이다. 그럼에도 불구하고, 대체로 송대의 학자들은 자신들의 문화적 관심을 추구할 시간적·경제적 여유를 갖고 있었고, 관료체제 안에서 자신들이 수행하는 핵심적인 역할의 반대급부로 돌아오는 다양한 특권을 향유했으며, 곤궁에 처했을 때는 같은 계급의 구성원들한테서 도움을 받을 수 있었다.12)

정자 형제가 처해 있었던 실제 상황은 정이와 관련된 한 가지 일화에서 잘 알 수 있다. 당시 정이는 경연(經筵)의 강관(講官, 講師)이었는데, 조정의 관례에 따르면 강관은 봉급을 호부(戶部, 인구 조사와 조세 사무를 관장하던 부처)에 청구하게 되어 있었다.(중앙 정부에서 급료를 지급받는 이런 관행은 관료제가 확산·심화되어 있었다는 것을 보여주는 전형적인 예이기도 하다.) 그런데 정이는 돈을 빌려서 근근이 생계를 유지해 나가는 형편이었으면서도, 호부에 봉급을 청구하지 않았다. 누군가가 그 까닭을 묻자 그는 다음과 같은 요지의 대답을 했다. 대가를 바라듯이, 호의를 바라듯이 자신의 봉급을 청구하는 것은 품위에 손상을 가져온다는 것이다. 황제의 교사로서 임무를 수행해야 하는 경연의 강관은 그에 합당한 존경을 받고 품위를 유지해야 하는데, 봉급을 청구한다면 존경과 품위에 중대한 손상을 끼치는 일이 된다는 것이다. 그리고 이렇게 덧붙였다. "오늘날의 사대부들이 재물을 구걸하는 관행에 익숙해 있는 것은 큰 일이 아닐 수 없다. 그들은 가는 곳마다 구걸한다."(39)

결국 정이가 수령해야 할 봉급은 체면과 위신을 중시하는 중국인 특유의 가치관과 관행에 따라서, 대리인의 손을 거쳐서 정이에게 전달되었다. 이 이야기는 다음과 같은 세 가지 중요한 의미를 지니고 있다. 첫번째로, 정이는 날로 강해지고 있던 군주권에 대하여, 조정에서 정면으로 당당하게 사대부의 독립적인 지위를 주장했다는 점이다. 두번째로, 그가 지키려 했던 원칙과 규범이 실제로는 널리 승인받거나 구현되지 못하고 있다는 것을 정이 자신이 분명하게 알고 있었다는 점이다. 세번째로, 정이는 동료들의 도움이 있었기 때문에 그렇게 자립적인 의사를 표시할 수 있었다는 점이다. 사대부 계층의 결속과 지지가 있었기에 그는 그처럼 단호하고 과감하게 자존심을 내세울 수 있었던 것이다. 그런 정이의 태도가 궁극적으로 야기시키는 어떤 효과가 있었다면, 그것은 정치적인 이익의 획득이라기보다는 도덕적인 관점을 사람들의 마음속에 각인시켰다는 것일지 모른다. 정이나 주희가 황제에게 성인을 따라 배우며 도덕적인 책임을 떠맡아 도를 행하라고 권고할 때, 거기에는 그들이 자기 자신을 위해 주장하고자 하는 개인의 존엄이나 자존심 같은 관념들이 투영되어 있다.

주희가 황제와 신하 사이의 관계를 본질적으로 도덕적인 것으로 강조하는 것도 전적으로 이와 같은 맥락에서 이해해야 할 것이다. 신하의 위치를 황제의 종이나 노예쯤으로 생각하던 당시의 일반적인 풍조와는 달리, 그는 신하들 사이의 일치와 결속, 그리고 군주와 신하의 도덕상의 평등을 확립하고자 했다. 황제가 절대권력을 지니고 있는 상황 아래서는 신하가 큰 영향력을 갖기 힘들었는데, 그는 바로 도덕을 수단으로 해서 군주에게 직접 영향력을 행사하려 했던 것이다. 맹자의 입장을 재천명하면서 정이는 군신(君臣)관계가 본질적으로 도덕적인 것이며, 신하가 도에서 벗어난 행동을 하는 군주를 섬길 의무는 없다고 주장했다. 이와 관련한 맹자의 입장은 다음과 같은 말에 잘 나타나 있다. "군주가 덕을 숭상하고 도에서 기쁨을 누리지 않는다면……그런 사람과는 함께 일할 수 없다."(40) 주희의 『근사록』에도 정이의 다음과 같은 말이 실려 있다. "사대부가 높은 지위에 있을 때 그가 행해야 할 의무는 군주를 보좌하는 것이며, 군주가 행하는 나쁜 일에 순순히 뒤따라 복종하는 것이 아니다."(41) 또한 정이는 이렇게 말하기도 했다. "만일 '아침에 도를 들으면 그날 저녁에 죽는다 해도 만족할 것이다'(朝聞道, 夕死可矣)라는 정도의 기개를 지닌다면, 순순히 따라서는 아니될 일에 대해서는 단 하루라도 참지 못할 것이다."(42)

줄리아 칭(Julia Ching)은 신유학자들의 이런 입장을 다음과 같이 설명했다.

그들이 고수한 권위는 국가보다도 높은 위치에 있었다. 그것은 경서의 해석을 주관하는 판정자로서의 권위였으며, 어떤 의미에서는 심지어 경서보다 높은 권위이기도 했다. 신유학자들은 경서의 메시지를 해석하는 사람으로 자처하면서, 경서에서 비롯되는 권위에 의지했다. 기본적으로 그들은 자기들 특유의 통찰과 식견을 바탕으로 경서의 정신적 의의를 해석해 내는 것을 자신들의 의무로 여긴 충실한 고전학자들이었다. 그런 까닭에, 그들은 정치영역에서 군주에 대해 충성을 바치는 신하로서보다는 군주에 대한 도덕적인 심판자로서 행동했던 것이다.(43)

"충성을 바치는 신하로서보다는……"이라는 칭의 언급에는 다소 수정을 가해야 할 필요가 있을 것 같다. 정자 형제와 주희의 입장에서 본다면, 그들은 군주를 도덕적으로 심판하지만, 동시에 군주를 정치적 도덕의 최고 기준으로 존중해 드높임으로써, 군주에게 더할 나위 없는 충성을 바치

방효유

는 신하들이었기 때문이다. 군신관계가 본질적으로 도덕적이며 의리 있는 관계라는 말은 바로 이것을 의미하는 것이다. 다시 말하면, 그것은 각자 자유로운 입장에서 나라를 다스리는 책임을 스스로 떠맡은(自任한) 두 개인 사이에 성립하는 그런 관계이다.

정치에 대해 높은 수준의 도덕적 기준을 요구하는 이런 주장은 실제 정치의 장에서는 실현되기 어려운 것이었다. 그러나 이 주장은 정자 형제나 주희의 삶에서 실제로 구현되었고, 그들의 많은 후학들에게 계발적인 모범이 되었다. 이들의 후학들 중에는 굳은 결의로 위대한 지도력을 발휘하여, 거의 불가항력적인 정치적 불평등 상황 속에서 의연히 독자적인 신념을 실천한 유교적 정치가들이 있었다. 명대의 방효유(方孝孺, 1357~1402)와 해서(海瑞, 1513~1587)[44]가 대표적인 예이다. 기성 정치권력에 복종하라는 만만치 않은 압력에 대항하는 신유학의 이런 전통은 사대부의 존엄성·고결함·독립성이라는 숭고한 관념이나 이상을 굳건히 지켜 나갔다. 그것은 인간의 도덕적·정신적 가치를 매우 높이 평가하는 전통이었다. 또한 도덕적인 영웅을 높이 받들어 찬미하는——우리 현대인들의 눈에는 별 가망 없는 이상주의적 태도로 보이지만——전통이었다. 신유학자들은 맹자가 말한 '천작'(天爵)을 목표로 삼았는데, 그것은 사회적 신분과 지위(人爵)보다는 개인의 내재적인 가치에 따라서 판단되는 인간의 도덕적 고결함과 존엄성을 의미한다.[45]

4. '스스로 얻음'(自得) ― 인간의 주체성

지금까지 나는 학교, 가정, 공동체 그리고 국가에서 신유학자들이 맡았던 역할들에 대해서 말했다. 전통적으로 유학자들은 이 역할들을 개인의 본래적인 임무라고 생각했다. 그 임무는 『논어』에 나와 있는 공자의 다음과 같은 가르침에 제시되어 있는 도덕적 의무와 상응한다. "가정에서는 효도하고, 밖에서는 어른을 공경하며, 신중하고 믿음 있게 처신하고, 널리 사람들을 사랑하되 어진이를 가까이 하라. 그와 같이 하고도 여력이 있거든 문(文)을 배우는 데 힘써라."13) 송대의 신유학자들은 그런 임무가 우선시되어야 한다는 것을 재인식했다. 사실 그들이 속한 계급은 비교적 안온한 환경에 있었기 때문에, 문화적 활동을 전개할 여유를 이전 세대들보다도 훨씬 더 충분히 누렸으며, 물질적·기술적 수단들도 훨씬 자유롭게 이용할 수 있었다. 일반적으로 말해서, 신유학의 학문적 중심지들은 당대(唐代) 말기에서 송대에 이르기까지 농업생산과 교역활동이 무척 활발하게 전개되고 인구도 증가되었던 지역들과 일치한다. 대략 오늘날의 장쑤(江蘇), 저장(浙江), 장시(江西), 푸젠(福建), 쓰촨(四川, 이 지역은 경제적 이유보다는 정치·문화적 이유 때문이다), 그리고 당시의 수도권 지역14)이 이에 해당한다.(46) 송(宋)은 군사적으로는 약체였지만, 문화면에서는 미증유의 찬란한 성과를 이룩했다. 예술과 문학 방면에서 개인의 창조력의 분출, 특히 회화와 서예 그리고 사대부들이 주도한 그 밖의 예술창작 분야에서 볼 수 있는 자유분방한 표현력이 신유학자들의 사상 속에서 형태를 달리해 드러나 있다고 보아도 좋을 것이다.(47)

그런데 앞서 인용한 『논어』에 나오는 '문'(文)이라는 말은 폭넓은 의미를 지닌다. 그 말은 우아하고 세련된 문학적 기교나 흥취 또는 예술적·미적 취미 이상의 의미를 담고 있다. 그것은 호원(胡瑗)이 '문'을 도의 문학적 표현, 곧 도의 문화적 전달이라고 말할 때의 '문'의 의미와 같다. 여기에서 '문'은 문화의 가장 높은 가치이며, 도와 하늘의 의지를 구현하는 인류문명을 가리킨다. 공자는 이 세상에서 해야 할 자신의 사명이 '사문'(斯文, 이 문화)과 밀접한 관계가 있다고 말했고,[15] 많은 신유학자들도 공자와 마찬가지로, '사문'을 진흥해 이 세상에 도를 구현시키는 것을 일생일대의 도덕적 책무로 생각했다.(48)

비교적 번영을 구가한 시대인 송대에 태어나 활동한 교양 있는 엘리트였던 신유학자들은, 문화의 수준을 높이고 인간의 삶의 질을 향상시키기 위해 자신들의 새로운 부와 여가를 바쳤다. 그리고 그들은 자신의 계급과 그 시대의 특징적인 방법으로 이것을 실현하려고 했던 것이다. 특히 시대의 사회적·문화적 위기에 대해 자신들이 나서서 주도적으로 대처하지 않으면 안된다는 강한 책임감을 가지고 있었던 그들은, 사회의 지도자들인 자신들에게 맡겨진(정확히 말하면 '자임'한) 사명을 투철하게 자각하고 있었다. 이런 휴머니즘적인 입장에서 그들은 고전적 학문을 단순히 묵수하고 영속화하기보다는 전통에 새로운 활력을 부여하고자 했다.[16] 이런 노력과 열망에는 자기 시대, 곧 송대의 '사문'을 보전하고 전수해야 하는 유교적 엘리트의 가장 높은 이상이 표출되어 있었다.(49)

이렇게 볼 때, 신유학자들이 한결같이 추구했던 '자기 자신을 위한 배움'은 사회 속에서 그들의 역할(用)을 통해서만 드러났던 것이 아니라, 그들이 전통, 문화 그리고 문화의 지고한 가치를 표현하는 도(道) 등과 관계맺는 방식이나 양상에서도 드러났다고 할 수 있다. 모든 중요한 윤리적 종교의 전통에서, 경전과의 관계는 자기 발견과 자기 인식에 이르는 과정에서 매우 중요하다. 성(聖) 아우구스티누스의 "집어들어 읽어라"(tolle lege)[17] 그리고 그와는 대조적인, 선사(禪師)들의 "경전을 찢어 버려라"는 두 가지 태도가 경전과의 관계에서 볼 수 있는 전형적인 두 가지 태도라고 할 수 있다. 그런데 그 어떤 전통도 유교만큼 학문에 지대한 관심을 나타낸 경우는 없었다. 성직제도나 성직활동, 세속과 격리된 수도원 활동이 없는 유교에서는 문헌을 익히며 연구하고 집필을 하는 활동이, 기독교·유태교·이슬람교·힌두교·불교 등에서보다 훨씬 더 중요한 의미를 가지면서 유학자들의 중심적인 활동이 되었던 것이다. 결국 우리는 신유학적인 개성 또는 신유학의 개인주의를 규정짓는 특질을 그런 문화적 배경에서 찾아야 한다.

정자 형제와 주희의 저작이나 어록에서는, 전통을 의미하는 도와 개인 사이의 관계가 논의의 중심 주제이다. 대개, 다음과 같은 점들이 공통적으로 강조된다.(1) 경서와 사서(史書)들을 통해 도를 배워야 할 필요성,(2) 이들 문헌에 나타나 있는 성인의 마음과의 생생한 내적·인격적인 교류의 중요성. 이 두 가지 중에서 어느 하나라도 부족하거나 소홀히 하면 나머지 다른 하나도 제대로 행할 수 없다. 정이와 주희는 상당히 정연하고 조직적이며 체계적으로 이 과제에 접근했다. 주희는 『중용혹문』(中庸或問)에서, 따라야 할 절차를 간결하게 제시하고 있는데, 그것은 『백록동서원 게시』에 설명되어 있는 것과 같다. 곧 '넓게 배우고'(博學), '깊이 탐구하고'(審問), '신중하게 사색하고'(愼思), '밝게 분별하고'(明辨), '신실하게 실천한다'(篤行)는 것이었다.

넓게 배운(博學) 뒤에 비로소 자기 자신 앞에 나타나 있는 모든 사물의 이치(理)를 파악할 수 있다. 이에 따라 그렇게 체득한 이치를 자세히 살피고 궁리할 수 있으며, 의문을 해결하기 위해 그것을 비교·검토할 수도 있게 된다. 어떤 이가 절실하고 주의 깊게 사물을 탐구할 때, 그의 스승과 동료들은 성의를 다해 그와 협력하며 서로 도움을 주고받아야 한다. 그 결과 그는 비로소 진정으로 사색하기 시작할 것이다. 이렇게 신중하게 사색하면, 이제 그의 생각에서 불순한 것들이 사라져 생각이 맑고 세련되게 될 것이다. 그래야만 스스로 얻을 수 있는 그 무엇이 자기 안에 있게(有所自得) 되는 것이다. 그는 이제 자신이 스스로 얻은 것들을 밝고 명료하게 분별(明辨)할 수 있게 된다. 명료하게 분별하면, 잘못이 없는 판단을 내릴 수 있게 된다. 그리하여 이제 그는 모든 의혹을 떨쳐 버리고 의연히 자신의 생각을 행동으로 옮길 수 있게 된다. 독실하게 실천하면, 배우고, 탐구하고, 사색하고, 분별함으로써 그가 얻은 모든 것들이 구체적인 형태로 현실 속에서 펼쳐질 것이다. 그것들은 이제 더 이상 공허한 말로 남아 있는 일이 없다.(50)

정이 또한 이와 같은 주제를 자주 논했다. 그는 이렇게 말했다. "배우는 사람들은 스스로 얻어야 한다(自得). 육경(六經)은 그 양이 방대해, 얼핏 보더라도 그것을 완전히 이해하기란 거의 불가능해 보인다. 배우는 사람들이 스스로의 길을 찾아 자기 자신의 학문방법을 확립할 때, 제자리로 돌아와 육경의 도를 스스로 탐색할 수 있을 것이다."(51)

배움의 과정에서 학생이 다른 사람에 의해 이루어진 기성의 해석을 받아들이기보다는, 경서 안에서 스스로 자기 자신의 방법을 발견할 필요가 있다는 것을 스승이 고려하지 않는다면, 그것은 문제가 아닐 수 없다.

소리 내서 경서를 해석하는 것은 옛 사람들의 뜻에 맞지 않는다. 그것은 사람들을 피상적이고 경박하게 만들어 버리기 일쑤이다. 배우는 사람은 신중하고 깊이 사색하여 자신의 생각을 두텁게 다져야 하며, 여유를 가지고 스스로를 갈고 닦아야 한다. 그래야만 배우는 사람이 자득(自得)할 수 있을 것이다. 요즘에는 흔히 책 한 권 전체를 하루 만에 입으로 설명해 버리곤 하는데, 이것은 피상적이고 경박하게 사람들을 가르치는 것

이라 하겠다.(52)

경서 학습과 연구가 도의 체득이라는 본래의 목적을 달성하기 위해서는, 그것이 깊이를 지닌 개인적 체험이어야 한다. 또한 깊이 있는 개인적 체험으로서의 경서 학습과 연구는 사람들에게 스스로 도를 행하고 도를 진작시킬 것을 요구한다.

경서는 도를 전달하는 수단이다. 도를 체득하지 않고 단지 경서의 문장들을 암송하고 어구의 의미를 설명하는 일은 경서를 쓸모 없는 것으로 만들어 버리는 처사이다. ……나는 그대가 경서를 통해 도를 추구하기를 바란다. 그대가 끊임없이 더욱더 노력해 나간다면, 언젠가는 반드시 그대의 눈앞에 고원(高遠)하게만 여겨졌던 그 무엇이 펼쳐져 있는 것을 볼 수 있을 것이다. 이때 그대는 기쁨에 겨워 자신도 모르는 사이에 손발을 들썩이며 춤을 추는 자신을 발견하게 될 것이다. 이때부터 그대는 더 이상 애쓰지 않아도 발전하는 자신을 스스로도 주체하지 못할 것이다.(53)

여기에서뿐만 아니라 다른 많은 정이의 글들에서도, 학습이나 연구과정의 정서적 측면이 대단히 강조되고 있는데, 사람은 배움을 통해 느끼고 변화되어야 하며, 배우면서 아무런 느낌 없이 무감동해서는 안된다. 그런데 정이는 마음의 평정, 또는 그가 가장 중시한 '경'(敬)을 체득하기 위해서 '정좌'(靜坐)를 실천하라고 권한다. 언뜻 보던 이것은 마치 감정이나 느낌을 모두 제거해 버리려는 의도에서 나온 행등처럼 보인다. 그러나 사실은 그렇지 않다. 정이가 말하는 정좌는 사욕(私欲)을 억제하고 활발하게 일어나는 감정들을 이기적이고 사사롭지 않은 목표들로 이끌기 위한 방법이다. '경'을 체득한 사람은 결코 생기 없고 구감정한 인간이 아니다.

기본적인 차원에서 그는 『대학』 제6장에 나와 있는 '성의'(誠意)와 함께 나타나는 '자겸'(自謙, 도덕적인 면에서 스스로 만족하여 기뻐함)의 경지를 체험한다. 그리고 보다 높은 차원에서 그의 정서적 본성, 곧 감정은 성인을 향한 추구에 완전히 부합하게 된다. 경서의 연구는, 그것이 어떤 별다른 좋지 않은 동기에서 출발하지도 않고 이기적인 기대에서 비롯되지도 않는다면, 마땅히 사람들의 정신을 고무시키고 앙양시키는 것이어야 한다. 그것은 회심(回心)의 체험을 유발시켜야 하며, 자기 자신을 개선하고 변혁시켜서 성인 군자의 경지에 이를 수 있다는 기대로 정신을 자연스럽게 고무시켜야 한다. 정이는 『논어』 읽기에 대해 다음과 같이 말했다. "『논어』를 배운 뒤에도 이전과 아무 것도 달라진 것이 없다면, 그런 사람은 『논어』를 정말로 배운 것이 아니다."(54) 또 이렇게 말하기도 했다. "『논어』를 읽고서도 아무런 변화가 없는 사람들이 있다. 한 개 또는 두 개의 문장을 이해하고 나서 기뻐하는 사람들도 있다. 다 읽고 나서 그 책을 좋아하는 사람들도 있다. 그리고 다 읽고 나서 자신도 모르는 사이에 손발이 움직여 춤을 출 만큼 기쁨에 겨워하는 사람들도 있다."(55)

이 마지막 경지에 이르기 위해서는, 경서를 지적(知的)으로 따지며 해석하는 동시에, 아울러 반드시 정신적·감성적 측면에서도 경서의 의미를 이해할 필요가 있다. 텍스트 특유의 본질적인 맛을 느껴야 하며, 참된 지혜가 책을 읽는 사람의 마음에 제공해 주는 양분을 충분히 흡수해야 하는 것이다.(56) 물론 『논어』나 『맹자』 같은 경전을 어의적(語義的)으로 해석해서 설명하려면, 반드시 텍스트에 나오는 어구와 개념들의 의미를 정확히 이해해야 한다. 그러나 그것만으로는 텍스트의 완전한 이해에 도달했다고 볼 수 없다. 참된 의의는 말해진 것들을 넘어서 있는 경우가 많기 때문이다.(57) 그런 참된 의의를 제대로 식별해 내고 이해하려면 깊은 사색과 내적 성찰이 필요하다. 그러나 동시에, 자기가 이해한 것들을 언어로

장재

표현하려는 노력이 없어서는 안된다. 사고를 언어로 표현하고 다듬는 과정을 통해, 그 사고가 보다 명료해지고 이해도 투철해지기 때문이다. "충분히 생각하여 더 이상 말로 표현하거나 설명할 수 없는 데 이르게 되거든, 거듭해 주의 깊게 생각하고 밝게 분별해 내야 한다."(58)

지식적·인지적(認知的)인 것일 뿐만 아니라, 주체적이고 내성적이며 정서적인 것이기도 한 학문은 비판적이고 창조적인 성격을 지닌다. 그런 학문은 도에 대한 이해의 타당성을 판정하기 위한 필수 불가결의 조건으로 세상에서 널리 인정되고 있는 전통을 향해, 의문의 눈길을 보낼 것을 사람들에게 요구한다. 정이는 이렇게 말했다. "배우는 사람은 무엇보다도 먼저, 의심할 줄 알아야 한다."(59) 그리고 장재(張載, 1020~1077)18)는 신선하고 참신한 태도로 사물에 접근해야 할 필요성을 역설했다. "도덕 원칙(義理)에 관해 어떤 의문이 생기거든, 지금까지의 견허를 깨끗이 씻어 흘려 보내야 한다. 그럼으로써 새로운 견해를 세울 수 있게 된다."(60) 주희는 여조겸(呂祖謙)과 학문의 방법을 논하며 주고 받은 서간에서 그것을 대단히 훌륭한 방법이라고 칭송했으며, 『근사록』에도 장재의 그 말을 수록했다.(61) 모로하시 데쓰지(諸橋轍次)도 송학(宋學)에 관한 자신의 중요한 연구에서, 그런 회의적 방법을 신유학자들이 학문을 대하는 전형적이고 두드러진 특징으로 지적했다.(62)

과거로부터 계승되어 널리 받아들여지고 있는 전통에 대한 회의적인 태도는 송대 학술 전체의 큰 특징이었다. 송대의 학자들이 경서를 대대적으로 재해석하고 재편성할 수 있었던 바탕에는 한당(漢唐)의 고전학에 대한 그들의 회의적인 태도가 깔려 있다.(63) 구양수(歐陽修, 1007~1072)에서 마단림(馬端臨, 1254~1325)에 이르는 송대 역사가들의 저술들에도 그런 특징이 두드러진다.(64) 더 나아가, 비교적 외향적 성격을 띠었던 북송 문화가 내향적으로 바뀌어 갔고, 가까운 과거나 현실에 대한 송대인들의 불만은 '사회 개혁을 위한 전제조건으로서의 자기 인식과 자기 개혁'이라는 방향으로 표출되었다. 그리하여 회의적 태도와 비판적 방법은 자기 자신의 도덕적 수양이라는 정주학의 새로운 전통 속에 깊이 뿌리내리게 되었다. 주희가 편찬한 『근사록』과 사서(四書) 등의 책들은 그런 새로운 동향에 큰 영향을 끼치면서 자각적이고 비판적인 태도를 고무시켰다.(65) 또한 그 책들 자체가 경학 연구에서 회의적 정신을 구체적으로 예증하고 있는 사례들이기도 하다. 따라서 이것을 공부한 후학들은 자신의 관심이 자연스럽게 마음의 각성과 그 자율적인 전개로 향하고 있음을 발견하게 되었다. 정이와 주희의 생각으로는, 경서의 내용을 각자가 내적으로 성찰하고 묵묵히 자신의 마음속에서 다시 한번 되새겨보는 것을 대신할 만한 것은 아무 것도 없었다.

한 가지 간과해서는 안될 것은, 옛것을 재평가하여 거기에서 새로운 그 무엇을 이끌어 내는 적극적이고 창조적인 태도가 회의적 태도와 함께 나타나 작용했다는 점이다. 종래의 전통은 학자들에게 자신을 창조자·창안자라기보다는 전달자·계승자로 자처했던 공자의 예19)를 따를 것을 요구했다. 이런 전통에서 완전한 독창성이란 의심스럽고 미덥지 못한 가치를 지닌 것으로 간주되기 일쑤였다. 그럼에도 불구하고 정이와 주희는 송대 사상가들의 특별하고 독창적인 공헌을 크게 칭송해 마지않았다. 물론 그들 자신들도 그러하다. 비록 스스로 그렇게 자처하지는 않았지만 말이다.

정이는 장재의 『서명』(西銘)을 매우 높이 평가했다. 그것은 유교의 자연적 신비주의를 장엄하게 표현하면서 인간과 만물의 일체성을 긍정하고 있다. 정이의 형인 정호는 『서명』의 순수함과 숭고함을 극찬하면서, 진한 (秦漢) 시대 이래로 그것에 필적할 만한 가르침은 없었다고 말했다. 정이 는 여기에서 더 나아가, 『서명』이 옛 성인들도 미처 가르쳐 주지 못한 것 들을 밝혀 주고 있다고 극찬했다. 정이는 『서명』을 맹자의 성선설(性善 說)과 천지만물에까지 두루 미치는 생생하고 역동적인 기운(浩然之氣)을 충실하게 키워야 한다는 주장과 연관지으면서, 그것이 매우 중요하고 독 창적인 공헌을 했다고 평가한다.(66)

한편 주희는 정이가 인간의 신체적 본성(氣質之性)에 관한 이론을 밝 혀 냈고(주희 자신의 표현대로 하면 '발명'했고), 그 결과 유학에 지대한 공 헌을 했다고 적고 있다. "정자에 이르러 비로소 인간의 신체적 본성이 밝 혀졌으니, 인간의 본성에 관한 이 밖의 다른 이론들은 이치에 맞지 않는 다."(67)

또한 주희는 정이의 『역경』에 대한 새로운 해석(보통 『정전』(程傳)이라 불린다)을 높이 평가했다. 현대의 학자들은 정이의 『역경』 해석이 전거(典 據)에 바탕을 둔 엄밀한 고전학적 작업이었다기보다는, 정이 자신의 사 상을 바탕으로 『역경』의 의의를 새롭게 재구성해 낸 것에 가깝다고 평가 해 왔다. 주희도 그것이 『역경』 본래의 의미와 반드시 일치하지는 않는다 는 것을 알고 있었지만, 그것이 높은 가치를 지닌다는 확신을 버리지 않 았다.(68) 또한 주희는 불교에 대항해 유교에 그때까지 없었던 마음의 철 학을 발전시킨 공적이 정이에게 있다고 보았다.(69) 주자의 가르침을 따 랐던 후학인 진덕수는 『예기』 「악기」(樂記) 편의 다소 애매한 한 구절20) 을 제외하고는 경서에서 '천리'(天理)라는 말이 언급된 적이 거의 없는데, 정호(程顥)가 탁월한 지혜를 발휘하여 천리에 관한 학설을 내놓았다고 격 찬하였다.(70)

이렇게 볼 때, 명·청(明淸) 시대의 학자들이 송대를 돌이켜 보면서 그 시대를 학술상의 혁명시대라고 한 것은 결코 지나친 말이 아니었다. 『사고전서총목제요』(四庫全書總目提要)의 편자는 이렇게 말했다. "한대로부터 이어져 내려온 고전학은 송대에 이르러 전면적인 변화를 겪게 되었다."[71] 명대의 문인 축윤명(祝允明, 1461~1527)은, 정주학파의 인물들은 자신들이 한당 시대의 학문에 많은 빚을 지고 있다는 사실을 잘 알고 있으면서도, 오히려 한당 시대에 상실되었던 경서의 참 의의를 재발견했다고 주장하면서 새로운 학문의 보호자로 자처했다고 비판했다.[72]

이상에서 언급한 예들과 첫 강의에서 제시한 사항들로부터 정주학파, 특히 주희는 전통이라는 것을 정체되어 있는 것으로 보거나 과거의 위대함을 보여주는 고정불변의 유물이라고 보지 않았다는 것을 알 수 있다. 그는 전통을 날마다 새롭게 성장·발전하는 것으로 보았던 것이다. 그가 이해한 전통은 경서에 나타나 있는 진리들뿐만 아니라, 도를 밝혀서 그것이 상실되지 않도록 하는 데 큰 공헌을 한 송대 학자들의 업적도 포함하고 있었다. 물론 이런 사고방식을 근대 서구의 자유주의(liberalism)의 밑바닥에 깔려 있는 진보(進步)의 관념과 동일시할 수는 없다. 그렇지만 개인이 지닌 창조력의 가치를 긍정하는 태도였다는 정도로 그 의의를 최소화시켜서 해석해서도 안될 것이다.

후대의 학자들, 특히 18~19세기와 20세기 초의 학자들은 송대의 학문을 역사적이고 비판적으로 바라보려는 경향을 강하게 띠었다. 그들은 송대 유학자들이 경서를 새롭게 해석하면서 보인 자유로운 태도에 별로 공감하지 않았다. 그들이 보기에는 송대의 사상가들이 새롭게 이루어 놓은 것들이란, 공자와 맹자로부터 이어져 내려온 순수한 유산에 자기들 나름의 주장을 뒤섞어 놓음으로써 그 질을 저하시킨 것에 지나지 않았다. 그러나 송대에서는 전면적이고 순연(純然)한 비판적이거나 회의적인 접근방식이 전개되지는 않았다. 혁신과 부흥의 시대에 살았던 정자 형제와 주희는 비판과 의심 그 자체를 넘어서는 실로 보다 크고 야심찬 목적과 필요성들을 마음속에 품고 있었던 것이다. 의심하는 것과 회의적인 태도를 지니는 것은 학문적 탐구의 출발점이었을 뿐, 그 목적은 아니었다. 그들은 개인적이거나 사회적인 차원에서 어떤 바람직한 결과를 낳는 방법에 대한 확신을 거듭 천명했다. 그 결과란 고정불변하는 궁극적인 해답의 획득이 아니라, 사람들이 분명한 인생의 목표를 갖게 되고, 사람들 각자가 도의 전개와 발전에 공헌할 수 있게 되는 것이었다. 우리는 이것을 주희의 「백록동서원게시」와 배움의 과정에 관한 정이의 설명에서 이미 보았다. 그리고 앞에서 인용한 문장 중에서 장재는 단순히 "지금까지의 견해를 깨끗이 씻어 흘려 보내는 것"에서 멈추지 않고, "새로운 견해를 세우는 것"을 말하고 있다. 그는 계속해서 말한다. "더 나아가, 동료들의 도움을 구해야 한다. 날마다 동료들과 토론하면, 날마다 자신의 생각을 혁신시켜 나갈 수 있을 것이다. 이처럼 날마다 토의와 숙고를 거듭하다 보면, 언젠가는 자기 자신이 발전하고 있다는 것을 자연스럽게 느끼게 될 것이다."(73)

이 문장과 앞에서 인용한 다른 문장들을 통해 볼 때, 신유학자들은 개인을 경전과의 사상적 교류, 동료들과의 자유로운 의견 교환을 바탕으로 하여 스스로 도의 발전에 기여하는 존재로 이해하고 있었음을 알 수 있다. 개인의 창조적인 공헌이 폭넓게 인정되고 장려되고 있는 것이다. 그러나 그것은 전에 볼 수 없었던 어떤 신기하고 새로운 것을 지향했기 때문도, 이전의 것과는 다르다는 '다름' 그 자체에 가치를 부여했기 때문도 아니었다. 다만 개인에 대해 각자가 자신의 능력을 발전시키고, 학문 연구라는 공통의 사업에 스스로 참여해 공헌해야 한다는 기대를 걸었기 때문이다. 결국 자아와 전통, 개별성과 공동성(collegiality) 사이에 실로 절묘한 균형이 유지되고 있었던 것이다.

이상과 같은 몇몇 중요한 사항들을 분명히 숙지함으로써, 비로소 우리는 신유학자들의 문화활동 안에 나타나는 어떤 종류의 개인주의에 대해 발언할 자격을 갖추게 된다. 곧 우리는 마음의 자율성이라는 관념과 연관되어 있는 여러 가치들——자기 인식, 비판적 의식, 창조적 사상, 자주적·주체적인 노력과 판단——과 접근방식을 정주학파의 기본적인 문헌들 속에서 고찰할 수 있는 것이다.

개인에 대한 관심과 주목 그리고 그 창조적 능력에 대한 두드러진 칭송은 송대의 문화적 영역에서 가장 현저하게 나타나는 일반적인 경향이었다. 이런 태도와 경향은 송대의 사대부들과 그들을 지지한 계층들에 의해 유지된 높은 수준의 문화적 활동으로부터 자연스럽게 생겨난 결과였다. 바꾸어 말하면, 여기에서 주장되고 있는 개인주의는 사대부 계급의 특수한 지위와 기능, 당시 사회의 전반적인 번영, 자아의 문제에 몰두하는 불교도들의 종교적 분위기로부터의 영향, 개별 학자들의 정치와 문화에 대한 공헌을 높이 평가하게 만드는 인문주의적 전통 그리고 이런 경향들 사이의 상호 작용 등이 복잡하게 반영되어 있다.

우리의 보다 큰 주제와 관련지어 결론적으로 말한다면, 신유학의 발전에서 볼 수 있는 자유주의적 경향과 길버트 머리가 설명한 서구의 자유주의의 특징 사이에는 어떤 유사성이 있다고 할 수 있다. 머리는 서구의 자유주의를 단순히 근대의 정치적 태도로 보지 않고, 고전 고대(그리스와 로마)를 현대와 이어주는 하나의 인문주의적 전통으로 보았다. 이 인문주의적 전통은 여가를 지닌 사람들, 곧 어떤 점에서 특권을 향유한 계급이 자신의 특권을 보다 넓은 범위의 사회 집단과 계층들에게까지 확대시키려 애쓰고, 사상과 토론의 자유를 목표로 개인적 양심의 자유로운 행사와 공공의 복지 증진을 추구하는 가운데 생겨났다.[74]

중국의 경우, 특권적 엘리트의 산물로서의 개인주의가 다만 사대부들의 자존 의식을 증대시키는 방향으로만 작용했는지, 아니면 사대부들에게서 비롯된 가치들을 사회의 더 광범위한 계층의 사람들과 함께 공유하려는 적극적인 노력까지 유발시켰는지의 문제가 있다. 이것은 명대 사상의 발전과정을 통해서 보다 확실하게 해명될 수 있다.

4. 명대의 신유학과 황종희의 자유사상

위료옹

앞의 강의들에서 나는 송대 신유학에서 자유 정신을 표현하는 일련의 관념들을 검토했다. 제일 먼저 살펴본 것은 '도통'(道統)이라는 관념이었다. 이것은 개인이 전통 가운데서 그 새로운 의미를 발견하고, 그것을 근거로 하나의 비판적인 입장을 정립한 뒤, 세상에 횡행하고 있는 악을 공격하여 개혁을 추진하는 과정을 표현하는 관념이었다. 다음으로 두번째 강의에서 이야기한 것은 '자기 자신을 위한 배움'(爲己之學)이라는 이념으로, 그것은 사적이나 공적 교육의 영역에서 개인의 자발성을 강조하는 이념이었다. 자발성의 중시와 본질적으로 관련 있는 것은 공동체 또는 '강학'(講學, 집단적인 학술 토의)에서 볼 수 있는 상호 호혜와 부조의 정신이었다. '폭넓은 배움'(博學)이라는 관념 또한, 광범위한 영역의 다양한 사실들과 타인들의 학문활동에도 관심을 기울이면서 결국 스스로의 힘으로 자기 자신의 결론에 도달한다는 의미에서 '위기지학'과 밀접히 관련되어 있다. 세번째 강의에서 내가 언급한 문제들은 개인을 중심에 두는 두 개의 관념, 곧 '자임어도'(自任於道)와 '자득'(自得)이었다. 이 두 관념은 송대의 지적 엘리트들이 맡았던 공적(公的) 역할과 그들의 학술활동에 특징적으로 나타났던 도덕적·문화적 개인주의를 표현하고 있다.

이런 일련의 관념들은 주희 이후 송 말기에서 원을 거쳐 명에 이르기까지 '도학'(道學)이라는 이름 아래 함께 전해졌다. '자임'이라는 관념으로부터 도덕적인 면에서 영웅적 개인을 숭배하는 태도가 비롯되었고, 그런 태도는 '도통'의 관념과 늘 밀접히 연관되어 있었다. '자임'이라는 관념에 수반되는 도덕적 영웅 숭배는 '도통' 관념과 언제나 손을 맞잡고 있었고,

우리는 그것을 진덕수에 관한 위료옹(魏了翁, 1178~1237)의 언급에서
도 찾아볼 수 있다. 주희의 저작물들의 출간과 배포가 금지되고, 그가 불
온하고 이단적이라는 공격을 받으며 사실상 도학의 순교자가 되고 난 이
후, 진덕수는 정자 형제와 주희가 걸었던 길을 그대로 따르게 되었다. 후
학들은 진덕수 본인의 의사와는 관계없이 그를 정자 형제나 주희와 마찬
가지로 도덕적 영웅의 반열에 올려놓았던 것이다. 위료옹은 진덕수가 암
흑의 시대에 등장하여 스스로의 힘으로 도를 행하는 것을 자기 자신의 임
무로 기꺼이 떠맡아, 도학이 이단적이고 불온한 학문으로 금지되고 있었
던 어려운 상황 속에서 홀로 도를 넓히려 노력했고, 그 결과 참된 학문이
중국 전체에 두루 미치게 되었다고 말했다.[1]

　도통의 관념을 계승한 원대의 신유학자들은 도를 옹호하고 발양시키는
것을 자기에게 맡겨진 책무라고 생각했다. 이에 따라 그들은, 자기 시대
(몽골 민족이 중국을 지배하고 있던 시대)를 혐오해 현실을 멀리하고 내부
세계에 침잠하는 은둔적·도피적 인물들이 많았던 상황 속에서도, 의연히
현실에 적극적으로 관여하고 행동하려는 자세를 보였다. 원이 중국을 지
배하게 된 직후 허형(許衡)은 주희의 학문을 계승해 후세에 전하는 것을
자신의 임무로 생각했다. 그는 주희의 저작과 교훈들을 널리 수집하고,
새로운 중국의 지배자가 이해할 수 있는 평이한 말로 도를 설명하려고 노
력했다.[2] 허형과 마찬가지로 그 시대의 위대한 신유학자였던 유인(劉因,
1249~1293)은 도에 대한 자신의 책무에 관해 전적으로 다르게 이해하
고 있었다. 허형은 도를 발양시키기 위해서는 몽골 왕조(元)의 신하로 일
하는 것이 자신의 책무라고 생각했다. 이와 달리 유인은 도의 순수성과
고결성을 보전하기 위해서는 몽골 제국의 관리로 진출하는 것을 거부해
야 한다고 생각했다. 그러나 이 두 사람은 도의 발전에 생애를 다 바친 송
대의 위대한 신유학자들의 고결함을 숭앙해 마지않았다는 공통점을 지닌

다.(3) 유인은 정자 형제에 대해 대단한 외경심을 품고 있어서, 그들이 "천지만물의 이치를 우리가 깨달을 수 있게 도와 주셨다"(4)고 말할 정도였다. 두웨이밍(杜維明)은 이런 유인에 대해서, "영웅에 대한 유인의 이상할 정도의 열광은 젊은이 특유의 진취적·모험적 정신의 반영 이상의 것이다. 그가 쓴 시문(詩文)들을 보면, 그가 그런 영웅들한테서 지속적으로 깊은 감명을 받고 있었다는 것, 그리고 그 영웅들 특유의 행동양식이 사람들에게 폭넓은 보편적 호소력을 지니고 있다고 확신했다는 것을 분명히 알 수 있다"(5)고 말했다. 유인이 숭배한 영웅들 중의 한 사람으로, 주희의 스승이었던 이동이 있었다. 유인은 주희가 『연평답문』(延平答問)에서 묘사한 이동의 순수함과 성실함을 대단히 존경했다. 『연평답문』에서는 이동이 도를 '자득'했다는 점이 강조되고 있기도 하다. 사실 유인은 독립 자주적인 정신과 행실로 이름이 높은 사람이다. 그러면서도 그는 주희와 송학(宋學)의 충실한 학도였다. 일반적인 관점에서 보면, 독립적이고 자주적인 성향과, 충실한 계승이나 숭배는 정반대인 것처럼 보인다. 그러나 유인을 비롯한 신유학자들은, 송대의 위대한 신유학자들이 고결한 인격의 소유자이며, 성인에 이르기 위해 시종 치열하게 노력했기 때문에 존경받아야 한다고 생각했다. 결국 그들은 송대의 위대한 신유학자들을 모방함으로써 자신들의 독립적인 자주성을 확립할 수 있었다. 이 점에 대해 두웨이밍은 다음과 같이 말했다.

유인은 전심전력을 기울여 한결같이 주자와 송학에 몰두했다. 그럼에도 불구하고 그는 독립적이고 자주적인 정신이 가치와 타당성의 궁극적인 판정자여야 한다고 열렬히 주장했다. 그는 사람의 마음속에 수천 년 이래의 예견적인 지혜가 갖추어져 있다는 것을 굳게 확신했을 뿐만 아니라, 사람들이 자기 안에 '생래적으로 갖추고 있는 지식(良知)'이 자기 바

오징

깥의 견해들—그것이 비록 송대의 위대한 신유학자들의 가르침만큼이나 권위를 지닌 것이라 해도—에 의해 동요되어서는 안된다고 주장했다.(6

여기에서 우리는 유인이 주희라는 권위에도 '불구하고' 소극적이나마 자신의 독립적이고 자주적인 판단을 전개했던 것이 아니라, 오히려 적극적으로 주희의 권위에 의존했다는 결론에 이르게 된다. 유인이 주희의 권위를 수용하고 그를 따름으로써 독립적이고 자주적인 정신을 기를 수 있었다는 사실은, 자주성·독립성을 확립하려는 그의 노력과 주희에 대한 숭배 사이에 어떤 모순도 없었다는 것을 말해 주는 것이다.

또 하나 두드러진 예가 14세기 초 신유학파의 뛰어난 고전학자인 오징 (吳澄, 1249~1333)1)이다. 오징 역시 주희의 도통에 관한 교설을 받아들였고, 성인의 도를 발양시킨 송대의 위대한 신유학자들의 사례로부터 매우 깊은 감명을 받았다. 그러나 다른 한편으로 그는 국가가 공인한 정통 유학사상에 일방적으로 매몰되지 않고 자신의 독립적이고 자주적인 입장을 지키려 했다.(7 젊은 시절에 그는 주희에 의해 묘사된, 송대의 위대한 신유학자들의 언행 속에 나타나 있는 영웅적 이상이나 도통의 계승에 깊이 매료되었다.(8 사실 오징은 자신의 시대가 그런 영웅주의를 추구하지 않는 것에 대해 강한 의문을 품고 있었다. 그는 세상 사람들이 흔히 생각하는 영웅이란 군사적으로 큰 무공을 세울 수 있는 능력, 엄청난 양의 술을 마실 수 있는 능력, 시문을 잘 짓는 능력 등을 갖춘 사람이라고 보았다. 그는 이런 경우에 해당하는 예로 위(魏)의 조조(曹操)와 진(晉)의 호방하고 대담한 기풍을 지녔던 인물들을 들 수 있다고 했다. 하지만 그런 인물들은 다만 자기 자신을 꾸미고 이름을 드날리려 할 뿐이며, 인성의 도야에는 눈길조차 돌리지 않았다고 매우 비판적으로 평가했다.

그러면 어떤 사람이 진정한 영웅(豪傑之士)이라고 할 수 있는가? 주희 선생님께서는 호걸이란 능력과 지혜가 보통 사람들 이상으로 뛰어나 자신의 시대를 뛰어넘고 세상의 일반 사람들 위로 우뚝 솟아 있는 사람이라고 말씀하셨다. 전국(戰國)시대에는 공리적(功利的) 경향이 세상을 지배하고 있었다. 세상을 오도하고 백성들을 속이며 인의(仁義)의 도를 막아 버리는 양자(楊子)와 묵자(墨子)의 무리들이 있었으니, 사람들은 마치 냇물이 분주하게 한 방향으로 흘러가는 모양새처럼 그들의 주장을 열심히 뒤쫓았다. 당시 공자의 가르침을 따르는 이들은 그 모습조차 찾아보기 힘들었는데, 오직 맹자 한 분만이 그 시대에 등장하시어 세상 한가운데 의연히 우뚝 서셨다. 그분은 공리(功利)를 쫓는 것을 거부하시고 양묵(楊墨)의 주장에 미혹되지 않으셨으며, 공자의 도를 배우고 발양시키는 데 전심전력하셨다⋯⋯. 결국 공자로부터 전해 내려오는 전통(道)을 계승할 수 있었다. 전국시대에 맹자께서 등장하시어 활동하신 것은 황폐해 버림받은 대지(大地) 위에 단 한 사람이 생존하고 있는 것과 같았다고 할 수 있다. 그런 인물을 어찌 진정한 영웅이라 아니 할 수 있겠는가⋯⋯.

맹자께서 세상을 떠나신 후, 진한(秦漢)을 거쳐서 당(唐)과 오대(五代)에 이르기까지 1,500년이 넘는 세월 동안, 학자들은 진부하고 속된 탁상공론에 빠져 있었고 불교와 도교의 이단적인 가르침에 미혹되어 있었다.(다만 한유(韓愈) 한 사람만은 예외였다고 오징은 이 문장 바로 다음에 이야기하고 있다.) ⋯⋯우리 왕조(宋)에 이르러 하늘은 문명화된 통치를 조성해 내고 비범한 인물들을 출현시켰으니, 바로 주돈이, 정자 형제, 장재,

소옹 등과 같은 인재들이 계속해서 배출되었던 것이다. 공자의 '사문'(斯文)은 오랜 세월 동안 쇠락한 상태에 있었는데, 주자(周子, 周敦頤)는 전적으로 자신의 힘으로 천년이 넘는 세월 동안 쇠락해 있던 도를 발견하여 이해할 수 있었다. 다음으로 정자 형제가 주자의 가르침을 따랐는데, 장자(張子, 張載)만이 정자 형제의 편을 들어 도울 수 있었다. ……소자(邵子, 邵雍)에 대해 말해 본다면, 그 또한 전적으로 스스로의 힘으로 하늘과 땅의 조화를 묵묵히 감득(感得)하고, 상징고 수(象數)의 미묘한 경지와 궁극적인 면을 추구했다. ……만일 그들이 세상의 진정한 호걸들이 아니라면, 어찌 그렇게 할 수 있었겠는가?

그렇지만 정자 형제와 장자 문하에서 배운 사람들 가운데 그 누구도 자기 스승의 가르침을 올바르게 이해하지는 못했다. 송의 수도가 남쪽으로 천도한 후, 그리고 정자 형제와 장자가 서상을 떠나고 100년이 흐른 뒤에, 푸젠(福建) 지방에서 주자(朱子)가 나와서 북송(北宋)의 위대한 스승들의 위대한 유산을 집대성할 수 있었다. 주자는 중흥의 시대에 뒤이어 나타난 진정한 호걸이라고 할 수 있다. 주자가 세상을 떠나고 100년의 세월이 흐른 오늘날, 과연 주자를 계승해 도통을 자임할 사람이 있는가?(9)

뒷날 오징은 이 글을 비롯한 자신의 젊은 시절의 글들을 문집 끝부분의 부록에 옮겨 수록함으로써, 그 안에 전개되어 있는 미성숙한 견해들을 변호하기 위해 쓸데없는 언사를 구구하게 늘어놓기를 원치 않는다는 뜻을 분명히 했다. 그러나 우리에게 중요한 요소, 곧 도를 발양시킬 책임을 스스로가 떠맡아 부패하고 타락한 세상에 맞서서 홀로 우뚝 서 있는, 도를 수호하는 영웅적인 투사의 신화는 우집(虞集)이 쓴 오징의 전기(傳記)에서 중요한 주제였으며, 후대의 신유학자들에게 큰 영향을 미치는 상징으

로 작용했다.(10)

최근 첸무 교수는 자신의 저서 『중국 역사를 통해 본 중국인의 민족성과 중국 문화』(從中國歷史來看中國民族性及中國文化)에서, 중국의 전통에서는 영웅(豪傑之士) 숭배에서 볼 수 있는 개인주의가 종속적·부차적인 역할을 해왔을 뿐이라고 주장했다. 또한 그는 그런 영웅 숭배의 태도를 서구의 개인주의와 동일시하고 있다. 첸무 교수에 따르면, 중국인들은 서로 대립되는 요소들이나 반목하는 사람들을 조화시키는 역할을 수행하는 보다 겸허하고 신중한 지도력에 높은 가치를 부여해 왔다고 말한다.(11) 그런데 여기서 중요한 것은 첸무 교수가 중국에서의 영웅 숭배를 개인주의 전통과 동일시하고 있다는 점이다. 또한 이에 못지 않게 중요한 것은 첸무 교수가 비난의 대상으로 삼았던 점이 바로 오징과 우집 두 사람이 비판한 통속적인 영웅 관념이라는 사실이다. 그들 두 사람은 도통을 계승한 송대의 위대한 유학자들 중에서 진정한 영웅의 모범을 찾을 수 있다고 여겼다. 신유학자들이 보여준 도덕적 개인주의를 대변하는 그들은, 그런 개인주의가 어떤 점에서는 통속적 영웅 관념과 상통하고 있기는 하지만, 대부분의 측면에서 분명히 다르다고 판단했다. 그런 도덕적 개인주의가 중국에서 전혀 낯설지 않다는 것이 나의 주장이며, 첸무 교수도 이런 나의 견해에 동의하시리라 확신한다.(12)

그러나 같은 이유로 나는 다음과 같은 점에 주의를 기울이지 않을 수 없다. 지적 엘리트의 산물로서 오징의 신유학적 영웅주의는 낭만주의적인 자기 도취나 우월감 또는 좌절과 실의에 빠졌을 때 자기 연민의 수단이 되어, 문학에 심취하거나 술에 탐닉하는 것으로 표출되기 쉽다는 것이다. 이런 경우에 신유학적 영웅주의는 전적으로 개인적인 것에만 몰두해서, 사람들에 대한 봉사나 도의 발양에 대해서는 무관심해지기 쉽다. 이렇게 본다면, 영웅주의는 자기를 희생하는 순교자적 행위와 자세에서 심미적 자기 도취로 변질된 '자득'까지 다양한 층위와 폭을 지니게 된다.

도덕적 영웅과 관련한 일련의 관념들은 명대 초기의 두 인물, 오여필과 그의 제자 진헌장(陳獻章, 1428~1500)에 이르러 매우 중시되었는데, 황종희는 그들을 신유학이 지닌 적극적이고 역동적인 측면을 명대의 사상에 도입한 선구자들이라고 보았다. 특히 오여필은 개인의 도덕적 노력과 분투의 중요성을 강조했다.

성인됨의 극치는 요(堯)와 순(舜), 주공(周公), 공자에 의해 성취되었는데, 그들이 성취한 것에는 더 이상 더할 것이 전혀 없다. 비록 그분들이 자신들의 자질과 능력에 만족할 수 없었다 해도, 그리고 전심전력을 다해 마음에 주의를 기울이는 일에 다소나마 태만했다 해도 그러하다.

뭇사람들 위에 초연하게 우뚝 서 있는 인물들과 후세의 영웅적인 학자들(英雄之士)은 요·순·주공·공자 등이 지녔던 자질과 능력을 열망했고, 요·순·주공·공자 등의 마음을 자신의 마음으로 삼고자 했다. 그들은 어떤 생각이나 행동을 하든 성인들을 눈앞에 그리면서 늘 그들을 따르고자 노력했던 것이다.(13)

성인이 이상적 인격, 곧 개인의 모범이라면 오여필이 추구한 것은 도덕적 영웅을 표현하는 맹자의 '대인'(大人),(14) '대장부'(大丈夫)였다.(15) 여기에서 대인과 성인의 관계2)는 대승(大乘)불교에서 말하는 보살(菩薩)과 부처의 관계와 가깝다. 신유학의 근간으로 삼은 인간이 태어나면서부터 도덕적 본성을 갖고 있다는 주희의 신념은 이미 그 이전부터 있었던 불성설(佛性說, 사람은 누구나 부처가 될 수 있는 본성을 갖고 있다는 설로, 『법화경』에 극적으로 설명되어 있다)과 분명히 일맥상통하는 것이었다. 이런 관점에서 볼 때, 보살이 중생들을 도와 그들로 하여금 불성을 성취하게 하는 것과 마찬가지로, '대인'은 사람들로 하여금 자신들의 도덕적 본성을 온전하게 실현해 성인에 이르도록 돕는 사람이다. 주희는 대인을 마음과 몸이 참으로 성숙해 넓은 세상에서 인간적인 의무를 기쁘게 떠맡아 충실히 수행하는 사람이라고 여겼다.[16] 더 넓은 차원에서 볼 때, 대인은 맹자가 말하는 '대장부'의 또 다른 이름이라고도 할 수 있다.

천하(天下)라는 드넓은 집에 거하면서, 천하의 올바른 자리에 서 있고, 천하의 대도를 행한다. 뜻을 얻어 세상에서 쓰임받게 되었을 때는 백성들과 더불어 그 올바른 도를 행하고, 뜻을 얻지 못해 재야에 머무를 때는 홀로 도를 행한다. 부귀와 명예에 마음이 흔들리거나 미혹되지 아니하고, 가난함과 비천함에 처해서도 마음이 바뀌지 아니하며, 위압과 무력에 굴복하지도 아니한다. 그런 사람이야말로 대장부라 할 수 있을 것이다.[17]

송대의 정호는 자신이 지은 시에서 이렇게 말했다. "부귀와 명예에 의해 마음이 흐트러지지 않고, 가난함과 비천함 속에서도 행복과 기쁨을 누린다. 누군가가 이런 경지에 이르렀다면, 그런 사람이야말로 호걸이라 하겠다."[18] 뒷날 허형은 주희가 『대학장구』의 첫머리에서 "대학은 대인의 학문이다"라고 한 것에 대해 다음과 같은 요지로 부연설명했다. '대인'은 『대학』의 가르침을 따라서 마음의 명덕(明德, 사람이 태어나면서부터 갖추고 있는 밝은 덕성, 곧 본성)을 밝히고, "그런 자신의 마음을 널리 다른 사람들에게까지 확대시켜서, 그들로 하여금 각자 자신의 악습과 결점들을 제거해 자기의 마음을 밝힐 수 있게 한다." '대인'은 바로 이런 방식으로 '백성들을 널리 사랑해' 『대학』의 '신민'(新民, 사람들의 도덕적 혁신)을 실현한다.[19]

결국 이 일련의 관념들이 오여필의 제자인 루양(婁諒, 1422~1491)에 의해서도 중요시되고 재천명된 것은 당연하다 하겠다. 루양은 훗날 성인에 이르기 위한 왕양명의 영웅적인 노력에 큰 영향을 끼친 인물이기도 하다. 그는 오여필의 전기에서 이렇게 말했다.

주자가 세상을 떠난 후, 여러 세대에 걸쳐서 도통의 계승이 끊어져 있었다. 우리 선생님이 나오셔서 오래 전 선인(先人)들의 발자취를 이으셨고, 비로소 우리는 도를 행해야 할 책임을 질 수 있게 되었다. 시간적으로 멀리 떨어져 있음에도 불구하고, 선생님은 끊어져 있던 낙(洛)과 민(閩)의 학문(정자 형제와 주자의 학문. 본래 정자 형제와 주자의 출신지를 가리키는 말로 각각 현재의 허난성〔河南省〕과 푸젠성〔福建省〕 지역에 해당한다)을 이으셨다. 우리 선생님은 대대로 길이 빛나실 참된 호걸이시다.[20]

관리로 임용되는 것을 거부하고 일생 동안 가르치는 일을 하며 보낸 오여필의 입장에서, 이런 영웅적 이상과, 도의 선양을 자신의 임무로 떠맡는다(自任)는 그 이상(理想)의 의의는[21] '자득'의 관념과 근본적인 연관성을 지니고 있었다. 주희의 『사서집주』(四書集注)를 읽고 그 안에 담긴 심오한 의미—마치 바로 자신을 위해 마련된 것 같은—를 깨달은 오여필은, 1421년에 지방 학교의 한 선생에게 보낸 편지에서 이렇게 말했다. "이 속된 세상이 나를 무시하고 저버린다 해도 나는 나 자신을 구제할 수 있다. 속된 세상이 나를 비웃을지라도 나는 도를 자득(自得)할 수 있다. 성현들과 친밀한 마음의 교류를 나눌 수 있으니, 내 어찌 그 밖의 다른 것들에 대해 염려할 필요가 있겠는가?"[22]

성인이 남긴 말씀과 사적들을 통해 사람들의 마음을 고무시키는 도덕적 영웅으로서의 개인은, 어디까지나 스스로의 힘으로 자기 자신 안에서 도를 자득해야 한다. 사서(四書)는 단지 그것을 적절하게 지시해 줄 수 있을 뿐, 그것을 실현시켜 줄 수는 없다. 오여필은 맹자의 말을 인용하여, "세상 사람들은 자기에게 눈을 돌려 자신의 마음속에서 구하고 이해할 줄 모른다. 하여 책을 읽기는 읽지만, 책은 책대로 자기 자신은 자기 자신대로 남아 있게 된다.(도를 자득하려는 어떤 적극적·능동적 노력이나 관심도 찾아볼 수 없다.) 만일 읽는 책이 눈과 귀에만 들어온다면(진정으로 자기 자신의 일부분이 되지 못하고), 이는 크나큰 손실이 아닐 수 없다"[23]고 말했다. 그가 자신의 서재(書齋)를 '자득정'(自得亭)이라 명명한 것은 바로 이런 이유 때문이며, 또 한편으로는 자득에서 오는 기쁨과 만족감 때문이기도 했다.[24]

오여필의 제자인 진헌장은 이 사상적 경향을 한층 심화시키며 추구해 나갔다. 사실 '자득'이야말로 그의 사상의 핵심 주제였다.[25] 진헌장은 도에 대한 스승의 비장하기까지 한 영웅적 헌신으로부터 매우 깊은 감명을 받았다.[26] 그 결과 그는, 자기 바깥에 있는 모범들을 따르는 것에 관한 스승의 가르침을 충실하게 따랐다. 그는 이렇게 적고 있다.

사람은 성인과 현인들로부터 배우지 않을 수 없지만, 최종적으로는 타인들한테서 배우는 태도를 극복해야만 한다. 타인을 모방하려는 마음가짐으로 도를 추구한다면 자신이 배운 모범들과 자기 자신 사이에 괴리가 생겨서, 결국에는 삶의 모든 세부적인 상황 속에서 양자를 조화시키려는 시도 자체가 불가능해질 것이다. 그렇게 되면 사람은 노력도 하지 않고 포기해 버리게 된다. 도가 성현을 모방해서 얻을 수 있는 것이 아니라고 한다면, 우리는 사람들이 과연 성인이 되기 위한 배움을 계속 갈구하게 될 것인지 심각하게 되물을 수도 있을 것이다. 그러나 이에 대해 심사숙고해 본다면, 결국 우리는 자기 바깥에 있는 것을 모방한다는 사고방식이 용인될 수 없다는 것을 깨닫게 될 것이다. 아주 오랜 옛날, 성현들이 존재하기 이전에는 도를 추구하는 노력이 전적으로 자기 자신에 기반을 둘 수밖에 없었다. 하지만 그 밖의 방법은 아직도 없다. '자득지학'(自得之學)이 의미하는 바가 바로 이것이다.(27)

진헌장은 자득을 정주학의 전통 안에서 그 관념이 지니고 있는 의의 이상으로 발전시켰다. 그러나 우리는 그의 사상이 과거와 명확한 단절을 표방하고 있다고 생각해서는 안된다. 주희 역시 성인을 사람이 본받아야 할 엄격하고 단정적인 모범으로 상정하는 것에 대해 진헌장과 비슷한 경고를 한 적이 있다. 『주자어류』에는 다음과 같은 내용이 실려 있다. 어떤 사람이 주희에게 성인이 되는 것이 인간의 목적이라면, 정이가 학자들이 표준을 세우는 것(성인을 수양의 모범으로 삼는 것)을 경계한 까닭은 무엇인지 물었다. 이에 주희는 다음과 같이 대답했다.

물론 배우는 사람들은 성인을 자신의 스승으로 삼아야 한다. 하지만 단정적으로 어떤 일정한 표준을 세울 필요까지는 없다. 확정적인 표준을 세우게 되면, 사람의 마음은 자신이 언제쯤 성인이 될 수 있을지, 성인이 되면 자신이 어떤 모습일지 등과 같은 각종 타산과 잡념으로 어지러워질 것이다. ……지금 우리는 성인을 따라 배워야 한다고 말하기는 하지만, 성인이 되기 위한 노력은 어디까지나 그 본래의 출발점(자기 자신)에서 시작해야 한다. 우리가 날마다 자신을 이러저러한 측면에서 다른 사람(성인)과 비교하는 한, 성인이 될 수는 없다.(28)

진헌장은 그 나름의 독창적이고 독자적인 길을 고수하면서도 사실, 앞에서 언급했던 이동(李侗)——주희는 『연평답문』에서 이 사람에 대해 기술하고 있다——의 가르침과 실천에 많은 부분 빚지고 있었다. 진헌장의 두

드러진 주장들—예를 들어 '자득', 정좌(靜坐)를 통한 경(敬)의 실천, 정신적 자유와 자주성의 향유, 자기 자신을 위한 배움 등—은 정자 형제와 소옹(邵雍, 1011~1077)의 사상이 이동을 매개로 하여 그에게까지 전해진 것이라고 할 수 있다. 1482년(成化 18)에 쓴 글 속에서 진헌장은 '자기 자신을 위한 배움'에 대해서 이렇게 말했다.

> 공자는 "옛적에 배우는 사람들은 자기 자신을 위해 배웠는데, 오늘날 배우는 사람들은 다른 사람을 위해(칭찬과 좋은 평판을 얻기 위해) 배운다"라고 말씀하셨다. 정자(伊川)는 "옛적에 관직에 임용되었던 이들은 다른 사람들을 위해 일했는데, 오늘날에 관직에 임용된 사람들은 자기 자신을 위해 일한다"[29]고 말씀하셨다. 배움으로써 관직을 훌륭히 수행할 수 있어야 하며, 관직을 수행함으로써 학문의 결실을 실현할 수 있어야 한다. 이 두 측면은 언제나 함께 이루어져야 하는 것으로, 표리(表裏)의 관계, 실물과 그 그림자의 관계에 비유할 수 있다.
>
> 옛적의 성왕(聖王)과 현신(賢臣)들은 칙령과 훈령, 그 밖의 여러 가르침을 내렸는데, 이것은 결국 사람들로 하여금 다른 사람들을 위해 봉사하고 책임을 떠맡는 존재가 되도록 이끄는 방안이었다. 여기에 어찌 자신의 이익을 도모해야 한다는 생각이 추호라도 있었겠는가? 안자(顏子), 증자(曾子), 자사(子思), 맹자, 주자(周子, 周敦頤), 이정자(明道와 伊川), 장자(張子, 張載), 주자(朱子) 등이 자신들의 글에서 전하고자 했던 것은, 바로 자신들이 이룩한 학문의 결실이었다. 여기에 어찌 다른 사람들한테서 칭찬과 좋은 평판을 얻기 위해 배운다는 생각이 추호라도 있었겠는가? 그런 군자(君子)들은 모두 각자의 방식대로 훌륭하고 뛰어났으나, 어떤 경우에는 세상에 용납되기도 했고 어떤 경우에는 세상에서 인정받지 못하기도 했다. 하지만 그들은 어떤 상황 아래서도 한결같은 태도를 취할

수 있었다.

　자고로 학교 교육을 진흥시켜 영재들을 교육시켜야 할 필요성을 절감하고 그것을 자신의 임무로 여겼던 국가의 지배자는 없었다. 한대 이후부터 관직에 등용할 인재들의 준비 교육기관으로서 학교가 중시되기 시작했다. 그 뒤 학교에서 배우지 아니하고 세상에 이름을 날린 사람은 드물게 되었다. 학교를 설치하고 유지하는 중요한 목적은 관직에 임용할 인재를 키우는 것이다. 하지만 학문의 본질은 자기 자신을 위해 배우는 것이다. 옛적에 이름을 드날린 인물들도 그것을 망각하고서는 자신들의 덕을 온전하게 성취할 수 없었다.(30)

　중국의 지배자들이 학교를 관직에 임용할 유능한 인재들을 양성하기 위한 기관으로 이용하려 했다는 진헌장의 지적은 틀리지 않다. 이것은 명 왕조를 세운 군주(太祖 洪武帝)의 경우에도 마찬가지였다. 하지만 이런 사실에도 불구하고 우리는, 명대에 이루어진 광범위한 교육적 노력이 학술 발전에 미친 효과를 간과해서는 안된다. 명대의 기본 교육과정에서는 『대학』에 가장 높은 가치가 부여되었고, 특히 주희가 그 서문에서 일반 민중교육의 이상을 천명했기 때문에,(31) 중앙과 지방의 학교들을 통해 일종의 학문적 민주화가 진행되었다. 신유학자들은 그런 과정 속에서 『대학』의 정신을 만인에게 널리 확산시키는 '대인'(大人)의 임무를 떠맡고자 했으며, 이것은 허형이 언급했듯이 사람들이 자기 자신의 도덕적 본성을 완성할 수 있게 돕는 것을 목적으로 했다.

　어떤 의미에서 주자의 가르침의 광범위한 확산과 보급은, 주자와 그 제자들의 대화——『주자어류』에서 볼 수 있듯이——에서 구어체(白話)가 사용되면서부터 이미 시작되었다고 할 수 있다.(32) 원대의 중요한 사상가들인 허형과 오징은 경연에서 사서를 강의할 때, 그 내용을 중국 고전에 관

왕양명

한 소양을 지니지 못한 몽골인 군주와 중앙 아시아 출신 관료(色目人)들에게 이해시키기 위해 구어(口語)를 사용했다.(33) 명대에 들어와서는 이런 과정이 지방에서도 진행되어, 지방의 학교와 향약 공동체에서 이루어지는 강연과 토론을 통해 문화와 학술이 일반 대중들에게까지 침투되어 갔다. 왕양명이 이런 경향을 촉진시키는 데 크게 공헌했는데, 양명학파 중에서도 특히 태주학파(泰州學派)의 인물들이 학문의 대중화·일반화에 힘썼다.(34) 이런 경향에 발맞추어 지방 각지에 왕양명의 교육활동을 뒤따르는 많은 서원들이 출현했다. 자발성·주체성·자주성을 유달리 중시하는 왕양명의 철학은 민중교육에 대한 사람들의 관심을 자극했고 지식계급 안에 그런 임무를 떠맡아야 한다는 분위기를 확산시켰다.(35)

왕양명은 도의 실현에 대한 절박하고 깊은 개인적 책임감──이것은 대인의 특성이기도 하다──과 도통의 관념을 중시하는 주희의 사상을 기반으로 하여, 이 세계 안에서 자신이 떠맡아야 할 고유한 사명을 인식했다. 왕양명은 만년에 집필한 『대학문』(大學問)에서 주희가 『대학』을 '대인의 학문'이라고 특징지은 것에 대해 논하고 있는데, 특히 그는 대인의 윤리적 책임감이 우주적인 차원에까지 미치는 것임을 다음과 같이 강조하고 있다.

대인은 천지만물을 자기 자신의 몸과 하나인 것으로 본다. 그는 온누리를 한가족으로 여기며 국가를 한 사람의 인간으로 여긴다. ……그러므로 대인의 학문은 사사로운 욕망과 이기심의 맹목성과 어둠을 결연히 제거해 버리고, 사람이 본래부터 갖추고 있는 밝은 덕(明德)을 밝히어, 천지만물과 한 몸이었던 본래의 모습을 회복하기 위한 것이다. ……밝은 덕을 밝히는 것(明明德)은 곧 천지만물과 하나될 수 있는 바탕을 형성하는 것이다. 백성들을 아끼고 사랑하는 것(親民)은 천지만물과 하나가 될 때 생겨나는 작용을 보편적으로 널리 확산해 나가는 것이다. 결국 밝은 덕을 밝힘은 백성들을 아끼고 사랑함에 있고, 백성들을 아끼고 사랑하는 것이 곧 밝은 덕을 밝히는 길이다.(36)

『대학』의 '친민'(親民)이라는 말을 '신민'(新民)으로 바꾸어 읽음으로써 백성들을 도덕적으로 혁신시켜야 한다는 생각을 강조한 주희에 비해, 백성들을 아끼고 사랑할 것(親民)을 강조하는 왕양명의 입장은, 그의 활동적 정신과 도에 대한 역동적인 이해를 잘 보여준다.3) 왕양명은 대인이 갖추어야 할 적극적인 도덕적 책임감과 수행해야 할 도덕적 책무를 매우 강조했고, 그런 책임감이나 책무와 관련한 자신의 고뇌를 이렇게 토로하고 있다.

　　사람들의 타락과 곤궁을 생각할 때마다 나는 그들을 동정하면서 깊이 마음 아파하게 되며, 나의 모자람을 잊고서 이 가르침(양지〔良知〕의 가르침)을 바탕으로 하여 그들을 구제하려 들게 된다. 실로 나는 내 능력의 한계도 모르는 사람이라 아니할 수 없다. 사람들은 내가 그렇게 하려고 하는 것을 보고, 모두들 나를 비난하고 비웃으며 욕하고 심지어 나를 제정신이 아닌 사람으로 보기도 한다. ……사람들은 자신의 아버지·아들·형제가 깊은 골짜기에 떨어지는 것을 보면, 큰소리로 울부짖으며 맨발로 달려가 위험천만한 절벽에 매달리며 기어 내려가서라도 그들을 구하려 한다. 이 같은 그들의 행동을 목격한 선비는 그들을 제정신이 아닌 미친 사람(狂人)으로 여긴다. 그는 옆으로 물러나서 골짜기에 떨어졌거나 물에 빠진 사람을 그냥 지켜보며 구하려 들지 않으며, 오히려 그렇게 하려는 사람을 비웃는다. 이런 태도는 곤궁에 처한 사람에 대해 피붙이로서의 애정을 느끼지 않는 지나가는 행인에게서나 볼 수 있는 일이다. 그러나 비록 지나가는 행인이라 할지라도 그런 태도를 보인다면, 그는 어려움에 처한 사람을 불쌍히 여기는 마음을 지니지 않은 사람이라 할 수 있으며, 결국 더 이상 사람이라고 할 수조차 없다. 만일 부모형제를 사랑하는 사람이라면 틀림없이 마음의 고통을 깊이 느끼게 될 것이며, 허우적거리는 혈육을 구하기 위해 숨이 턱에 차오르도록 필사적으로 달려가 익사의 위험을 무릅쓰고 물에 뛰어들 것이다. 하물며 그런 사람이 어찌 자신이 미친 놈 소리를 듣는다든가, 사람들이 자신을 믿는지 안 믿는지에 대해 염려할 겨를이 있겠는가!(37)

주희에 대한 크나큰 존경심과, 주희의 가르침에 충실하다는 것은 결국 자기 자신 안에서 발견한 도에 충실하다는 것을 의미한다는 생각 사이의 갈등으로 왕양명의 고뇌는 더욱 깊어지게 되었다. 그는 경전 해석에서 주희와 다른 입장을 고수했지만, 자기 자신 안에서 스스로 발견한 도를 충실히 따르는 것이 바로 주희가 바라던 바였으리라고 확신했다. '자득'이 본래부터 주희의 도통 관념에 암묵적으로 전제되어 있다고 생각했기 때문이다.(38)

솔직히 말해서 나는 주자에 반대하는 것이 견디기 힘들 정도로 괴롭다. 하지만 나는 그분의 주장에 대해 반박하지 않을 수 없으니, 도라는 것은 본래부터 그런 것이어서 내가 그분의 오류를 바로잡지 않는다면 도가 완전하게 드러나 밝혀지지 않을 것이기 때문이다.('솔직하지 않으면 도가 드러날 수 없을 것〔不直, 則道不見.『孟子』「滕文公上」〕이기 때문이다.) ……
도란 온누리에 속해 있는 보편적이고 공적인 것이며, 배움 역시 온누리의
것으로 보편적이고 공적인 것이니, 도와 배움은 주자나 공자의 수중에 들
어 있는 사적인 소유물이 아니다. 그것들은 실로 모든 사람들에게 열려
있으며, 그것들을 열린 자세로 논의하는 것만이 유일한 방법이다.(39)

자기 자신에게 그리고 자신의 인간으로서의 책무에 충실하려는 태도
때문에 도덕적 영웅은 흔히 고립감과 외로움으로 고통받게 된다. 그러나
주희의 도통에 대한 주장에 공감하고 있었던 왕양명은, 그런 고통이 공자
에서 송대의 여러 유학자들에 이르는 대인들의 운명이었음을 잘 알고 있
었다.(40) 왕양명이 공자의 도를 발양시키는 것을 자신에게 주어진 책무로
결연히 자임할 수 있었던 것은, 바로 이런 인식이 그의 마음을 다잡아 주
었기 때문이다.(41) 대인의 운명에 대한 투철한 인식과 더불어, 그는 진리
가 사람들과 토론하는 가운데 확실하게 밝혀지는 것이라는 생각을 갖고
있었다. 그 결과 그는 사람들과의 의견 대립이 극복되어, 모든 사람들이
하나되는 '크고 위대한 통일'(大同)이 이루어질 수 있으리라는 확신을 가
졌다.(42)

첫번째 강의에서 나는 왕양명이 도통을 계승했다고 기술하고 있는 왕
동(王棟)의 문장을 제시했다. 그로부터 우리는 개인적 영감과 내향적 성
격이 왕양명의 강렬한 사명감에 매우 중대한 영향을 미쳤다는 것을 알 수
있다. 앞의 인용문들에서도 이 점이 입증되고 있다. 이상에서 우리는, 왕
양명이 지녔던 도통 관념, 도덕적 책무를 떠맡은 개인으로서의 대인(大
人) 관념, 자득과 자임에 관한 견해, 그리고 이런 관념들과 관련된 하나의
확신, 곧 사람들과의 대화 속에서 자기 자신을 적극적으로 표현하는 것이
가치 있다는 신념 등을 분명히 알 수 있다. 또한 이런 관념·가치·신념이

신유학 전통에서 자유주의적 사상의 중요한 주제로서 전개되었다는 것을 알 수 있다.

왕양명이 세상을 떠난 후 한 세기 동안, 이런 주제들은 계속해서 학자들의 중요한 관심영역이었다. 왕양명에 뿌리를 둔 여러 학파들이 지속적으로 그 주제들을 나름의 관점과 방식으로 표현했던 것이다. 사실 그 학파들은 왕양명의 가르침을 비롯한 신유학의 여러 교의들에 대해 서로 해석을 달리했다. 또한 도덕적·정치적 입장의 측면에서도, 그들을 보수파·자유파·급진파 등으로 분류해 볼 수 있다.[4] 그러나 여기에서 논의된 기본적인 관념이나 주제들에 관해서는 그들 사이에 근본적으로 공통된 이해가 확립되어 있었다고 할 수 있다. 나는 태주학파(泰州學派)에 대해 졸저 『명대 사상에서 개인과 사회』(*Self and Society in Ming Thought*)에서 상세하게 논했다. 그래서 여기서는 간략하게 언급하려 한다. 어떤 의미에서 태주학파는 개성과 다양성을 중시하는 왕양명의 태도를 계승하고, 여러 학파들이 나름대로 나타내는 다양한 경향들을 집약적으로 보여준다. 태주학파의 학문 대중화운동을 어떻게 평가하든 간에, 그 학파는 풍부함과 다양성을 많이 지니고 있었으며, 사람들의 마음을 매료시키는 낭만적인 흡인력을 갖춘 하나의 지적 운동이었다고 할 수 있다. 그 학파가 지녔던 활력의 상당 부분은 서민 출신의 창시자인 왕간(王艮, 1483~1541)과, 민중교육에 지속적이고 적극적인 관심을 기울일 수 있게 한 토론방법에서 비롯되었다고 할 수 있다.

시마다 겐지(島田虔次)는 왕간 사상의 특징을 '자득(自得)의 학(學)'이라는 말로 요약했다.[43] 이 말은 왕간의 경우에 특히 중요한 의미를 지닌다. 일생 동안 관직에 나가지 않고 스스로의 힘으로 학문을 닦아 일가를 이룬 그였기에, 그의 학문은 문자 그대로 '스스로 얻었다'(自得)고 일컬을 수 있는 것이다. 그는 사회적으로 비천한 계층 출신에다 관직 경력도 전혀 없었지만, 당시 사람들에게 스승으로서 지대한 영향을 미쳤다. 이것은 신유학자들에 의해 지속적으로 전개되어 온 평등주의적 신념들이 명대 사회에 광범위하게 침투·확산되어 있었다는 사실을 반영하고 있다. 그 신념들이란 모든 사람들에게 도덕적 본성(하늘이 본래부터 인간에게 부여한 본성)이 갖추어져 있다는 것, 그 본성은 본래부터 지극히 선하며 완전하다는 것, 자기 자신을 위해 배우고 스스로의 힘으로 도를 체득해야 한다는 것, 그리고 다른 사람들과 함께 도를 누리는 것을 자기 자신의 도덕적 책무로 삼아야 한다는 것 등이다. 왕간은 하늘이 무너져 내려 인류가 파멸되려 하자, 사람들을 구하기 위해 필사적으로 하늘을 붙잡는 꿈을 꾼 적이 있었다고 한다.[44] 그 꿈을 통해 상징적으로 드러나고 있는 왕간의 자각적 체험에서 우리는 '자기 자신 안에서 스스로 도를 발견하는 것'의 예를 볼 수 있다. 또한 그것은 도를 발양시키는 책임을 스스로 떠맡아 인류를 천지만물과 하나되게 하는 것의 예이기도 하다. 그것은 도에서 멀어진 인류의 파멸을 막는 도덕적 영웅의 임무라고 할 수 있다. 왕간은 그런 임무를 완수하는 것이 깊은 만족감과 마음의 큰 기쁨을 낳게 한다고 굳게 믿었다.[45]

왕간의 제자들 중에는 인류를 구제하는 사명을 스스로 떠맡은 영웅적 인물(그 전형이 대인 또는 대장부라고 할 수 있다)이라는 스승의 이상을 계승한 사람들이 있었다.[46] 안균(顔鈞, ?~?)과 하심은(何心隱, 1517~1579, 본명은 梁汝元), 나여방(羅汝芳, 1515~1588) 등이 그들이다.[47] 탕 쥔이는 특히 나여방을 평하여, 분별력과 책임감을 갖추고 있으면서 어린이의 무구함과 자연스러움을 잃지 않은 인물이라고 말했다.[48]

왕간을 비롯한 양명학파의 인물들은 자기 자신을 위해 배워서(爲己之學) 도를 자득(自得)하고, 그것을 교양이 없는 일반 대중들(愚夫愚婦)에게 가르쳐 전하는 것을 영웅적 인물이 수행해야 할 임무라고 생각했다.

이지

그리고 이것이야말로 왕양명의 '치양지'(致良知, 인간이 선천적으로 지니고 있는 도덕적 지식, 곧 양지를 발양시키는 것)의 가르침이 의미하는 바라고 생각했다. 명대 말기에는 양명학파의 많은 인물들이 광범위한 강학활동을 활발하게 전개했는데, 이는 바로 치양지의 관념을 바탕으로 하여 이루어졌다고 할 수 있다. 그런데 조정은 서원과 향약 공동체에서 이루어지는 강학활동을 탄압했다. 이 사실들은 양명학파의 인물들이 사회의 엘리트들이 규정해 놓은 경서 해석을 받아들이지 않았으며, 엘리트들에게서 흔히 볼 수 있는 일반 서민들에 대한 우월감을 가지고 있지 않았다는 것을 보여준다. 일본의 도쿠가와(德川) 시대의 활동적인 신유학자들, 예를 들어 야마자키 안사이(山崎闇齋, 1618~1682), 이시다 바이간(石田梅岩, 1685~1744), 오시오 헤이하치로(大塩平八郎, 1793~1837), 요시다 쇼인(吉田松陰, 1830~1859) 등이 '치양지'의 관념을 매우 중시했다는 것 역시, 그런 관념이 적극적인 실천활동을 낳는다는 사실을 확증해 준다.

이런 운동은 이지(李贄, 1527~1602)에 이르러 정점에 달했다. 양명좌파(陽明左派)로 분류되는 태주학파(泰州學派)의 인물들 가운데 가장 격렬한 인습타파주의자이며 개인주의자이고 자유론자였던 그는, 개인이 기성의 인습과 권위로부터 자유로워야 한다는 것을 매우 노골적이고 솔직하게 주장했다. 사실 그의 주장은 근대 서구의 자유주의에 가장 가깝다. 우리가 지금까지 살펴본 신유학의 자유주의적 경향들 모두—한 가지 예외를 제외하고는—를 그 안에서 볼 수 있다. 개인들 각자의 마음에는 스스로의 힘으로 도를 발견할 수 있는 자율성을 갖추고 있다는 신념은 물론 자존감, 자애(自愛), 심지어 사욕(私欲)의 추구도 윤리의 기반이 된다는 생각(이는 왕간의 주장이기도 하다), 그리고 인류를 구제하기 위해 도의 발양에 기꺼이 몸 바치는 도덕적 영웅에 대한 열렬한 숭배 등이 그것이다. 이런 그의 자유주의적인 신유학사상에서 하나의 예외가 있다면, 그것은 이지가 대중들에게 가르침을 전하는 철학적 토의(講學)를 대단히 싫어했다는 사실이다.5) 현대 서구인들의 사고방식으로 보면 그것은 다만 개인의 호불호(好不好)의 문제일 뿐이지만, 신유학의 맥락에서 보면, 그것은 이지가 강학이라는 신유학의 학문적 전통을 부정할 정도로까지 자신의 극단적인 개인주의를 밀고 나갔다는 것을 보여준다. 왕양명은 강학이 개인이 자기 자신의 성실함을 검증할 수 있는 기회를 제공해 준다고 여겼다는 것을 상기한다면, 이지가 취한 태도의 의미를 이해할 수 있을 것이다. 우리는 바로 이 점에서 이지의 개인주의와 왕양명과 태주학파의 인도주의 사이의 중요한 차이를 엿볼 수 있다.

16세기 후반에, 그런 급진적이고 과격한 사조와 맞설 수 있었던 가장 유력한 사상은 동림학파(東林學派)6)의 신정통(新正統) 유학사상이었다. 이 학파는 자아에 대한 극단적인 찬미와 자유 방임을 역설하는 이지(양명학 좌파)에 반대하여 기성의 도덕을 옹호했다. 그들은 도덕에 대해서는 전통주의자들이었고, 정치에 대해서는 개혁주의자들이었다. 이 점에서 동림학파는 우리가 지금까지 이야기한 자유주의적인 신유학사상의 기본적 조건을 거의 만족시키고 있다. 그들은 강학이라는 일종의 공개 토론의 장을 통해 도를 자득하고, 그것을 사람들에게 널리 전해 확산시키는 것을 자기 자신의 임무로 삼았다는 점에서, 주희와 왕양명의 자발적 헌신과 봉사 정신을 고수했다고 할 수 있다. 또한 동림학파에는 정치영역에서, 보다 정확히 말하면 정치적 양심의 측면에서 고결함과 자기 희생의 특별한 모범을 보여준 영웅적 인물들도 있었는데, 황종희의 아버지 황존소(黃尊

황존소

素, 1584~1626)가 그 전형이다. 그들은 조정의 부패를 비판하는 권리를 지키기 위해 불요불굴의 정신을 발휘했지만, 민중교육을 통해 사회 저변에 광범위한 공감대를 형성시키고, 보다 개명(開明)한 일반 대중들로부터 정치적 지원을 얻어야 할 필요성을 깨닫지는 못하고 있었다. 결국 동림학파는 송·원·명 각 시대를 통해 중국의 지적·정치적 지도자들로서의 역할을 수행했던 사대부 계층과 지주(地主) 계급이 본질적으로 지니는 한계를 극복하지 못했고, 이들의 지적·정치적 운동은 실패로 끝나고 말았다.(49)

마지막으로 나는 황종희에 대해서 이야기하고자 한다. 그 까닭은, 지적 엘리트(士大夫)와 지주계급에 의해 유지되었던 신유학의 전통이 지니는 여러 한계들을 인식하고, 그것을 사상의 영역에서나마 치열하게 극복하려고 애쓴——현실 속에서 극복하기 위한 직접적인 행동에 이르지는 못했지만——소수의 신유학자들 가운데 한 사람이 바로 황종희이기 때문이다. 첫번째 강의에서 언급했듯이, 청년시절에 황종희는 환관에 의해 죽음을 당한 아버지 황존소의 명예를 회복하고 아버지를 죽음에 이르게 한 당사자의 책임을 추궁하기 위해 정치적 저항운동을 벌이기 시작했다. 명 말에 이르러서는, 부패와 악정을 일삼아 결과적으로 만주족의 침략에 대항하는 힘을 약화시킨 책임을 물어, 당시 득세하고 있었던 환관파(宦官派)를 조정에서 축출하기 위해 애썼다. 그러나 이 노력은 실패로 끝났다. 그 뒤 수년 동안 남동지방에서 명조(明朝)의 망명정권에 참여해 청조(淸朝)에 대한 저항활동7)을 전개했지만 아무런 소득도 거두지 못하자 현실정치에서 아예 손을 떼고, 도를 발양시키는 사명을 다하기 위해 학문과 교육에 전념했다.

지금 이 강의는 정치개혁을 위한 다양한 제안들이 수록되어 있는 그의 저서 『명이대방록』(明夷待訪錄)[50]이나 그의 정치사상을 상세하게 분석하기 위한 자리는 아니다. 나는 다만 『명이대방록』의 내용 가운데 신유학의 자유주의적 사상의 기본적 요소들과 직접 관련되어 있는 네 가지 사항들을 언급하고자 한다. 나는 먼저 정치적 측면을 다루고 그 다음으로 철학적 측면을 언급할 것이다.

황종희

황종희의 『명이대방록』은 중국의 왕조정치에 대한 유례없이 철저하고 전면적인 비판을 담고 있는 책으로 널리 알려져 있다. 하지만 황종희가 황제 지배를 비판한 최초의 신유학자라고 할 수는 없다.[8] 그보다 먼저 정자 형제와 범조우, 주희 등이 그런 비판을 했다. 그리고 진덕수의 『대학연의』(大學衍義)에도 황제 지배를 비판하는 내용들이 상당히 많이 실려 있다. 총 43권으로 되어 있는 이 저서는 역대 제왕들의 바람직스럽지 못한 언행과 치적—예외적으로 소수의 영웅적 군주들과 현신(賢臣)들의 업적을 약간 언급하기는 하지만—을 역사서들에서 인용하고, 그것들이 유교 경전에 제시되어 있는 위정자의 이상과 어떻게 다른지 여실히 보여주고 있다. 중국 역대 지배자들의 그릇된 행동과 폭정을 비판·분석한다는 점에서, 왕조 지배를 개혁하는 것이 진덕수의 본질적인 관심사임을 알 수 있다. 하지만 그런 지배체제의 존재 자체의 타당성을 의심하는 자세를 그에게서 발견할 수는 없다. 그가 황실의 기강을 바로잡기 위해 고민하고, 왕조 안에서의 정당한 제위 계승을 위한 상세한 규정들을 제시하고 있는 것을 보면 그 점이 더욱 분명해진다. 이에 비해 황종희는 왕조

제도 자체의 합법성·정당성에 대해 의심의 눈길을 보냈다. 그는 군주가 천하를 개인의 사유물로 삼게 되면, 군주 일족(一族)과 자손들에게 위해(危害)가 미치고 만다는 역사적 사실을 언급하면서 군주정치의 모순을 폭로하고 있다.

> 일단 천하가 군주 개인의 재산이 되어 버리고 나면, 세상의 누구인들 그 군주처럼 그것을 손에 넣고자 원하지 않겠는가? 설령 군주가 자신이 차지한 행운을 놓치지 않기 위해 그것을 단단히 붙잡아 톡톡히 챙긴다 해도, 어찌 군주 한 사람의 지혜와 힘만으로 그것을 차지하고자 호시탐탐 기회를 노리고 있는 천하의 수많은 사람들의 탐욕을 상대할 수 있겠는가? 대부분의 경우 기껏해야 몇 대를 이어 내려가거나 아니면 자기 당대에 행운은 끝나 버리고 만다. 얼마 안 가서 피를 흘리고 목숨을 빼앗기는 화가 자신의 자손들에게 미치고 마는 것이다.(51)

여기에서 황종희는 왕조제도 자체와 그 전제적(專制的) 권위에 대해 이의를 제기함으로써 황제 지배에 대한 신유학적 비판의 정점에 도달했다. 이것이 내가 지적하고자 하는 첫번째 사항이다.

두번째는, 진덕수 및 그의 『대학연의』와 관련되어 있다.(시간이 허락된다면 그 밖의 신유학자들과 황종희의 사상적 연관에 대해서 언급할 수 있을지도 모르겠다.)(52) 역대 위정자들에 대한 진덕수의 비판은, 위정자들이(군주와 대신들) 인민의 안녕을 보장하고 복지 증진을 도모하는 것을 자신들의 도덕적 책무로 떠맡아야 한다는 신유학적 이상에 의해 고무되었다. 이와 관련한 초기 신유학자들의 신념을 상기해 보면, 위정자들에게 그런 요구를 하는 한 그들 자신 쪽에서도 도덕적 영웅주의를 관철시키지 않을 수 없다. 진덕수는 현실적으로 중국의 역대 군주들의 치세가 성왕(聖王)의 이상을 도저히 만족시킬 수 없었음을 분명히 밝히면서, 동시에 군주가 개심 (改心)한다면 어렵지 않게 성왕의 도에 뜻을 두고 그것을 실현시키기 위해 전력을 다할 수 있으리라는 자신의 신념을 강조했다. 그것은 전적으로 군주의 마음과 의지의 문제였다. 황제가 성왕처럼 나라를 다스리고자 굳게 결심한다면 성왕의 정치를 실현할 수 있을 것이며, 그의 신하들 역시 같은 각오를 하고서 황제를 보필한다면 '대인'(大人)의 이상을 성취할 수 있을 것이라고 보았던 것이다.

원과 명, 그리고 조선의 궁정에서 진덕수의 『대학연의』는 대단히 존중되었다. 이 책은 위정자의 정치윤리에 관한 신유학적 입장을 전형적으로 보여주는 경전으로 대접받았다. 이 책이 특히 궁정의 경연에서 그토록 비상(非常)하게 존중되었던 이유가 그 안에 담겨 있는 가르침의 진면목에 대한 확고한 믿음 때문이었는지, 아니면 단순히 '겉치레에 불과한 말로만의' 존경 때문이었는지, 그 정확한 사정은 알기 힘들지만, 어쨌든 이 책이 탁월한 가치를 지닌 책으로 평가받아 왔다는 사실만은 변함이 없다. 황제를 가르치는 선생들의 임무가 매우 고귀한 것으로 여겨졌고, 선생들 자신 또한 성심성의껏 자신들의 임무를 수행했지만, 군주의 양심에 그처럼 크나큰 기대를 거는 것은 결과적으로 군주의 의욕을 저하시키고 군주로 하여금 자신에게 부과된 막대한 임무와 책임으로부터 도피하고 싶은 마음을 불러일으키기도 했던 것 같다. 또한 오랜 기간 동안 엄격한 도덕적 훈도(訓導)를 받은 군주들이 자신의 마음을 진정으로 바꾸기보다는, 자신의 능력을 과시할 수 있는 치적을 올리려다 문제를 더욱 악화시켜 버리곤 했던 것도 역사의 엄연한 사실이었다.(53) 문헌의 기록들을 보면, 명 왕조의 역대 황제들은 제위에 오르기 전에 명민하고 훌륭한 학생의 모습을 그다지 보여주지 못했으며, 조선 왕조의 왕위 계승자들도(왕위에 오르기 전에 사망하는 경우가 많았다) 엄격하고 도덕적인 제왕 교육에 대해 반감을 보

이는 경우가 종종 있었다.(54)

기본적으로 신유학자들이기도 했던 대신들의 경우는 이와는 양상이 달랐지만, 그렇다고 해서 그들이 처한 상황이 반드시 더 나았던 것은 아니었다. 명대의 황제 독재정치의 행태가 여실히 드러나는 모든 경우에, 그것에 대항하는 신유학자·관료들의 영웅적 행위를 볼 수 있다. 이와 관련해서 성조(成祖) 영락제(永樂帝, 재위 1402~1424)의 제위 찬탈을 규탄하여 일족이 몰살당하는 화를 입은 방효유(方孝孺), 세종(世宗) 가정제(嘉靖帝, 재위 1521~1566)의 정치행태를 비판하여 투옥된 해서 등이 특히 유명하다. 이 밖에 송·원·명 왕조들이 멸망할 때, 국가를 위해 기꺼이 목숨을 바친 신유학자나 대신들은 이루 헤아릴 수 없을 만큼 많았다. 이런 사실은 신유학의 가르침이 현실 속에서 사람들에게 영웅적 행동에 나서도록 고무시켰고, 자기 희생을 불사하는 용기를 그들에게 불어넣었다는 것을 너무도 분명하게 보여준다.

황종희 자신도 그런 영웅주의에 무관심했던 것은 아니다. 그의 부친 황존소와 스승인 유종주(劉宗周)는 모두 자기를 희생하는 도덕적 개인주의를 가장 높은 수준으로 실천한 사람들이었다. 황종희는 행동으로 유교의 이상을 실현한 아버지나 스승과 같은 영웅적 인물들을 자주 찬양했다. 실제로 황종희 자신의 생애 전반은 영웅적 행동주의로 점철되어 있다고 해도 과언이 아니다. 그러나 명 조정을 개혁하려는 시도가 좌절되고, 명이 멸망한 후 청조에 대항해 일으킨 의병활동도 대세를 바꾸지 못하고 실패로 끝나자, 그는 영웅적 행위가 과연 효과적인 것인지 깊은 회의를 하게 되었다. 그는 잔뜩 허세를 부리고 있을 뿐이라고 혹평한 태주학파나 "맨손으로 용과 뱀을 잡으려 한다"(赤手以搏龍蛇)고 비판했던 이지만을 염두에 둔 것이 아니라 도덕적 영웅을 자임하는 동림학파식의 영웅주의에 대해서도 회의적이었던 것이다.

그는 이전과 마찬가지로 영웅적 인물들과 그들의 행위를 찬양하고 존경했다. 하지만 그는 이전 사람들이 지녔던 도덕적 영웅 개인의 불굴의 의지나 힘으로 권력의 남용과 부패를 바로잡고, 모든 악을 극복하며 사람들 사이의 대립을 조정하고, 왕양명과 같은 인물이 열렬히 꿈꾸었던 위대한 조화와 통일을 실현할 수 있으리라는(왕양명은 실로 이 이상을 실현하기 위해 일생을 다 바쳐 분투한 사람이다), 신념과 기대를 더 이상 공유하지 않았다. 제도가 근본적으로 개혁되지 않으면, 아무리 탁월하고 유능한 사람이라도 혼자의 힘만으로는 아무 것도 이룰 수 없다고 생각했던 것이다.

법답지 아니한 법(非法之法), 곧 부당한 법은 천하의 모든 사람들의 손발을 꽉 묶어 버린다. 나라를 다스리는 능력이 뛰어난 사람이라 할지라도, 몰상식하고 어리석은 각종 제약과 터무니없는 의심과 같은 불리한 여건을 극복할 수는 없다. 결국 어떤 일에서든지 자신에게 주어진 역할과 영역 안에서 지극히 단편적이고 제한적인 성과에만 적당히 만족하고 말게 될 뿐이니, 훌륭한 공적과 성취를 이룰 수는 도저히 없는 것이다.(55)

다스리는 사람보다도 다스리는 법이 근본적으로 중요하다는 그의 견해는 실로 여러 가지 의미를 지닌다. 여기서 법(法)이란 우선 체제와 제도를 의미한다. 그런 의미에서, 개인적인 행동의 자유는 그가 속해 있는 체제나 제도, 곧 법의 엄격한 제한과 구속을 받게 된다고 황종희는 생각했다. 이에 따라 도덕적 영웅은 자기 의지를 마음껏 발휘할 여지를 별로 갖지 못하게 된다. 그리고 우리가 이미 보았듯이, 이것은 군주의 경우에도—영웅적인 군주든지 그저 그런 군주든지 간에—마찬가지이다. 군주라 할지라도 자기 자신의 왕조의 체제와 제도의 그물에 갇혀 버린 나머지, 성왕이 되려는 포부를 지니고 국정을 이끌어 나가기 곤란한 경우가 많은 것이다. 이렇듯 권력기구의 조직화와 운용에 주목한 인물이 다만 황종희 한 사람뿐이었던 것은 아니다. 16세기와 17세기의 다른 신유학자들 역시 그 점에 대해서 관심을 나타냈다. 그들 대부분은 『대학』과 진덕수의 가르침에 대해 크나큰 존경심을 품고 있었지만, 다른 한편으로는 원과 명 왕조 시대에 그런 가르침들이 현실 속에서 별다른 효력을 발휘하지 못하고 실패했다는 엄연한 역사적 사실에도 주목했다. 나는 바로 그런 인식이 구준(邱濬, 1420~1495)이 편찬한 『대학연의보』(大學衍義補)의 근저에 깔려 있으며, 나아가 16세기와 17세기의 전반적인 정치관이나 학술관에 두드러지게 반영되어 있다고 확신한다. 이 새로운 인식은 뒷날 경세치용(經世致用)이라는 말로 불리면서 그 실천적·현실적 성격이 강조되었다.(56) 이런 인식을 배경으로 등장한 새로운 학술 조류는, 사대부 계층이 주장해온 신유학적 개인주의가 보여주는 현실적 한계성을 비판하기에 이르렀고, 그런 개인주의로부터 당연히 도출되는 정치론(정치의 기초를 도덕적 수양에서 구하려는〔修身治人〕 사고방식)의 결함을 폭로하기에 이르렀다.(57) "사람을 다스리기 위해서는 먼저 법을 올바르게 시행해야—바꾸어 말하면 '먼저 제도와 체제를 바꾸어야'—한다"(有治法而後有治人)(58)는 황종희의 말은 이 점에서 정곡을 찌르는 촌철살인(寸鐵殺人)의 발언이라고 할 수 있다.

법의 두번째 의미는 법규와 판례의 총체이다. 황종희는 여기에 대해서도 자신의 의견을 개진하고 있다. 그는 권력자의 사적인 이익에 봉사하고 일반 민중들의 이익을 옹호하지 않는 법이 있다는 것을 지적했다.(59) 매우 급진적으로 개인의 자유를 주장하는 이지(李贄)에게서 발견할 수 있는 하나의 문제점은, 그가 자신이 주장하는 자유의 근거가 될 수 있는 법의 관념을 전혀 지니지 않았다는 점이다. 법률지상주의 국가의 절대적 전제주의와 불교적인 자유의지론 사이의 중간적 입장(개인 권리의 보장과 가장 밀접한 관련성을 지니는)은 전혀 고려의 대상이 아니었던 것이다.(60) 이지는 서슴없이 후자의 입장을 취했다. 이와 달리 황종희는 인간의 가치를 적극적으로 긍정하는 법의 관념을 제시했다. 그에 따르면 그런 법은 왕조의 법보다도 근본적인 것이며, 인류 전체의 이익을 공평하게 옹호하고 증진시키는 것을 목적으로 하고 있다. 이것은 우리가 오늘날 이야기하는 '인권'(人權) 옹호의 사고방식에 매우 근접해 있는 것이라고 할 수 있다.

황종희가 신유학의 자유주의적 사상을 진일보시킨 세번째 영역은 바로 교육이다. 『명이대방록』에서 그는 보편적인 학교 교육의 중요성을 매우 상세하게 기술했다. 황종희는 왕양명의 심학(心學)을 따르는 사람으로서 왕양명의 일반대중 교육론에 충실했고, 학교 교육에 대해서는 궁벽한 시골 구석구석까지 학교를 설립해 널리 교육의 보급을 도모해야 한다는 주희의 구체적인 교육론을 기꺼이 받아들였다. 원대의 허형·오징 등과 마찬가지로, 황종희 또한 분명히 주희의 『대학장구서』(大學章句序)와 『학교공거사의』(學校貢擧私議)에서 많은 것을 배웠던 것이다. 학교가 국가의 정무를 담당할 인재를 양성하는 기관이어야 한다는 속되고 해로운 견해를 통렬히 비난하면서 교육 그 자체의 가치를 주장했다는 점에서, 황종희는 결코 허형이나 오징에 못지 않았다.

그의 견해에 따르면, 학교는 개인의 능력 계발을 목적으로 하는 이외에, 보다 폭넓은 식견을 지닌 광범위한 공중(公衆)들이 자유롭게 토론하면서 정치과정에 참여할 수 있는 제도로서도 기능해야 한다는 것이다. 황종희는, 고대에는 학교가 모든 중요한 사회집단과 국가활동의 중심이었던 만큼, 공공의 문제들을 토의하고 군주의 자문(諮問)에 응하는 중요한 역할을 담당했다는 것을 보이려 했다. 결국 이상적으로는, 학교가 모든 사람들에게 보편적으로 교육을 실시하는 역할과 공중의 여론을 자유로이 표현하는 장으로서의 역할을 해야 하는 것이다. 이에 상응하여 군주

역시 두 가지 의무를 지닌다. 곧 모든 사람들의 이익을 위해 학교를 운영하고, 학교를 통해 사람들의 의견을 정치에 반영해야 한다. 고대에는 "군주 한 사람이 옳고 그름(是非)을 결정하지 않았으며, 옳고 그름의 판단을 학교에 맡겼다." 그러나 진(秦)이 일어난 이후부터, "옳고 그름은 전적으로 조정에서 결정되어 왔다. 황제가 좋아하는 것이라면 모두들 앞다투어 그것이 옳다고 말하기에 급급했고, 황제가 싫어하는 것이라면 모두들 그르다고 말하기에 급급했다."(61)

황종희의 견해에 따르면, 무엇이 옳고 그른지, 무엇이 선과 악인지를 군주가 결정한다는 사고방식이 확산됨으로써 학교는 가장 중요한 기능을 잃어버리고, 학교와 국가 사이에는 부자연스런 관계가 생겨났다. 그렇게 된 이후부터 학교는, 유능한 관료가 될 인재를 양성한다는 또 다른 기능조차도 제대로 수행할 수 없게 되었다. 부귀영화를 추구하여 맹목적으로 과거 합격만을 위해 광분하는 분위기 속에서, 교육의 참된 목표는 어느덧 실종되어 버리고 말았기 때문이다. 이에 따라 조금이라도 분별력을 가진 사람들은 참교육을 추구하기 위해 지방의 서원으로 속속 발길을 돌렸다. 송·명 시대에 서원은 명실상부하게 신유학사상의 교육과 연구의 근거지가 되었다. 그렇지만 서원의 독립성과 그곳에서 종종 논의되는 이단적(국가의 입장에서 볼 때) 견해들 때문에, 서원은 언제나 국가권력의 탄압을 받지 않을 수 없었다. 학교와 국가 행정의 부당한 분리는 그 양자 사이의 대립과 갈등을 야기시켜, 양자의 참된 이익을 해치는 결과를 낳았던 것이다.

명의 실정(失政)에 대한 책임의 일단이 서원에 있다는 비판에 대해 황종희는 서원의 강학활동을 옹호하는 입장을 취했지만, 그의 본래 의도는 사설(私設) 서원의 자주성·독립성을 주장하려는 것은 아니었다. 그보다 그는 서원을 광범위한 공공 교육과 민중교육제도의 참된 모델로 삼고자 했다.9) 그는 국가에 의해서 유지되면서도 모든 중앙집권적인 통제로부터 자유로운 보편적인 공공 교육체계의 구상을 전개했다. 수도와 각 지방의 도시들, 그리고 시골의 작은 촌락들에도 모두 학교를 세워야 하며, 모든 학교들은 위로부터의 감독과 통제를 받지 않고 각 학교 나름대로 자주적으로 관리되어야 하며, 군(郡)이나 현(縣)처럼 비교적 큰 행정단위에 설치된 학교의 경우에, 중앙 정부가 임명한 인물이 학관(學官, 校長)이 되어서는 안되고, 군이나 현 안의 여론에 따라서 명망 있는 유학자가 추대되어야 한다. 그러나 학관이 될 사람이 반드시 관직 경력을 가질 필요는 없다. 그들은 통상적인 교육업무 전반에서 완전한 재량권을 행사할 뿐만 아니라, 지방 교육감독관의 결정을 번복하고, 과거의 첫단계인 향시(鄕試)에 급제한 사람을 평소의 성적과 품행을 근거로 파면시킬 수도 있다. 또한 군현의 행정관들은 학관이 지방의 정치·행정에 대해 개진하는 의견을 매우 주의깊게 경청해야 한다. 마찬가지로, 대학(大學)의 좨주(祭酒)——수도에 설치된 국립대학의 총장이라고 할 수 있는——는 매월 초에 황제와 대신들을 학생으로 삼아 강의를 해야 한다. 이상이 황종희의 교육론에 나타난 구체적인 구상들이다.

황종희는 언론의 자유를 무제한적으로 용인하려 하지는 않았다. 그는 이단적인 가르침들에 대한 관용의 정신을 주장하지는 않았던 것이다. 예컨대 자신이 학교에 부여했던 다양한 특권과 면제 사항들을 종교에는 부여하지 않았다. 그러나 그는 말년에 이를수록 점점 더 다원적인 학문관으로 기우는 경향을 띤다. 국가가 공인하는 정통 사상을 강요하는 것에 대해 철저하게 반대하는 입장을 취했던 것이다.(62) 전체적으로 볼 때 황종희는 이지만큼 자유분방한 사상가는 아니었다.(불교와 도교 사상에 대한 관용의 측면에서도 황종희는 이지에 못 미친다.) 그러나 그는 이지가 깊이 고민하지 않았던 근본적인 문제를 거리낌없이 제기했다. 공공의 주요 사안들, 지적인 문제들에 대한 일반 백성들의 자유로운 논의, 그리고 그런 논의를 지속적으로 보장해 줄 수 있는 제도적인 바탕의 필요성을 역설했던 것이다.

자발성의 중시와 토론을 통한 교육은 신유학 초기부터 볼 수 있는 핵심적인 생각이었고, 17세기 후반의 황종희는 이것을 계승하여 최고로 발전시켰다. 그 정점에 이르러서야 비로소 주희와 왕양명의 이상은 그것을 실현할 수 있는 제도적 기반을 이론적으로 갖추게 되었으며, 그런 기반은 훗날 경세(經世) 사상가들에 의해서도 계속 중시되었다.

교육에 대한 황종희의 제언에는 주희의 자유주의적 경향을 반영하고 있는 또 하나의 측면이 있다. 나는 두번째 강의에서, 주희가 마음의 자유로운 수양의 한 측면 또는 방식으로서 '박학'(博學)을 강조했다는 것을 이야기했다. 황종희 역시 이용할 수 있는 유용한 증거들과 타인들의 견해에 자기 자신의 견해를 비추어 보아, 그 옳고 그름을 검증해야 할 필요성을 인정하고 있었다. 이 점은 주희가 제안했던 광범위한 교육 커리큘럼을 과거(科擧) 과목에 반영해야 한다는 그의 주장에서도 잘 알 수 있다.[10] 그는 과거 수험자들에게 경전과 그 주소(注疏)들에 관한 깊은 이해뿐만 아니라, 역사·문학·세상사 일반에 이르는 다양한 영역들에 대한 광범위한 식견을 갖도록 요구하고자 했던 것이다. 황종희는 역사에 대한 광범위한 지식을 강조하면서 특히, 전통적으로 중시되어 온 역사서들을 읽어야 할 뿐만 아니라 송이나 명, 그러니까 당시로서는 근현대사에 대해서도 해박한 식견을 길러야 한다고 주장했다. 이런 주장은 매우 혁신적인 것이었다.[63] 황종희는 자신의 주장에 걸맞게 경학, 지성사 그리고 제도사, 지리, 수학, 천문학, 문학 등 제반 학술 분야들에 두루 정통하고 있었다. 이런 사실은 황종희 자신이 주희의 박학이라는 이상을 체현하고 있었다는 것을 잘 말해 준다. 그는 실로 박학의 모범이었던 것이다. 17세기의 주요한 사상가들은 이처럼 박학의 중요성과 가치를 재평가하기에 이르렀다.

황종희의 사상은 다음과 같은 두 가지 점에서, 초기 신유학사상의 자유주의적 경향과 연결되는 한편 그가 활동하던 당시의 다른 학자들과 구별된다. 다시 말해서 그가 활동하던 당시의 사상계 일반으로부터 한 걸음 떨어진 곳에 그를 자리하게 하는 점들이다. 첫번째는, 그가 근현대사와 동시대의 여러 주요 사안들에 대해 지속적인 관심을 보였다는 사실이다. 이는 청대의 많은 학자들이 고전 연구에 몰두했던 것과는 확연한 대조를 이룬다. 이것은 또한, 도(道)가 사람들의 매일매일의 일상적인 요구들에 응하여, 언제나 현실적이고 구체적인 삶의 현장과 행동 속에서 추구되어야 한다는 황종희의 신념을 반영하고 있다.(64)

두번째—이것이야말로 동시대의 학문 경향과 가장 중요하고 두드러진 차이점이기도 하다—는 청대에 들어와 더 이상 학술계의 주요 관심사가 되지 못한 심학(心學)에, 황종희가 지대한 관심을 기울였다는 사실이다. 당시 대부분의 학자들은 송명대의 사상가들이 논했던 중요한 문제들을 공소(空疎)하고 진부하며 무의미하다고 여기고 거들떠보려 하지 않았다. 이런 분위기에도 불구하고, 황종희가 명대의 학술사(『명유학안』)과 송원대의 학술사(『송원학안』)를 편찬했던 것은 바로 그의 사상적 입장에서 비롯된 것이었다. 인간의 본성에 대한 철학적 사색을 무용한 것으로 보는 당시의 일반적인 풍조에서, 황종희는 깊이를 결여한 실용적 학문의 비속함이나 고전 연구의 위험성(고전 연구 자체가 학문의 목적이 될 수 있으므로)을 감지했다. 인간 본성의 모든 차원—주희와 왕양명이 인간 정신의 '대체'(大體)라고 일컬은 것—에 대한 이해를 결여한 실용성은 맹목적이고 단순한 실용주의로 흐르거나, 더욱 지엽말단적인 문제들만을 파고드는 현학적 고전 연구로 흐르기 십상이라고 보았던 것이다. 그는 도에 대한 인간의 이해와 그것의 체득이 제한되어 피상적이고 천박한 방향으로 흐르게 되면, 인간의 자기 인식과 이해가 점차 소멸되어 갈 것이라고 우려했다.

주희와 왕양명은 본체의 측면(體)과 작용의 측면(用)에 대한 다소의 견해 차이를 보이기는 했지만, 양자 사이의 관계를 불가분한 것으로 보았다는 점에서는 일치했다. 황종희 역시 여기에 동의하면서, 주희·왕양명으로부터 자신의 스승 유종주에게까지 이어져 내려온 자유 전통, 곧 학문은 자기 자신을 위한 배움이어야 하고 그러기 위해서는 무엇보다도 도를 자기 안에서 스스로 찾을 수 있어야 한다는 생각을 받아들였다.(65) 따라서 황종희가 만년(1693년, 康熙 32)에 쓴『명유학안』의「자서」(自序)에서 바로 그 문제로 돌아가, 신유학운동의 학문적 출발점이었다고 할 수 있는 도통(道統)이라는 주제에 주목했던 것은 매우 자연스러운 일이었다.

앞선 시대의 유학자들의 어록들은 매우 다양하고 각기 다르지만, 그것들 모두는 제 나름대로 마음의 본체를 표현하고 있다. 그것은 실로 잠시도 쉬지 않고 언제나 변화하고 있다. 그것을 고정적인 하나의 틀에 가두어 버리는 것은 헛되고 무용(無用)한 일이다. 따라서 우리는 먼저 자기 자신의 도덕적인 본성을 도야하고, 그 다음으로 강학을 계속해 나가야 한다는 결론에 이르지 않을 수 없다. 그런데 오늘날 강학을 하는 사람들은 도덕적인 본성을 도야하는 데는 도대체 주의를 기울이지 않는다. 이런 상황이다 보니, 세상 사람들이 마음의 본연의 상태를 다만 한 가지에 고정시켜 버리고, 그 밖의 다양한 가능성들이 있다는 것을 간과해 버리는 것도 별로 놀랄 만한 일이 아니다.(66)

황종희는 서문에서 밝힌 것과 같은 생각을 역시『명유학안』의「범례」(凡例)에서도 상세히 말하고 있다.

유학자들의 학문은 불교의 오가(五家)[11]가 남악(南嶽)이나, 청원(青

原)에서 그 개조(開祖)를 찾으려 하는 것[12]과는 다르다. 공자는 다른 어느 누구에게서 배우신 분이 아니다. 주돈이는 선인(先人)의 도움에 기대지 아니하고 의연히 스스로 일가를 이루셨다. 또한 육구연(陸九淵)의 학문이 다른 누군가에게서 배운 것이라는 말도 들어보지 못했다. ……학문에서는 사람들 각자가 자기 자신을 위해 자기 안에서 스스로 찾은 것들만이 진리인 것이다…….

호계수(胡季隨)[67]는 주희 밑에서 배웠는데, 주희는 그에게 『맹자』를 읽게 했다. 어느날 주희가 그에게 『맹자』, 「고자 상」(告子上) 편의 한 구절("유독 마음에 있어서만 사람마다 공통되는 것이 없겠는가?"〔至於心, 獨無所同然乎〕)에 대한 그의 의견을 물었다. 이에 대해 호계수는 그 문제에 대한 자신의 견해를 밝혔다. 대답을 들은 주희는 그의 견해가 틀리다고 생각하고, 그가 『맹자』를 깊은 반성적 사색 없이 부주의하게 읽었다고 말했다. 이 말을 들은 호계수는 그때부터 분발하여 너무도 열심히 사색하고 독서한 나머지 병이 들기까지 했다. 바로 그때에 가서야 주희는 호계수에게 그 문제에 대해서 자세히 설명해 주었다. 이 이야기에서 우리는, 옛날의 학자들이 자신들의 가르침을 일방적이고 단순하게 전달하려 하지 않았음을 알 수 있다. 그들은 제자들이 스스로의 힘으로 그것을 찾기(自得之)를 원했던 것이다.[68]

존 페어뱅크(John k. Fairbank)는 『명이대방록』에 나타난 황종희의 입장을 평하면서 황종희의 정치적 이상이 결국은 "유교 국가의 오래 된 틀 안에 머무르고 있다"고 했다.[69] 어떤 의미에서 이것은 올바른 견해라고 할 수 있다. 나 역시 다른 곳에서, 황종희의 사상이 전적으로 유교적이며 근대 서구의 민주주의의 특성을 결여하고 있다는 것을 지적함으로써, 결과적으로 페어뱅크와 유사한 견해를 내놓은 적이 있다.[70] 그러나 이것

하나만은 분명히 해두고 싶다. 황종희가 진보와 발전이 없는 정태적인 도의 관념에 사로잡혀 있었다든가, 신유학사상이 고루하고 진부한 옛 관념들의 끝없는 반복일 뿐이라든가 하는 식의 인식에 입각하여 "유교 국가의 오래 된 틀"이라는 말을 이해해서는 안된다는 것이다. 그가 선인들이 정해 놓은 방향을 충실히 따랐다면, 그것은 어디까지나 도에 대한 그의 창조적이고 개방적인 관점과 이해의 결과 위에서 그러했던 것이며, 또한 도를 구하고자 하는 사람이라면, 자기 스스로의 힘이나 사람들과의 토론을 통해 도에 대한 새로운 발견과 창조적 공헌을 할 수 있어야 한다는 신념 위에서 그러했던 것이다. 황종희는 우리가 여기에서 지금까지 살펴본 자유주의적 경향들, 그 중에서도 특히 도덕적 자기 성장과 혁신을 도모할 수 있는 인간의 잠재능력에 대한 다차원적이고 긍정적인 견해를 분명하게 밝혀 줌으로써, 이후 그와 관련된 논의의 차원을 진일보시켰다. 이는 실로 그의 위대한 업적이라고 하지 않을 수 없다.

5. 현대 중국과 자유주의의 한계[1)

1979년 봄, 내가 다시 베이징을 방문했던 첫날, 두 가지 일이 내 마음에 강렬한 인상을 남겼다. 비행기에서 내려 공항터미널로 향하면서 나는 공항터미널 입구에 공산 중국의 위대한 영웅의 초상, 곧 마오쩌둥과 화궈펑의 거대한 초상화가 걸려 있는 것을 보았다. 그 옆에는 공산주의의 위대한 개조(開祖)들인 마르크스·엥겔스·레닌 그리고 스탈린의 초상화가 걸려 있었다. 특히 소련군 원수 복장을 한 스탈린 초상화가 매우 인상적이었다. 현재의 베이징 공항에는 그 초상화들 중 대부분이 걸려 있지 않지만, 스탈린의 초상화는 그의 잔재가 사라진 지 오래인 지금도 여전히 걸려 있다. 실용주의 노선을 걷기 시작하면서도 오랫동안 의지해 온 권력 구조와 기구가 무너지지 않기를 바라는 중국 공산당의 바람을 상징적으로 나타내고 있다 하겠다.

내가 깊은 인상을 받았던 또 한 가지 일은, 같은 날 저녁에 우한(吳晗, 1909~1969)[1]이 극본을 쓴 유명한 사극 『해서파관』(海瑞罷官)[2]의 재상연 첫날 공연을 본 것이다. 그 연극에서 주인공 해서는 고위 관료의 부패와 타락을 준엄하게 꾸짖고, 죽음을 무릅쓰고 권력의 남용을 시정하려는 명나라의 고결한 관리로 묘사되고 있었다. 『해서파관』은 문화대혁명(文化大革命) 때 공연이 금지된 이래, 그 날 처음으로 재상연되고 있었다. 그 날의 재상연은 사인방(四人幫)의 죄상을 폭로하고 그들한테서 박해받은 사람들의 명예를 회복하는 일의 첫걸음을 내딛는다는 의미를 갖고 있었다. 이처럼 불과 하루 사이에 우리는 해서와 스탈린이라는 현대 중국의 완전히 대조적인 두 개의 상징이 표현하는 의미를 직접 체험하게 되었던 것이다.

1961년에 처음 상연되었을 때 『해서파관』은 마오쩌둥을 우회적으로 비판하는 한편, 대약진운동(大躍進運動) 시기에 마오쩌둥의 정책을 비판한 결과, 박해를 당하여 죽은 펑더화이(彭德懷)를 은근히 옹호하고 있는

우한

것으로 해석되었다. 집필자인 우한[2]에게 이런 특별한 의도가 있었는지 여부와 관계없이, 중국이 공산화되기 이전부터 명대사(明代史)를 연구하는 유능한 역사가였던 그는 숭고한 희생정신을 발휘하여 인민에게 봉사한 역사상의 인물들에 대해 강한 애착을 갖고 있었다. 우한은 그런 인물들 중에서 부정을 과감히 규탄하는 단호한 의지·지성·용기를 갖춘 인물로 해서를 선택한 것이다.

우한은 해서의 성격과 그의 관료로서의 경력 가운데 특히 다음과 같은 점들을 강조했다. 외부로부터의 압력이나 영향에 흔들리지 않는 강직한 독립성과 주체성, 관료주의의 위선과 기만을 꿰뚫어 보는 날카로운 통찰력, 뇌물수수나 정치적 부패에 대한 불관용, 권력 남용으로 부당하게 부를 축적한 관료에 대한 규탄, 예절 준수를 빙자하여 악행을 일삼는 관리들의 기만성 폭로, 공평한 토지소유와 과세를 실현하기 위한 제도개혁 노력, 그리고 무엇보다도 해서 자신의 인간적인 성실성과 헌신적 자세, 그리고 권력 남용을 단호히 거부하는 청렴성. 우한은 이런 점들을 극중에서 표현했다.

그런데 해서의 생애와 사상 가운데서 우한이 강조하지 않은 한 가지가 있는데, 바로 해서의 유학사상이다.(사실 우리는 신유학사상의 가장 성숙된 형태를 해서에게서 발견할 수 있다.) 마오쩌둥이 한창 비공운동(批孔運動, 儒敎批判運動)을 전개해 나가며 사상 통제의 고삐를 늦추지 않고 있던 당시에 우한이 그런 주제를 극본에 반영한다는 것은, 곧바로 오해의 위험을 무릅써야 하는 일이었다. 우한은 자신이 계급투쟁의 필요성을 강조하기

해서

보다는 인도주의적인 개량주의를 찬양하는 것으로 비쳐져, 정치적 공격에 노출될 수 있다는 사실을 잘 알고 있었다. 우한이 극중에서 묘사하고 찬양한 개량주의는 계급투쟁의 현실을 무시한 채 기존의 질서와 구체제를 옹호하고, 혁명적 투쟁을 통한 명 왕조의 피할 수 없는 전복을 지연시켰다는 비판을 받을 소지가 충분히 있는 것이었다. 그리고 당시로서는 신유학의 개량주의가 집단이나 계급보다는 개인의 역할을 높게 평가하는 경향이 있다는 비판 또한 얼마든지 받을 수 있는 상황이었다. 이것을 충분히 예상했던 우한은 해서의 '진보적' 입장을 특별히 강조했다. 인민대중과 자신을 동일시하고 그들의 처지에 공감하는 태도, 관료사회에 대한 적대적 감정, 당시의 사회·경제 체제를 근본적으로 변혁시켜야 할 필요성을 통감하는 것 등이 그런 예이다.

우한 나름의 이런 고려에도 불구하고, 『해서파관』을 둘러싸고 1964년 5월에 시작된 논쟁[3]의 첫단계에서부터 해서의 개량주의가 지니는 신유학적 배경은 감춰질 수 없었다. 실제로 그 논쟁은 문화대혁명의 주요 특징들 가운데 하나인 비공운동(批孔運動)의 도화선에 불을 붙이는 결과를 낳았다. 문화혁명기에 유교적 개량주의는 부르주아적 수정주의와 이념적으로 매우 가깝다는 비판을 받았고, 마오쩌둥은 수정주의가 서구의 자유주의에 기원을 두고 있다고 보았다. 마오쩌둥은 자신이 쓴 「반자유주의」(反自由主義)라는 논문에서 이념투쟁과 직접적인 행동을 방해하는 요소들이라고 비판한 관용·온건·타협 등의 덕목을 유교에서도 발견했던 것이다.[3] 더구나 우한은 미국에서 교육을 받은 철학자이며 자유주의의 옹호자로 널리 알려진 후스(胡適) 박사와 학문적 친교가 있었다.

하지만 마오쩌둥이 자유주의와 유교 사이의 어떤 공통점을 제대로 보았다고 말하기는 힘들다. 마오쩌둥이 그 두 사상을 한 통속이라고 지목한 까닭은 그것들이 모두 하루빨리 청산해야 할 과거에 속해 있다고 판단했기 때문이다. 그는 두 사상이 공유하고 있는 진정한 가치가 무엇인지를 알지는 못했던 것이다. 마오쩌둥의 이런 입장은 사실 서구인, 특히 그에게 많은 영향을 끼친 마르크스와 스탈린의 중국 인식으로부터 절대적인 영향을 받은 것이라고 할 수 있다. 그 인식이란 전통적인 중국이 절망적인 침체상태에 놓여 있었으며 재생(再生)과 근본적인 변혁을 이루기 위한 독자적인 역량을 지니지 못하고 있었다고 보는 것이다.

19세기 서구에서는 중국이 자기 혁신의 능력을 지니지 못하고 있다는 인식이 널리 확산되어 있었다. 하지만 17~18세기의 유럽에서는 보다 낙관적인 중국관(中國觀)이 일반적이었다. 제수이트(Jesuit, 정식 이름은 'The Society of Jesus'〔예수회〕) 선교사들이 전하는, 당시로서는 최신 중국 관련 정보들이 대체로 호의적이었기 때문이다.[4] 또한 18세기 유럽의 계몽주의자들이 자신들 특유의 합리주의적인 철학사상에 입각하여, 중국을 철인왕(哲人王)이 이성(理性)에 따라서 도덕적으로 다스리는 국가라고 이상화시켰기 때문이기도 하다.[5] 그러나 19세기에 이르러 서구 여러 나라들의 동양을 향한 극성스런 세력 확대가 포화상태에 달했고, 계몽적인 정치가 행해지고 있는 문명화된 중국에 대한 예전의 선망(羨望)도 서서히 사라지게 되었다. 19세기의 서구에서 인류의 진보라는 관념이 발전해 나간 것과는 완전히 대조적으로, 중국은 변화와 혁신, 개량에 완강히 저항하고 있다고 보았던 것이다. 헤겔과 마르크스는 아시아 사회의 정체성과 후진성을 논하는 비관론을 펼쳤고, 영국의 자유주의 경제학자들은 중국과 인도가 서구가 이룩한 물질적인 진보에 미치지 못하고 있으며, 자신들과의 자유로운 무역과 교류를 거절했다는 사실에 실망감을 감추지 못했다. 강력한 관료제도를 특징으로 하는 동양적 전제정치가 경제발전을 저해하고, 아시아의 대부분을 차지하는 농업문명을 끝없는 정체상태에 빠뜨렸다고 하는 마르크스의 인식 역시 사실 제임스 밀(James Mill)과 존 스튜어트 밀(John Stuart Mill) 부자(父子)한테서 적잖은 영향을 받았다고 할 수 있다. 그 결과 유교도 본질적으로는 반동사상에 불과하며, 인민에 대한 철저한 수탈에 기반을 두고 있는 왕조 국가가 인민들의 사상을 통제하기 위해 이용하는 도구일 뿐이라는 견해가 서서히 확립되어 갔던 것이다. 이런 견해를 따르는 한 중국은 현대 세계의 조류와 보조를 맞추기 위한 자발적인 자기 혁신이나 내적 발전을 전혀 기대할 수 없는 나라였다. 청(淸)이라는 구체제의 붕괴를 경험한 마오쩌둥은 그의 세대가 일반적으로 그랬듯이 서구에서 들어온 혁명사상의 영향을 받아, 유교의 반동성을 폭로하고 폭력혁명을 실천하는 것이 중국을 오랜 억압과 정체상태에서 구하는 길이라고 확신했다. 전면적인 청산과 파괴가 아닌, 부분적이고 단순한 개량만으로는 이런 과업을 수행할 수 없다고 본 것이다. 사실 이 당시 서구의 많은 학자들이 마오쩌둥과 비슷한 견해를 갖고 있었다.

개량주의에 대한 적의와 혁명에 대한 희망이 만연했던 전반적인 상황 속에서, 우한의 작품이 지니는 독자적인 가치는 사람들에게 비교적 쉽게 각인될 수 있었다. 마오쩌둥의 혁명에 대해 사람들이 걸었던 큰 기대와는 달리, 혁명정부가 시행한 정책들은 실패를 거듭했다. 하지만 정책의 오류를 비판하는 것은 허용되지 않았다. 권력자의 전제(專制)에 대해 날카로운 비판을 가하는 해서의 사례는, 혁명으로 이른바 '해방'이 이루어진 뒤에도 여전히 억압적이고 전제적으로 인민을 다스리는 당시 중국의 정치적 환경에서 매우 큰 공감을 불러일으킬 가능성이 있었다. 물론 우한은 혁명으로 수립된 새로운 질서 안에서 중국의 전통적인 전제적 요소들만을 일면적으로 바라보는 사람은 아니었다. 서구에서는 칼 비트포겔(K. A. Wittfogel)을 비롯한 일단의 학자들이 전제성(專制性)이라는 성격에 특별히 주목하면서 중국 사회를 분석했다. 최근에는, 마오쩌둥이 이끄는 중국은 '새로운 형태의, 고도로 발달된 관리전제지배(管理專制支配)'(4) 국가이며, 개인이나 집단의 의사표현과 행동의 자유를 이전보다 훨씬 더 강도 높게 제한하는 특징을 띤다고 분석한 마빈 해리스(Marvin Harris) 같은 학자도 있다. 마오쩌둥 사후에도 중국에는 과거부터 이어져 내려오는 억압적인 정책들이 여전히 상존하고 있다는 것은 주지의 사실이다. 이런 상황을 어떤 말로 부르든지 간에—전제주의적(專制主義的)·전체주의적(全體主義的) 또는 스탈린과 마오쩌둥식의 용어로 봉건주의적(封建主義的)—현 중국의 일당독재와 경직된 관료제도는 옛 왕조체제가 안고 있던 문제점들을 거의 그대로 드러내고 있다. 물론 한 가족이 세습적으로 나라를 지배하는 구태의연한 체제는 1911년의 신해혁명(辛亥革命)을 기점으로 중국에서 사라졌다. 그럼에도 불구하고 오늘날의 중국인들이 중국의 현체제가 여전히 봉건적이라고 느끼는 것은, 이 체제가 왕조지배체제와 상당히 유사한 성격을 지니고 있기 때문이라고 할 수 있다.

마오쩌둥 사망 이후, 새로운 체제의 중국에서는 탈군사주의화(脫軍事主義化) 정책과 인민을 덜 억압적으로 다스리는 온건한 정책노선이 조심스럽게 시도되고 있기는 하다. 그러나 체제비판적인 입장을 가진 사람이나 국가의 공식 노선에 반대하는 사람들에 대한 탄압과 같은 징후들을 찾아볼 수 있다. 이른바 반체제분자를 공공연히 노골적으로 비판하고 공개재판에 회부해 버린다는 소식이 간간이 중국 바깥으로 전해지고 있는 것이다. 우리는 그런 예를 이른바 사인방에 대한 재판에서 볼 수 있다. 그 재판에서 그들의 죄상이 철저하게 폭로되었고, 최근까지 은폐되어 온 공산주의 지배체제의 많은 결함들이 백일하에 드러나게 되었다. 그러나 그런 죄와 결함들이 발생할 수 있는 여건을 제공해 준 체제와 제도 자체에 대한 비판은 여전히 엄격하게 금지되어 있다.

이런 중국의 상황을 고려해 본다면, 우리는 미국의 극작가 아서 밀러(Arthur Miller)가 품은 불만에 크게 공감할 수 있을 것이다. 그는 최근의 저서 『중국과의 만남』(*Chinese Encounters*)(5)에서, 사인방의 전횡에 대해 중국 인민들이 항의의 목소리를 내지 못하고 그저 수동적으로 따라가는 태도를 보인 것에 자못 깊은 불만을 표시하고 있다. 그는 위정자의 횡포에 대항하는 서구의 시민저항과 혁명전통에 입각해서 중국인들의 태도를 바라보았던 것이다. 밀러의 반응은 중국 문제를 공부하고 연구하는 사람들에게는, 현실을 묵묵히 받아들이기만 하는 소극적 숙명론에 빠져 있는 듯하다는 인상을 중국인들한테서 받았던 19세기 서구인들의 중국관을 상기시킨다. 우리는 바로 여기에서, 외국인이 중국을 이해하려고 할 때 틀림없이 만나게 되는 곤란한 문제와 우리 자신이 직면하고 있다는 사실을 알게 된다. 서구와 매우 다른 이질적인 문화 전통에 속한 중국의 최근 현실을 서구 전통에 기반을 둔 시각으로 인식하고 평가하려는 한, 우리는 언제나 중국에 대해 당혹스러운 눈길을 보낼 수밖에 없다. 『뉴욕 타임스』(*New York Times*)지에서 밀러의 그 책을 평한 사람은 밀러가 느낀 당혹감에 대해서 이렇게 언급하고 있다.

결국 밀러의 의문에 대한 대답은 중국과 서구 사회라는, 두 개의 다른 세계가 지닌 본질적인 차이점으로 귀결된다. 그러나 밀러는 그것을 설명해 내지 못했다. 밀러의 저서가 지닌 결함(밀러가 전문적인 중국 연구자가 아니라는 사실에 비추어 볼 때, 어쩌면 당연한 결함이라고 할 수 있을 것이다)은 지난 반 세기 동안 '새로운 중국'(新中國)을 창조하기 위한 중국인 자신들의 노력에서, 중국 고유의 역사와 문호, 그리고 서구의 가치들이 마오주의와 어우러지며 매우 독특한 합류(合流)점을 형성해 왔다는 것을 예민하게 감지하지 못하고 있다는 점이다.

우리가 보다 많은 것, 예컨대 중국 역사에서 개인주의의 역할이라든가 중국 문화전통에서 지식인들이 차지하는 의의나 위상 같은 문제에 대해서 보다 정확히 안다면, 밀러나 우리 모두는 중국과의 만남에서 당혹감을 훨씬 덜 느낄 수 있을 것이다.[6]

앞선 강의들에서 나는 '개인주의의 역사적 역할' 그리고 '중국 전통문화에서 지식인의 위상과 의의' 같은 주제들을 다소 불충분하나마 다루어 본 셈이다. 이 주제들을 중국의 현 상황과 연관지어 보기 전에, 해서의 사례를 더 상세하게 고찰해 볼 필요가 있다. 우한 자신이 해서의 사례가 현재 중국의 상황에 꼭 들어맞는다고 보았기 때문이다.

우한은 『해서파관』에서 증오의 대상이 될 각오를 하고서, 정부 상층 관료들의 부패와 타락을 규탄하는 청렴강직한 관리로서의 해서에 초점을 맞추고 있다. 중국의 전통사회에서는 군주와 신하들의 잘못을 간(諫)하는 간관(諫官)이라는 제도[6]가 확립되어 있었다. 간관은 국법을 엄정하게 관철시켜 국가 전체의 이익을 도모하려 했다. 그런데 군주의 개인적인 이익은 국가 전체의 이익과 배치되는 경우가 적지 않았다. 결국 간관은 국법을 어지럽히지 않도록 군주의 전횡을 견제하고 공익을 보호해야 했다. 하지만 역사적 사실을 살펴보면, 해서가 행한 정치적 비판은 그런 간관의 임무를 넘어설 정도로 심각했다. 황제에 대한 상주문(上奏文)에서 해서는 황제를 직접적으로 비판하고 있다. 태만과 방종 가렴주구(苛斂誅求)와 곡학아세(曲學阿世)를 일삼는 무리들에 대한 편애, 충성스런 신하들을 경원시하는 태도, 자신의 아들들을 무시하고 멀리함, 국정의 소홀, 충언에 귀기울이지 않음, 부패한 관리들의 타락과 범죄를 눈감아 주고 오히려 그것에 말려듦. 해서는 이러한 황제의 잘못들을 열거하면서 과감하고 솔직하게 비판한 것이다.

그것은 실로 길고도 가차없는 공격이었다. 상주문의 끝부분에서 해서는 죽음을 무릅쓰면서까지 그토록 치열하고 과감하게 정치적 부패와 타락을 규탄할 수밖에 없는 자신의 의분을 토로하고 있다. 『명사』(明史)의 기록에 의하면,[7] 명의 세종(世宗)은 해서의 상주문을 읽고 격분한 나머지 해서를 자택에 감금한 뒤 "도망치지 못하게 하라"는 명령을 내렸다고 한다. 그런데 황제가 그 명령을 내릴 때 곁에 있던 환관 한 사람이 이렇게 말했다고 한다. "해서는 상주문을 준비하고 있을 때부터 이미 그 상주문에 나타날 황제 폐하에 대한 무례함이 죽어 마땅한 것임을 충분히 알고 있었습니다. 그는 이미 자신의 가족들과 마지막 인사를 나누었고, 자신의 관(棺)마저 손수 준비해 놓았습니다. 지금 그는 자신에게 내려질 벌을 기다리며 조정에 대기하고 있습니다. 그의 종들마저도 이미 모두 달아나고 없으니, 그는 지금 완전히 혼자입니다. 이런 정황들로 보아 해서는 절대 도망치지는 않을 것입니다."

이 말을 들은 황제는 격노한 기운을 잠시 가라앉혔다. 그리고 제법 긴 시간 동안 침묵했다. 눈에 띄게 격분한 황제였지만 해서에게 어떤 처벌을 내릴 것인지 섣불리 결정하지는 못했던 것이다. 황제로서는 해서를 처벌하기 위한 어떤 묘안이 필요했다고도 볼 수 있다. 사실 황제도 자신과 조정에 대한 해서의 지탄과 비난이 타당하다는 것을 잘 알고 있었다. 그렇지만 자신의 잘못을 날카롭게 지적하고 비판하는 사람을 용납할 마음은 없었다. 결국 황제는 해서를 투옥시켜 버렸다. 옥중에서 해서는 자신의 상주문이 전적으로 황제를 겨냥한 모종의 음모였다는 것을 자백하도록 강요받았고, 거의 죽을 지경이 되도록 모진 고문을 받았다. 이를 보다 못한 조정관리 한 사람이 감히 황제에게 해서를 관대하게 처분해 줄 것을 요청했다. 그러나 그는 100대의 곤장을 맞고 투옥되었다. 황제는 그에게 밤낮으로 모진 고문을 가하여 해서가 주도한 음모에 가담했다는 자백을 받아 냈다. 그러나 황제는 해서의 사형집행을 허락하기 전에 병들어 죽고 말았다. 세종의 뒤를 이어 황제가 된 목종(穆宗)대에 들어와서 해서와 해서를 변호한 신하는 석방되었다. 그 후 해서는 청렴고결한 관리로서 여생을 보낸 뒤, 청빈한 삶을 마쳤다. 이 일화는 명대의 전제주의와 그에 대항했던 신유학자의 영웅적 용기와 행적의 축도(縮圖)라고 할 수 있다.

우한은 이와 같은 사실들을 잘 알고 있었으나 자신의 희곡에 그 내용을 싣지는 않았다. 그런 내용은 공산당 지배권력의 분노를 사게 될 것이 분명했기 때문이다. 이것을 제외시킨다 해도 그의 희곡은 여전히 많은 위험을 감수해야 하는 것이었다. 『해서파관』을 집필하기 시작하면서부터 이미 우한은 자신의 관을 준비하고 죽을 각오를 했다. 결국 문화대혁명의 광풍 속에서 우한은 홍위병의 비판과 공격을 받고 옥사했다. 내가 아는 한, 그의 죽음을 둘러싼 진상은 아직도 명백하게 밝혀지지 않고 있다.

중국사 연구자들 사이에서 명대는, 역대 전저 왕조들 중에서도 체제를 비판하는 언행을 가장 엄격하게 통제했던 왕조르 인식되고 있다. 이것은 조정에 대해 비판적인 언사를 서슴지 않는 이들을 좌천시키거나 매질을 하고, 투옥시켜 옥사하게 만들거나 고문을 가하고, 재판 없이 즉각 사형시켜 버렸던 많은 사례들에 기초하고 있다. 관리의 옷을 벗긴 뒤 조정의 여러 사람들이 보는 앞에서 매질을 하는 것도 명대에 와서 생겨난 형벌이었다. 해서 이전의 방효유(方孝孺)[8]는 성조(成祖) 영락제(永樂帝)의 황위 찬탈을 맹렬히 규탄하다가 그 자신은 물론, 그의 10촌 이내의 친족들까지 모두 주살(誅殺)되었다. 명대에는 궁정의 환관들과 그들이 지휘하는 일종의 비밀경찰들이[7] 체제 비판자를 색출해서 탄압하고 체포하는 일을 수행하면서 전횡을 일삼았다. 그들이 일반 백성들에게 끼친 해악은 이루 말로 다할 수 없을 정도였다.

그렇다면 명대는 정치적 탄압과 억압이 팽배해 있었던 절망적인 시대에 불과했을까? 그렇지는 않다. 다른 한편으로 보면, 이 탄압의 사례들에서 우리는 자신의 생명을 걸고 권력의 남용과 전횡에 저항한 사람들을 만날 수 있기 때문이다. 물론 이런 저항의 대부분은 일종의 예외적인 경우로서 산발적이고 고립된 영웅주의적 행동이었다. 하지만 그런 행동을 중국 역사에서 전례를 찾아볼 수 없는 독특한 사례일 뿐이라고 말할 수는 없다. 사실 우리는 절대권력의 전횡에 맞서 과감히 이의를 제기하는 전통이 중국 사회에 확립되어 있었다는 것을 충분히 예증해 주는 다양한 사례들을 알고 있다.

그렇게 이의를 제기하는 행동들은 비록 조직화된 정치운동이나 반체제 운동의 성격을 띤 것은 아니었다 할지라도, 권력에 불복종하는 돌발적이고 특징적인 사건들로서 분명하게 그 나름의 확고한 전통을 이루고 있었다. 현재 유교 전통을 수호하려는 이들과 중국사상 연구자들에 의하여 해서와 방효유는 신유학의 정통 사상의 흐름 속에 분명하게 자리잡고 있다. 그들은 실로 '방정'(方正, 淸廉)한 선비였고, 전제주의에 저항하는 신유학의 중요한 전통을 고수한 인물들이었다. 방효유나 해서의 생애와 사상이 정통 신유학의 문헌들에 기록되어 있다는 것은 자못 의미심장한 일이다.[9] 그들은 엘리트 계층의 문화적 전통 안에서만 숭앙된 것이 아니라 민간문학(民間文學)의 제재(題材)로 채택되어[8] 일반 민중들의 기억 속에서도 살아 있는 전설로 각인되어 있다.

앞서 인용한 상주문에서 해서는 황제가 무분별하고 부당한 언행을 보일 때 스승의 입장에서 따끔한 충고를 아끼지 않은 선배 신유학자들의 전통을 존중한다는 것을 강조한다. 『명사』(明史)의 기록에 따르면, 명의 세종은 해서를 은(殷)나라 주(紂) 임금의 무도함을 간(諫)하다가 죽임을 당한 충신에 비유했다고 한다. 그러면서도 황제는 정작 자기 자신이 폭군 주(紂)에 비유되는 것은 바라지 않았다. 세종이 격노했는데도 해서가 죽음을 면할 수 있었던 것은 아마도 그런 사정에서 연유한 것이 아닐까. 세종은 역사를 기록하는 임무를 맡은 사관들에게 자신이 주(紂)와 같은 폭군이라는 인상을 주기는 싫었던 것이다.

세종 황제가 자신이 주(紂)에 비유된다는 것의 의미를 이해할 수 있었던 것은 그가 받은 유교적 교육 때문이다. 황태자는 장래에 통치자가 되기 위해 갖추어야 할 소양을 기르기 위해 인문적 고전교육(古典敎育)을 철저하게 받아야 했으며, 황제가 된 다음에도 그런 교육은 계속되었다. 조정(朝廷)에서 이루어지는 유교 경전에 대한 신하들의 강의와 토론을 경청하고 그것에 참여해야 했던 것이다. 신하가 황제를 비판하는 일이 금지되어서는 안되며 오히려 장려되어야 한다는 원칙이 우리가 첫번째 강의에서 살펴본 경연이라는 제도를 통해 확립되었다. 경연은 결국 유교적 교양을 철저히 익힌 신하가 황제를 교육시키는 제도였다. 절대권력에 대한 자유로운 비판을 보장하고자 하는 취지의 제도가 황제의 권력이 역사상 유래를 찾아보기 힘들 정도로 강화되었던 송·명 시대에 확립되었다는 사실은 자못 기이하다고 생각할 수 있을지도 모르겠다. 그러나 사실을 알고 나면 그렇게 기이한 일은 결코 아니다. 그런 제도가 조정에서 유효하게 기능해야만 할 필요성을 집요하게 주장한 신유학자들의 부단한 노력이 있었던 것이다. 실로 그런 제도에 잘 나타나 있는 개혁주의 사상과 송·원대에 신유학이 발흥한 것은 불가분의 관계에 있다.

그와 같은 제도는 그것을 보조하는 여타 제도의 뒷받침이 없었다면 효과적으로 기능하지 못했을 것이다. 황제의 전제적인 지배를 억제하는 데 공헌한 또 하나의 중요한 제도가 바로 사관(史官) 제도였다. 조정에서 이루어지는 대소사를 공명정대하게 기록하여 후세에까지 전하는 것이 사관들의 임무였다.9) 우리가 오늘날 해서의 상주문 원문 전체나, 그에 대한 황제의 반응을 상세하게 볼 수 있을 뿐만 아니라 해서 사건과 관련된 제반 사실들을 고찰할 수 있는 것은 사관들이 남겨놓은 기록 덕분이다. 더 정확히 말하자면, 그런 기록을 남긴 사람들 덕분이다. 결국 우리는 공식적 역사기록들이 황제의 전횡을 견제하는 기능을 발휘할 수 있게 만든, 공명정대하고 외압에 굴하지 않는 사관들의 전통에 빚지고 있는 셈이다.

물론 이런 의문을 제기할 수도 있을 것이다. 어쨌거나 황제가 결정적인 권력을 장악하고 있는 마당에, 그런 제도들이 과연 어느 정도까지 유효하게 황제의 전제를 견제할 수 있었을까? 분명히 일리있는 의문이다. 그러나 전통적 왕조 국가에서나 현대의 독재 국가에서나 절대적인 권력의 행사가 결코 무제한적일 수만은 없다는 사실을 알아야 한다. 절대적인 권력이라는 것도, 결국 그것을 구체적으로 행사하는 것이 인간인 이상, 반드시 인간적 요인들에 의해서 그 절대성이 어느 정도 완화되게 마련이다. 물론 역으로 그런 인간적 요인 또한, 그것이 작용하는 전체주의적인 조직의 환경에 의해서 그 인간성이 희석되어 버리기도 한다. 따라서 여기에서 정말로 되물어야 할 질문은, 명대에는 해서를 옹호해 주었던 제도가 확립되어 있었는데, 과연 공산주의 중국에도 우한의 간접적인 비판(해서보다 덜 직접적인)을 옹호해 줄 만한 그와 유사한 제도가 있는지, 만일 있다면 실제로 그런 기능을 과연 했는가라는 것이다. 우리는 이 질문에 대한 답을 알지 못한다. 답을 아는 데 필요한 기록이 없기 때문이다. 어쩌면 영원히 답을 알 수 없을지도 모른다. 권력의 외압에 굴하지 않는 독립된 사관이 없었고, 그런 사관의 필요성을 말뿐으로나마 주장하는 경우도 없었기 때문이다.

프랑스 파리(Paris)의 매스커뮤니케이션 연구센터(Ecole Pratique

des Hautes Etudes)의 소장 찰스 베틀하임(Charles Bettelheim)은 1977년에 프랑스·중국 우호협회의 회장직을 사임하면서, 새로이 정권을 장악하고 사인방을 몰아낸 중국의 정부 당국자들이 그런 축출조치와 관련한 이데올로기적 문제에 대하여 설득력 있는 설명을 일언반구도 제시하지 않았으며, 그들 마오주의자들이 저지른 죄상에 대한 어떤 공식적인 견해나 공정한 설명을 공표하지도 않았다는 데 강한 불만을 토로했다.[10] 그는 그런 설명과 공표가 없는 한, 반(反)사인방 정치투쟁은 원칙을 결한 수정주의자들에 의해 저질러진, 쿠데타를 정당화하기 위한 수정주의자들 자신의 책략일 뿐이라고 비판했다. 우리가 입수해서 이용할 수 있는 문헌자료와 각종 정보들에 비추어 보면, 그의 견해를 반박하기는 힘들다. 그렇다면 수정주의자들에 의해 숙정당한 급진적 마오주의자들은 정치적 책략의 일방적인 피해자들이란 말인가? 그렇지는 않은 것 같다. 공정한 공개 토론과 재판을 거치지 않고 펑더화이, 류사오치(劉少奇) 등의 정적들을 숙정해 버린 급진파들에 대해서도 그와 똑같은 비판을 할 수 있기 때문이다. 사실 마오쩌둥을 열성적으로 추종하는 급진파들이 자신의 정적들을 다루는 방식은 더 가혹하면 가혹했지 결코 공정하거나 관용적이었다고 볼 수는 없다.

충분히 길거나 상세하다고 볼 수 없는 지금까지의 논의에서 나는, 절대권력의 중추지대에서 절대권력으로부터 자유로운 논의와 비판을 보호해 주는 기능을 했던 제도로서 단지 두 가지만을 집중적으로 거론했다. 바로 경연에서의 자유로운 토론과, 궁정 사관(史官)들의 공정한 역사기록과 그 보존이라는 두 가지 전통이 그것이다. 다소나마 시간적 여유가 좀더 있다면, 나는 관리의 권력 남용과 각종 불법행위를 조사하여 조정에 보고하는 감찰제도[10]에까지 분석의 범위를 넓힐 수 있었을 것이다. 해서는 바로 감찰기관인 도찰원(都察院)의 관리였다.[11] 이와 관련하여 독립적이고 자유로우며 비판적인 사상의 전통을 의연히 지켜 나가고 있던 지방의 서원도 빼놓을 수 없다. 11세기의 송대에서 시작되어 송·원·명 시대를 통해 각지로 확산되어 갔던 서원의 발전은 신유학의 성장과 궤를 같이하고 있었다. 신유학사상이 정부로부터 이단적인 가르침으로 지목되어 금지당했을 때도, 바로 지방의 서원들을 통해 신유학사상은 널리 확산될 수 있었던 것이다. 또한 지방 각지의 서원에는 역사·철학·문학 등 여러 분야의 문헌들이 보존되어 있어서 일종의 도서관 역할을 했으며, 이에 따라 국가권력의 직접적인 통제와 간섭을 받지 않는 자유로운 학문 연구와 교육을 행할 수 있었다.

그런데 국가권력으로부터 거리를 유지하려는 이런 반체제적인 태도가, 그런 태도를 취하는 사람들이 속한 계급적 특성에서 비롯되는 적잖은 한계나 결함을 지닌다는 비판이 있을 수 있다. 곧 신유학자들과 서원의 활동이 비교적 소수의 엘리트 집단(士大夫)의 이익과 관심을 반영하고 있다는 주장이다. 그 밖에도 그들의 영웅주의가 서구의 중산 계급의 개인주의와 유사하며, 결국 인민 전체의 이익을 위할 수는 없다는 견해도 있을 수 있다. 회의적인 관점을 지닌 사람의 눈으로 보면, 개인적 영웅주의에서 비롯되는 비범한 행위들도 자기 한 몸의 희생 이상의 의의를 지닐 수는 없다고 할 수 있기 때문이다.

물론 그런 비판을 전혀 사실무근의 주장이라고 할 수는 없다. 실제로, 좀더 후대에 가면 신유학의 도덕적 이상주의에 대한 반발이 나타나는 것을 볼 수 있다. 해서와 동시대의 학자들 중에서도, 자기를 전적으로 희생하면서 의무(義)와 원칙(理)을 지킬 것을 모두에게 요구하는 신유학의 가르침이 지나치게 극단적이며 비현실적이라고 보는 사람들이 있었다. 이런 인식으로부터 서서히 더 현실적인 경향을 지닌 신유학의 새로운 조류가 형성되기 시작했다. 근본적인 제도 개혁이 없는 상황에서는 개인의 힘과 영향력이 지극히 제한적일 수밖에 없다는 것을 분명히 인식했던 것이다. 이 강의에서 나는 황종희를 그런 새로운 조류의 전형으로 제시했다. 결국 신유학자들은 해서의 경우에서 볼 수 있는 것과 같은 개인적 행동이 그 시대의 제도와 환경에 의해 얼마나 크게 조건지어지게 되는지 분명히 깨닫고 있었다. 바꾸어 말하면, 신유학사상의 배경에는 계급적 편향성과 개인주의적 경향이 도사리고 있었지만, 신유학자들은 이에 매몰되지 않고 구체적인 역사적 환경이나 상황 속에서 개인주의의 한계, 곧 개인의 역할과 능력의 한계를 직시했다.

왕조제도에 대한 황종희의 비판은 당연히 청(淸) 왕조에 의해 엄격히 금지되었는데, 19세기 후반에 들어와 개량주의자들과 혁명주의자들이 돌연 황종희를 중국에서 민주주의의 개조(開祖)로 숭앙했다. 서구인들은 그런 견해에 대해 회의적인 태도를 보였다. 그들은 황종희가 '중국의 루소(Rousseau)'라는 주장에 별로 주목하지 않았고, 그가 심혈을 기울여 이끌어 내고 발전시키며 옹호한 신유학의 자유 전통을 제대로 평가할 수도 없었다. 서구인들에게 황종희는 기껏해야 그다지 특이할 것까지는 없는 변종(變種), 중국 전제정치의 수렁 속에서 떠돌아다니는 망령쯤으로 보였던 것이다. 중국의 전통 세계로부터 멀어진 20세기의 대다수의 중국 젊은 이들에게, 더 이상 해독하기조차 힘든 고전어로 표현되어 있는 황종희의 지혜는 호소력을 갖지 못했다. 그들은 세상을 구원하라고 역설하는 서구의 혁명사상가들에게 매료되어 갔던 것이다. 하지만 최근에 중국의 대학에서 재직하고 있는 학자들이 문화대혁명의 공포와 사인방의 포학함에 대해 말하는 것을 들었을 때, 나는 황종희가 법률의 옹호, 권력의 지방 분산, 학교의 독립자치 등에 대해 이야기한 것들을 새삼 떠올리지 않을 수 없었다.

동시에, 마오쩌둥이 그 나름의 방식으로 중국인들의 정치생활의 가장 전통적이고 지속적인 현실에 대응하려고 노력했다는 사실도 잊어서는 안 될 것이다. 예로부터 전해 오는 중국의 격언에 "말 위에서 천하를 얻을 수는 있어도, 말 위에서 천하를 다스릴 수는 없다"는 말이 있다.(이 말에는 중국이 문관〔文官〕 제도에 의해서만 제대로 통치될 수 있다는 충고가 담겨 있다.)12) 중국을 새로이 석권한 지배자들은 이 말을 따르지 않을 수 없었다. 그러나 마오쩌둥의 경우는 다소 달랐다. 구질서를 파괴하기 위해 혁명을 수행한 마오쩌둥은 일당 독재의 비호 아래 불가항력적으로 거대한 관료 기구가 등장하는 것을 보게 되었다. 마오쩌둥은 그런 상황—중국의 과거 전통에 뿌리를 두고 있는, 대적하기 버거운 상대가 등장하는 상황—을 우려한 나머지, 문화대혁명을 추진하여 구태의연한 체제와 싸웠다. 그 싸움에서 마오쩌둥은 자신이 가장 잘 숙지하고 있는 전술, 곧 인민대중을 동원하여 장기간에 걸친 게릴라전에 종사하도록 하는 전술에 의지했다.13) 그 전쟁의 첨병이 바로 홍위병(紅衛兵)이었는데, 마오쩌둥은 그들을 이용하여 국가와 당내의 반대 세력들을 제거하려 했다.

그러나 중국에 상처를 주지 않고 혁명을 성공시킬 수 있으리라는 마오쩌둥의 희망은 결과적으로, 신유학자들의 이상주의처럼 한낱 꿈에 불과했다. 관료제도와 과학기술은 애초의 상황에서 별로 달라진 것이 없어 보인다. 무엇보다도 관료제도와 과학기술이 어떤 목적을 위해 쓰여져야 하는가, 그리고 어떤 정신으로 그것들이 운용되어야 하는가의 문제가 중국인들에게(물론 우리들에게도 마찬가지지만) 중요하다고 할 수 있다. 이 문제에 관한 한 마오쩌둥은 올바른 감각을 지니고 있었다. 그런 문제를 고려하지 않고 추진되는 기술 관료교육과 실용주의 정책이, 그가 보급하고자 노력했던 평등주의에 큰 위협이 될 수 있다는 것을 감지했던 것이다. 그러나 폭력적인 혁명은 실패로 끝나고 말았고, 실행 가능한 유일한 대안으로서 점진적 개량주의가 사람들에게 각광을 받기 시작했다. 요컨대

1911년, 1927년, 1948~1949년의 폭력 혁명들,[14] 그리고 보다 최근의 문화대혁명 등은 어느 것도 병폐를 근본적으로 제거한다는 점에서는 아무런 성과도 거둘 수 없었던 것이다.

30년에 이르는 혁명적인 변화의 물결이 잦아든 지금, 중국의 현정권은 개혁과 근대화의 필요성을 스스로 거리낌없이 이야기하고 있다. 사정없이 몰아치던 혁명의 광풍을 회고해 볼 때, 이런 그들의 자세는 실로 격세지감을 느끼게 한다. 현재 중국은 서구의 최신 지식과 방법들을 익히고 도입하기 위해 수많은 학생들과 대표단들을 서구 여러 나라에 파견하고 있다. 또한 다양한 분야의 전문가들을 외국에서 초빙해 그들의 전문 지식과 경험을 나누어 가지려고 애쓰고 있다. 이런 일련의 추세들은, 중국이 지적인 소양과 식견을 충분히 갖춘 계층의 지도력을 지속적으로 필요로 하고 있다는 사실을 입증한다. 중국 전통사회에서는 유학자들이 그런 역할을 담당했다.[15] 오늘날 우리가, 중국에서 보다 자유주의적인 태도와 가치관들이 자리잡을 수 있기 위한 어떤 제도적인 기반을 모색하고자 한다면, 다름 아닌 바로 교육제도[16]와 사법제도에 주목해야 할 것이다. 이들 두 제도의 개혁은 현재의 중국이 직면하고 있는 중요한 문제라고 할 수 있다.[11]

1970년대에 중국 사회 모든 계층의 사람들은 혁명의 공포를 공통적으로 체험했다. 체험을 통해 사람들은 권력의 전제적이고 자의적인 행사로부터 법률적으로 보호받아야 할 필요성을 절감하게 되었다. 이후 그런 인식이, 보다 자유로운 질서를 확립하려는 노력으로까지 얼마나 지속적이고 강하게 이어질지는 지켜 봐야 할 것이다. 또한 자유주의적인 성향을 지닌 지도자들이라 할지라도, 자신들의 권력기반이 되는 기존의 권력기구와 제도를 유지하기 위해 자유화에 반하는 행태를 보일 수도 있다는 점을 간과해서는 안될 것이다. 결국 자유화가 진행된다 하더라도, 그것은 제한적인 범위 안에서의 일이 될 것이다. 장래의 어느 시기에 중국의 현 정권이 위기에 봉착하게 된다면, 중국의 지도자들이 과연 소비에트식의 국가체제를 중국에 도입할 것인가라는 문제가 제기될 수 있을 것이다. 중국은 폴란드의 민족주의에 공감하면서도, 무력에 의한 폴란드의 군사정권화를 비판하는 부분에서는 무척 신중한 자세를 보였다. 이것은 자유주의의 '나쁜' 바람이 폴란드에서 멈추지 않고 중국까지 불어올 것을 두려워하는 중국 지도자들의 고민을 반영하고 있다. 그들의 입장에서 볼 때, 소련의 조정과 개입에 의한 폴란드의 군사정권화를 비판하는 것은 소련에 대한 강력한 무기가 될 수 있지만, 그 무기는 동시에 자신들의 권력에 대해 파괴적인 영향력을 미칠 수도 있는 것이다. 스탈린의 초상화가 사라졌다고 해서 그 빈자리에 폴란드 자유노조의 의장 레흐 바웬사(Lech Walesa)의 초상화가 걸리게 되지는 않을 것이다.

공산주의 체제가, 전통적인 중국의 사회체제와 유사하게, 본질적으로 변화에 대한 거부반응을 나타낸다는 사실을 고려한다면, 중국의 자유화의 앞날을 낙관적으로만 보기는 힘들다. 그렇지만 전적으로 비관적일 필요도 없다. 중국에는 일당독재가 아닌 다원적인 정치질서를 확립할 수 있는 강력한 경제적·사회적 기반이 없기는 하지만, 문화대혁명의 광풍 속에서 공통의 쓰라린 체험을 한 중국 인민들의 마음속에는 '법에 의한 보호'에 대한 바람이 광범위하게 확산되어 자리잡았다고 할 수 있다. 이 생각이 일반 대중들에게만 국한된 것이라고 볼 수는 없다. 사인방의 전횡으로 고통받은 많은 지도자들도 그런 생각을 공유하게 되었다고 볼 수 있다.

안타깝게도 현재의 중국에는 중요한 사실들을 공정하게 기록하여 후대에 전하는 사관제도가 없기 때문에, 문화대혁명의 공포를 종결시키기 위해, 그리고 극히 제한적인 범위 안에서나마 자유화를 이루기 위해 중국의 지도층이 개인적으로 또는 집단적으로 취했던 입장과 태도가 정확히 무엇이었는지 알 수는 없다. 그러나 적어도 베이징의 중국 정부 당국자들이 해서를 역사적으로 재평가하고 우한의 연극을 재상연하기로 결정한 것은, 해서의 생애가 자신들의 정치적 체험과 크게 다르지 않고, 어떤 면에서는 자신들의 체험을 대변해 주고 있다는 인식에 이르렀기 때문일 것이다. 또한, 비교적 오랜 기간 동안 실로 '혁명적인' 변화의 소용돌이 속을 지나 온 그들이었지만, 먼 이국의 인물보다는 역시 중국 역사 속의 인물에서 어떤 모델을 찾는 것이 그들에게는 좀더 자연스럽고 당연한 일이었다고 할 수 있다. 우한이 이 16세기의 신유학 사상가이자 관료인 해서와 자신을 동일시하며 해서의 용기 있는 행동에서 과감한 저항을 시도할 수 있는 어떤 영감을 얻고 고무되지 않았다면, 『하서파관』은 결코 쓰여지지 못했을 것이다. 해서 자신 또한 우한과 마찬가지로 과거의 역사 속에서 자신의 이상적인 모델을 찾았다. 물론 해서가 처한 상황과 여건은 우한의 경우와는 달랐다. 수세기에 걸쳐서 확립되어 온 유학적 전통, 곧 조정에서의 자유로운 토론과 비판을 용인하거나 장려하는 제도의 뒷받침으로 인해 해서의 저항은 보다 효과적이고 직접적으로 이루어질 수 있었던 것이다.

물론 그런 유학적 전통은 간신히 그 명맥을 유지한 채 언제 끊어질지 모르는 한 가닥 실에 불과한 것일 수도 있으며, 따라서 그것을 곧바로 자유주의 사상의 '전통'이라고 부르는 것은 근거가 희박한 억측이나 견강부회일 수도 있다. 그러나 유학의 '도통'(道統) 그 자체가 이미 불안정하고 간헐적인 성격을 지니고 있었고, 후세의 사람들은 도통 관념이 생겨난 본래의 환경과는 매우 다른 환경 속에서 책이나 연극을 통해 그것을 간접적으로만 접할 수 있을 뿐이었는데도, 도통 관념이 그것을 수용한 사람들에게 절대적인 영향을 끼쳐 왔다는 것을 우리는 분명히 상기할 필요가 있다.

오늘날의 중국인들은 중국 바깥의 세계와 중국 자신의 과거에 대해 많은 관심을 갖고 있다. 문화대혁명기 동안 중국의 과거 세계는 철저하게 출입이 금지된 구역이었기 때문에, 오늘날 그것을 탐구하는 중국인들은 새로운 발견의 흥분과 감동을 느끼고 있다고 할 수 있다. 그와 동시에 그들은 자신들이 이어받은 문화 유산을 재발견하고 활용하는 데서 만족감을 누리고 있다.

그런 과정 속에서 중국의 역사가들과 철학자들은, 예전에는 거론 자체가 금기시되거나, 연구된다 하더라도 엄밀한 사실 연구를 막아 버리는 경직된 이데올로기적 해석의 지배를 받던 다양한 문제들에 대해 학문적인 재검토를 하고 있다. 바야흐로 17세기 중국의 실증적 학풍의 방법론인 "사실을 통해 진리를 탐구하라"(實事求是)는 지침이 바로 그들의 슬로건이 되어,(12) 신유학사상이나 5·4운동기에 나타난 현대 자유주의 사상의 기원과 같은 주제가 열린 사고방식 아래에서 재검토되고 있는 것이다.

지금까지 언급한 유교적 자유주의의 경향들의 대부분은 5·4운동기에 이르러 소멸되어 버리거나 그 자취가 희미해져 버렸다.(그 까닭을 규명하는 일은 이 강의의 주제를 넘어서는 복잡한 역사적 문제이다.) 5·4운동과 신문화운동에 참여했던 중국의 젊은이들 대부분은 신유학이 억압적이고 반동적인 사상 체계라는 견해를 갖고 있었다. 신유학의 자유주의적 경향들을 지적하고자 하는 나의 입장과는 매우 대조적이었다고 할 수 있다. 1920년대의 신문화운동(5·4운동)의 적극적 지지자들의 대부분은 새로이 도입된 서구적인 교육을 받음으로써, 전통적인 유교적 학문과 철저히 단절되어 있었다. 때문에 그들은 내가 지금까지 언급하고 인용했던 전통 중국의 사상가들이나 사상에 대해 무지한 경우가 대부분이었다. 하지만 그럼에도 그들의 사고방식과 사상은 무의식중에 신유학사상의 지속적인 영향을 받고 있었다. 여전히 특권적인 엘리트였던 그들은 서구식 자유주의를 개인의 자율성이라는 관념을 통해 별 어려움 없이 이해했는데, 그런 관넘이야말로 과거 사대부(지식인) 문화에서 이미 하나의 중요한 가치로 간주되었던 것이다. 결국 서구에서 들어온 자유주의라는 새로운 사조는 중국의 지식인들이 오래 전부터 이미 알고 있었건 자유사상의 지평을 확장시켜 주었지만, 정작 중국인들에게 더욱 낯설고 이질적이었던 것은 자유라는 관념 자체였다기보다는, 서구인들의 사고방식에서 자유라는 관념이 반드시 수반하고 있는 다른 여러 관념들, 사람들의 자유를 더욱 넓고 굳건한 기초 위에서 보장해 줄 수 있는 법률이나 인권 같은 것이었다. 그도 그럴 것이 자유가 숨쉴 수 있는 구체적인 제도적·법률적 기초에 대한 인식이 중국에는 부족했던 것이다. 그 결과, 1910년대 후반에서 20년대의 중국 청년들 사이에서는 극단적 개인주의에 대한 무분별한 열광이 유행하기도 했다. 그런 열광은 종종 공상적인 성격의 무정부주의(anarchism)와 연관되는가 하면, 심지어는 신유학사상이 개인의 사회적 책임에 대한 구태의연한 관념을 사람들에게 억압적으로 부과함으로써 진보의 길을 가로막는 사상이라고 공격하기도 했다. 당시의 청년들이 받았던 새로운 서구식 교육의 영향은 그들로 하여금 전통사상이나 그것이 요구하는 사회적 의무를 거부하게 만들었던 것이다.(13)

그러나 이것은 다만 중국에서 새롭게 전개된 풍경의 일부일 뿐이다. 쑨원(孫文)은 중국이 안고 있는 문제는 개인주의의 결여가 아니라 오히려 개인주의의 범람이라고 보았다. 국민국가의 건설자를 자처하는 쑨원이 보기에는, 중국은 알알이 흩어지기 십상인 모래더미였고, 중국인들의 개인주의적 삶의 방식은 근대적인 민주주의의 여러 제도들을 확립하려는 노력에 찬물을 끼얹는 것이었다.(14) 그렇지만 쑨원이 중국 민족의 이런 뿌리깊은 결점을 신유학사상 탓으로 돌렸다고 단정짓기는 어렵다. 또한 마음의 자율성을 극단적으로 긍정하고 강조하는 것이 정치적 권위와 사회질서를 파괴해 버릴 수도 있다는 관점에 서서 신유학의 개인주의에 대해서 17~18세기에 비판[15]이 이루어졌던 사실을 쑨원이 알고 있었다고 는 더더욱 생각할 수 없다.

현재 중국의 자유화과정에는 제동이 걸려 있다. 그러나 내가 보기에 그 것은 연구와 논의의 완전한 개방과 자유로 향하는 최근의 추세에 대한 경 고를 의미하는 것이지, 결코 그런 추세를 전적으로 부정하는 것은 아니 다. 긴 안목으로 보면 자유화와 억압이라는 두 경향은, 오늘날의 공산주 의 세계의 다른 어느 곳에서도 볼 수 있듯이, 그리고 과거의 중국에서도 볼 수 있었듯이, 서로 대립하면서 존속하게 될 것이다. 오늘날 중국에서 주장하는 일종의 '현실주의'—또는 '실용주의'(實用主義)—는, 통제를 벗어난 자유화로 진전되고 개인주의가 만연하게 된다면 무정부주의의 위 협이 증대되리라는 것을 강조하는, 그런 현실주의—소극적이고 방어적 인—라고 할 수 있다. 이것을 지향하는 사람들 중에는 자유주의 사상을 중국 고유의 것으로 보지 않고, 그것을 견제하기 위한 하나의 방편으로, 자유주의의 위험성이 서구 영향의 결과라는 주장을 펼치는 사람도 있을 것이다. 또한 이와 다소 다른 유형의 현실주의자나 실용주의자들은, 억압 적 체제를 인민에게 강요하는 것이 자칫 그들의 노동 의욕을 감퇴시키는 비싼 대가를 지불하게 된다는 점, 그리고 그런 대가가 수반하는 지적 정 체—지식의 추구와 전문성의 도야를 견인해 낼 만한 유인책이나 동기가 심각하게 결여됨으로써 자연스럽게 나타난다—가 현대화라는 목표의 달성을 크게 방해한다는 점 등을 지적할 것이다.

이제 현실주의는 우리로 하여금, 중국의 과거로부터 현재에 이르기까 지 공히 해결책을 찾기 힘들었던 까다로운 문제들에 주목하지 않을 수 없 게 만든다. 예를 들어서 교육은 어느 시대에나 대단히 중요한, 그리고 중 요한 만큼 섣불리 해결책을 찾기도 힘들었던 그런 문제였다. 금세기 초에 는 중국의 교육 혁신과 민주화에 대한 낙관적인 견해가 지배적이었지만,

오늘날 중국에서 고등교육(전문대학 이상의)을 받은 사람의 비율——그 질에서도 여전히 많은 문제가 있지만——은 중국의 고등학교 졸업자들 가운데 4%를 넘지 않는다. 그리고 고등교육체제는 여전히 본질적으로는 국가의 이익에 직접적으로 공헌하는 전문기술 엘리트 집단을 양성하기 위한 목적 아래 편성되어 있다. 진헌장과 황종희가 살아 있다면, 왕조시대의 교육체제를 비판할 때와 같은 논조로 현대 중국의 교육체제를 비판하지 않을까 하는 생각을 해보게 된다. 이쯤에 이르면 우리는, 변화의 물결 속에서도 고집스럽게 유지되며 이어져 내려온 중국인들의 삶의 양식(적어도 중국 본토에 대해서 말한다면)과 과거에 이미 행해졌던 그에 대한 비판이 오늘날에도 역시 타당하다는 사실의 의미를 한번쯤 깊이 생각해 보지 않을 수 없다.

위와 같은 문제들을 제기할 때 우리는 자유주의 사상과 자유주의적 교육에 대해 우리가 세웠던 기존의 가설들을 재검토——오늘날 중국의 학자들이 신중국(新中國, 사회주의 중국을 가리키는 말)의 출발을 준비했던 개혁운동과 함께 신유학의 개량주의를 재평가하고 있는 것과 마찬가지로——해 볼 절호의 기회를 갖게 된다. 서구인들이 '자유주의'(liberalism)라는 말을 특정 문화권에 한정된 좁은 의미로 정의하는 것은, 신유학의 정통성을 어떤 특정 학파에만 국한시켜 버리려는 시도만큼이나 헛되고 무익하며 심지어 유해할 수도 있다. 서구인들이 자유주의의 기원을 오직 서구의 과거에서만 구한다면, 자유주의의 미래의 가능성을 차단할 뿐만 아니라, 점차적으로 그 의의와 영향력이 소멸되어 버리는 결과를 낳게 될 것이다. 한편, 중국인들이 자유주의 사상을 순전히 외래의 것이라고만 여겨 자신들의 삶과 문화의 현실 속에 동화될 수 없는 것이라고 단정지어 버린다면, 그들 고유의 자유사상의 자연스러운 발전을 막아 버리는 결과를 낳게 될 것이며, 오늘날 세계에서 광범위하게 진행되고 있는 문화들 사이의 교류와 융합을 저해하게 될 것이다. 문화적 교류와 융합을 통해서 현대 세계는 실로 다양한 문화권의 사람들이 더불어 함께 살아가는 삶의 양식을 자연스럽게 발전시켜 나갈 수 있다. 이렇게 본다면 공자(孔子)의 방법을 따라서, 서로의 장단점을 깨달아 자신의 장점을 더욱 키우고 단점을 보완하는 것이 가장 현명하다고 할 수 있다. 그런 방법은 또한 신유학자들이 제창한 도의 '자득', 사람들과의 '강학', 그리고 도덕적 책무의 '자임'과 일맥상통하는 것은 아닐까.

나는 문화대혁명이 일어나기 시작할 무렵, 다음과 같이 말한 적이 있다.

중국인들은 도(道)를 성장의 과정이자 확장·발전하는 힘이라고 생각해 왔다. 그와 동시에, 맹자를 따라서, 그들은 이런 도를 자기 자신의 본성 안에서 찾아내지 않는다면, 도는 결코 자기 스스로에 대해 진실하고 순수한 것이 될 수 없다고 느꼈다. 도는 자기 자신의 본성과 다른 자기 바깥의 그 무엇이 아니었다. 근대 중국인들의 불행했던 경험은 당장의 자존심 상실을 가져왔고, 새로운 체험을 오래된 전통에 결합시키려는 자세를 방기하게 만들었다. 이에 따라 앞서 언급한 중국인들의 건전한 본능은 좌절을 겪게 되었다. 가치있는 모든 것들은 전적으로 서구에서 들어왔으며, 중국 고유의 가치는 아무 것도 없다는 생각 때문에, 최근의 중국인들은 도를 자기 자신 안에서 구하려는 노력을 하지 않게 되었다. 자기 자신의 가치로부터 소원해짐으로써 생겨난 과거에 대한 격렬한 반발은 문화대혁명 기간 중에 너무도 분명하게 나타났다. 그러나 우리는 성장의 과정이 다만 숨어 있을 뿐, 정지해 버린 것은 아니라는 확신을 가져도 좋을 것이다. 그리고 중국인들의 새로운 체험은 단순히 외부로부터 고무된 혁명을 통해서가 아니라, 자신들 안에서 비롯된 성장을 통해서, 그 중요한 의의가 점차적으로 인식되어 가리라는 것을 나는 확신한다.(16)

일찍이 첸무 교수는 이 강좌의 개설 강의[17]에서, 중국의 역사와 문화를 현대 세계와 관련지어 보다 폭넓게 지속적으로 논의해야 한다고 강조했다. 나는 지금까지 한 강의 내용이 첸무 교수의 지적에 나타나 있는 정신과 맥을 같이하고 있다고 확신한다. 첸무 교수는 각각의 국민들은 자신들의 고유한 문화를 이해하고 보전해야 할 일차적인 책임을 지니고 있다고 주장했다. 그리고 그 책임을 완수하기 위한 중국인들의 첫걸음은 서구의 가치관과 관점, 범주들에 의존하지 않고 중국 문화 자체의 개념과 관점을 통하여 중국 문화의 특질을 이해하는 것이라고 했다. 그분에 따르면 삶에 대한 중국인들의 기본적 태도는 서구인들의 그것과는 당연히 구분되어야 마땅하다. 그는 계속해서 이렇게 말한다. 서구인들은 사물을 구별하고 그것을 서로 분리시켜 인식하는 분석적인 방법을 사용하는 경향이 있다. 때문에 개별주의와 개인주의의 경향이 강하다. 이와는 대조적으로, 중국인은 사물을 전체적으로 파악하고 그것들 사이의 조화와 순응, 합의와 통일을 추구한다. 그 결과 중국인은 집단적인 행위, 가족의 유대, 과거 전통과의 연속성·일체성 등을 한 사람의 영웅적 행동이나 성취보다도 소중히 여긴다.

나 또한 신유학적 개인주의와 서구의 이러저러한 개인주의 사이에 존재하는 차이점을 고찰하면서, 첸무 교수와 유사한 견해에 도달하게 되었다. 사실 내가 첸무 교수의 그 강의 내용이 담겨 있는 저작을 접하게 된 것은 이 강의의 원고를 완성한 뒤였다. 때문에 첸무 교수와 나의 관점이 일치하고 있다는 것은 어쩌면 대단히 놀라운 일이다. 하지만 그분의 강조점과 나의 강조점 사이에는 다소의 차이가 있는 것도 사실이다. 당연히 예상할 수 있는 차이점이 있는가 하면 예기치 못한 의외의 차이점도 있다. 첸무 교수는 과거와의 연속성을 강조하면서, 중국의 전통에 대해 다소 보수적인 견해를 제시했고, 그것을 혁신과 개인의 자율성을 강조하는 서구적 태도와 명확히 구별지었다. 이와는 대조적으로 나는, 신유학의 혁신적이고 자유주의적인 측면을 중점적으로 지적했고, 숭고한 도덕적 행위를 추구하는 영웅적인 개인의 중요성도 강조했다. 물론 그분과 나 사이의 이런 차이점은 보기보다 그렇게 큰 것은 아니다. 그분과 내가 문제삼은 대상은 결국 동일한 것으로서, 그 전체상의 일부분을 각자 이야기하고 있다는 것을 그분과 나는 잘 알고 있다. 첸무 교수의 가장 큰 공헌은, 거의 위압적으로 육박해 들어오는 서구의 영향력으로부터 중국인의 전통적 가치와 사고방식의 순수성을 지켜 왔다는 데 있다. 나 자신의 경우에는, 첸무 교수가 시작한 논의에서 한걸음 더 나아가 중국과 서구의 문화적 차이의 배후에 잠재되어 있는 두 전통의 공통적 가치들을 인식하고 지적하려 노력했다.

그분과 나 사이의 차이점에는 무언가 역설적인 면이 도사리고 있다. 그분과 내가 서로 임무와 역할을 바꾸어 수행하고 있는 듯하기 때문이다. 첸무 교수는 서구인의 방법이 분석적인 데 비해 중국인들은 사물들 사이의 통일성과 연속성을 추구해 왔다고 주장하면서, 양자의 방법과 태도를 명확하게 구별지었다. 그리고 나는 그 양자 사이의 공통의 기반을 찾으려고 한다. 마치 첸무 교수가 서구적인 사고방식을, 내가 중국적인 사고방식을 받아들이고 있는 것처럼 보이는 것이다.

만일 루쉰(魯迅)이 이 자리에 있다면, 그는 아마도 특유의 신랄한 수사법을 동원해서 한 사람은 서구인인 척하고 있고, 다른 한 사람은 중국인인 척하고 있다고 비평했을 것이다. 그러나 결국 나는 첸무 교수 자신이 이런 딜레마를 해결하기 위한 방법을 보여주었다고 생각한다. '개인의 자유'와 '인권'이 전형적인 서구의 관념이라고 규정한 다음에,(17) 그는 이렇게 말했다. 그런 관념들을 일단 제쳐 놓고, 우리 중국인은 중국인의 역사적 경험을 중국인 자신의 관점에서 객관적으로 바라보고 기술해야만 한다. 그렇게 함으로써 우리는 전통의 다양한 측면들에 대해, 밖에서 빌려온 것에 기대지 않고 주체적인 가치평가를 내릴 수 있게 된다고. 그는 이어서 이렇게 덧붙인다. "나는 각 개인이 자기 자신의 관점에서 다양한 사물과 사태에 대해 평가하는 것에 반대하지 않는다. 그것은 개인의 자유로운 선택인 것이다(這是個人的自由)."[18]

만일 이 자리에서 내 생각을 말하라고 한다면, 첸무 교수가 지적한 용어, 곧 '개인의 자유'와 '인권'은 '서구적'인 동시에 그에 못지 않게 중국인들의 '제2의 천성'이었다고 감히 말하고 싶다. 왜냐하면 그것은 애당초 중국인들에게 그렇게 낯선 용어가 아니었기 때문이다. 나라와 나라 사이의 인적 교류가 날로 증대되고 있는 오늘날과 같은 상황에서, 첸무 교수와 나 사이에서 볼 수 있는 입장이나 관점의 역전현상은 서로를 이해하기 위한 노력의 과정에서 생겨난 자연스러운 결과이지 결코 대립되는 것은 아니다. 우리 모두는 이런 노력을 통해 각자에게 속한 고유한 특징들뿐만 아니라, 인류 공통의 인간성(common humanity)을 발견하게 될 것이다.

지은이 주

지은이의 한국어판 서문

(1) Stanford: Stanford University Press, 1957. 〔The Last Stand of Chinese Conservation: the T'ung-Chih Restoration, 1862-1874, Stanford University Press, 1957〕

(2) Mark Van Doren, *Liberal Education*(New York: Holt, 1943), p. 127.

(3) W. T. de Bary and J. H. Kim Haboush, *The Rise of Confucianism in Korea*(New York: Columbia University), 1985.

서설

(1) 錢穆, 『從中國歷史來看中國民族性及中國文化』(香港: 中文大學出版社, 1979), pp. 12~15.

(2) 錢穆, 『中國近三百年學術史』(上海: 商務印書館, 137) 上卷, pp. 1~7.

(3) 『明儒學案』(萬有文庫版, 臺北: 商務印書館, 1965), 「凡例」, p. 1.

(4) 孫奇逢, 『理學宗傳』(臺北: 藝文印書館, 1969, 1666년판 影印本) 卷7, 9, 17, 21, 26.

(5) 『明儒學案』 「自序」와 「凡例」 그리고 『破邪論』(梨洲遺著彙刊, 上海, 1910) 卷13.

(6) Charles Frankel, "Intellectual Foundations of Liberalism," in *Liberalism and Liberal Education*(New York: Columbia University Program of General Education, 1976), pp. 3~11.

(7) Gilbert Murray, *Liberality and Civilization*(London: Allen and Unwin, 1938), pp. 46~47.

1. 신유학의 탄생과 '도통' (道統)

(1) de Bary, "Neo-Confucian Cultivation and the Seventeenth Century

Enlightenment," in *The Unfolding of Neo-Confucianism*(New York: Columbia University Press, 1975), p. 162. 이하 *The Unfolding*으로 약칭.

(2) 『程氏經說』(四部備要本 『二程全書』) 卷5, pp. 1a, 3a-b, 「明道先生改正大學」, 「伊川先生改正大學」.

(3) Wm. Theodore de Bary, *Neo-Confucian Orthodoxy and the Learning of the Mind-and-Heart*(New York: Columbia University Press, 1981), pp. 46~47, 141~43. 이하 *Neo-Confucian Orthodoxy*로 약칭. 오여필은 자기 성찰과 혁신에 관한 자신의 중요한 기록에 『일신보』(日新譜)라는 제목을 붙였다. 물론 이 제목은 『대학』의 내용에 바탕을 두고 있다. M. Theresa Kelleher의 박사학위 논문, *Personal Reflections on the Pursuit of Sagehood: The Life and Journal of Wu Yü-pi*(Columbia University, 1982), p. 105를 볼 것.

(4) 程頤, 『伊川文集』(『二程全書』) 卷7, p. 6, 7.

(5) 朱熹, 『中庸章句』序(中國子學名著集成本, 臺北, 1979), 제18권, pp. 39~41.)
〔若吾夫子, 則雖不得其位, 而所以繼往聖開來學, 其功反有賢於堯舜者. 然當是時, 見而知之者, 惟顔氏曾氏之傳得其宗. 及曾氏之再傳, 而復得夫子之孫子思, 則去聖遠而異端起矣.… 自是而又再傳, 以得孟氏, 爲能推明是書, 以承先聖之統, 及其沒而遂失其傳焉.… 然而尙幸此書之不泯, 故程夫子兄弟者出, 得有所考, 以續夫千載不傳之緒.〕

(6) Wing-tsit Chan, "Chu Hsi's Completion of Neo-Confucianism," in Françoise Aubin, ed., *Études Song-Sung Studies in Memoriam Etienne Balazs*, ser. 2, no. 1(Paris and The Hague: Mouton, 1973), pp. 76, 78. 이하 "Completion"으로 약칭.

(7) 眞德秀, 『西山文集』(國學基本叢書本) 卷26 「南雄州學四先生祠堂記」, p. 449.
〔若世之立奇見尙新說, 出乎前人所未及耶. 凡亦因乎天而已.〕

(8) 같은 책, 卷24 「明道先生書堂記」, pp. 409~10.
〔濂溪周子出焉, 獨得不傳之妙. 明道先生程公, 見而知之, 闡發幽微, 益明益章.〕
〔故先生嘗語學者曰, 吾學雖有所受, 然天理二字, 自吾體驗而表出之.〕

(9) 같은 책, 卷26, p. 449.
〔闡聖學之戶庭, 祛世人之矇瞶, 千載相傳之正統, 其不在玆乎. 嗚呼. 天之幸斯文

也, 其亦至矣.〕

(10) de Bary, *Neo-Confucian Orthodoxy*, pp. 9~13.

(11)『明儒學案』卷32「泰州學案一」, '王一菴先生語錄'.

〔至秦滅學, 漢興, 惟記誦古人遺經者起爲經師, 夏相授受於此. 指此學獨爲經生文
士之業, 而千古聖人, 與人人共明共成之學, 遂泯沒而不傳矣. 天生我師, 崛起海
濱, 慨然獨悟, 直宗孔孟, 直指人心. 然後愚夫俗子不識一字之人, 皆知自性自靈
自完自足, 不假聞見不煩口耳, 二千年不傳之消息, 一朝復明矣.〕

(12)『晦庵先生朱文公文集』(四部備要本, 이하『文集』으로 약칭) 卷11「壬午應詔封
事」, p. 3b.

〔人君之學與不學, 所學之正與不正, 在乎方寸之間.〕

(13) 같은 책, 卷11, p. 3b.

〔蓋致知格物者, 堯舜所謂精一也, 正心誠意者, 堯舜所謂執中也. 自古聖人口授心傳
而見於行事者, 惟此而已.〕

(14) 앞의 책, 卷11, p. 33a.

〔凡此六事皆不可緩, 而其本在於陛下之一心. 一心正則六事無不正, 一有人心私
欲以介乎其間, 則雖欲黽精勞力以求正夫六事者, 亦將徒爲文具, 而天下之事愈至
於不可爲矣. 故所謂天下之大本者, 又急務之最急而尤不可以少緩者.〕

(15) de Bary, *Neo-Confucian Orthodoxy*, pp. 27~37, 91~98.

(16) 陳長方,『唯室集』(四庫全書珍本第1輯, 上海: 商務印書館, 1935) 卷1「帝學
論」, pp. 1a~3b.

〔所謂智者…在於熟察此心之正…心有所恐懼則不得其正, 有所好樂則不得其正,
有所忿則不得其正, 有所憂患則不得其正.〕

(17) 朱熹,『中庸章句』(앞서 언급한 것과 같은 판본)『文集』卷11, pp. 35~36.

〔此篇乃孔門傳授心法.〕

(18) T'ang Chün-i, "The Spirit and Development of Neo-Confucianism,"
in *Inquiry*(1971), 14, pp. 59~60.

(19) 黃宗羲 全祖望,『宋元學案』卷1. 송대 신유학자들의 문학관(文學觀)에 정통
한 피터 볼(Peter Bol)은 호원의 제자 유이(劉彝)가 자신의 견해를 마치 스승
의 견해인 것처럼 적어 놓았다고 본다. 설령 사실이 그렇다 해도 이곳의 논점
에까지 영향을 끼치지는 않는다.

(20) 眞德秀, 『西山文集』 卷 26, pp. 448~49.

2. 주희와 자유주의 교육

(1) 朱熹, 『文集』 卷 74, p. 1b.

〔學者所以爲己…今之世, 父所以詔其子, 兄所以勉其弟, 師所以敎其弟子之所以學, 舍科擧之業, 則無爲也.〕

(2) 茅星來, 『近思錄集註』(四庫善本叢書初編本, 臺北: 藝文印書館, 出版日 未詳) 卷 2, p. 13b.

〔古之學者爲己, 欲得之於己也, 今之學者爲人, 欲見知於人也〕

(3) 『孟子』 「離婁下」, 14章; D. C. Lau, *Mencius*(London: Penguin, 1960), p. 130의 번역문을 일부 고쳐서 이용했다.

〔君子深造之以道, 欲其自得之也. 自得之, 則居之安, 居之安, 則資之深, 資之深, 則取之左右逢其原. 故君子欲其自得之也.〕

(4) 茅聖來, 『近思錄集註』 卷 2, p. 32a. Wing-tsit Chan, tr., *Reflections on Things at Hand*(New York: Columbia University Press, 1967), p. 68. 이하 *Things at Hand*로 약칭.

〔古之學者爲己, 其終至於成物, 今之學者爲物, 其終至於喪己.〕

(5) 『論語集註』(中國子學名著集成本) 卷 7, p. 17a.

(6) 『論語精義』(朱子遺書本) 卷 7 下, p. 22a-b.

(7) 『近思錄集註』 卷 6, p. 1; Chan, *Things at Hand*, p. 171.

〔伊川先生曰, 弟子之職, 力有餘, 則學文. 不修其職而學, 非爲己之學也.〕

(8) 『文集』 卷 74 「玉山講義」, p. 19.

〔蓋聞古之學者爲己, 今之學者爲人. 故聖賢敎人爲學, 非是使人綴緝言語, 造作文辭, 但爲科名爵祿之計. 須是格物, 致知, 誠意, 正心, 修身而推之, 以至於齊家治國, 可以平天下, 方是正當學問.〕

(9) 安部健夫, 『元代史の研究』(東京: 創文社, 1972), pp. 45~57.

(10) 牧野修次, 「元代の儒學敎育」, 『東洋史研究』(1979年 3月) 卷 37, 第4期, pp. 71~74.

(11) Martina Deuchler, "Self-Cultivation for the Governance of Men," *Asiatische Studien*(1980), 34(2), p. 16.

(12) Chan, *Things at Hand*, p. 154 ; 葉采, 『近思錄集解』(近世漢籍叢刊第3輯, 京都: 中文出版社, 1979), p. 297.

〔克己類, 凡四十一條. 此卷論力行. 蓋窮理旣明, 涵養旣厚, 及推於行己之間, 尤當盡其克治之力也.〕

(13) de Bary, *The Unfolding*의 서문, pp. 16~17 참조.

(14) 『二程外書』卷3, p. 1b ; 『近思錄集註』卷5, p. 14a. Chan, *Things at Hand*, p. 165.

〔人之視最先. 非禮而視, 則所謂開目便錯了. 次廳, 次言, 次動, 有先後之序. 人能克己, 則心廣體胖, 仰不愧, 俯不怍, 其樂可知. 有息, 則餒矣.〕

(15) 任繼愈, 「儒家與儒敎」, 『中國哲學』第3期. 또한 같은 저자의 "Confucianism as a Religion," *Social Sciences in China*(1980) 2, pp. 128~52. 이에 더하여 다음을 참조. 馮友蘭, 「略論道學的特點·名稱和性質」(『社會科學戰線』, 1982年 3月), pp. 35~43.

(16) Robert M. Hutchins, *Education for Freedom*(Baton Rouge: Louisiana State University Press, 1941), pp. 19~64.

(17) Mark van Doren, *Liberal Education*(New York: Holt, 1943), pp. 119~22.

(18) 宇野精一, 『小學』(東京: 明治書院, 1965), p. 2. 이 밖에도 『大學章句』(中國子學名著集成本), p. 2a-b ; 『中庸章句』, p. 17a, 『大學或問』, pp. 4b-5a, 29b-30a ; 『文集』卷94 「學校科擧私議」, 20a ; de Bary, *Neo-Confucian Orthodoxy*, pp. 54~55, 125.

(19) 『魯齋全書』(近世漢籍叢刊第2輯, 京都, 中文出版社, 1975) 卷5 「與子師可」, p. 15.

〔吾敬信如神明.〕

(20) 같은 책, 卷4, pp. 25b-28a.

〔立敎者, 明三代聖王所以敎人之法也. 蓋人之良心本無不善, 由有生之後, 氣稟所拘, 物欲所蔽, 然後私意妄作, 始有不善. 聖人說敎, 使養其良心之本善, 去其私意之不善…所謂敎者, 非出於先王之私意. 蓋天有是理, 先王使順其理, 天有是道, 先王使行其道. 因天命之自然, 爲人事之當然, 所謂敎也.… 道者何. 父子也, 君臣也, 夫婦也, 長幼也, 朋友也. 此天之性也, 人之道也.… 明倫, 明者, 明之也, 倫

者, 倫理也. 人之賦命於天, 莫不各有當然之則. 如父子之有親, 君臣之有義, 夫婦
之有別, 長幼之有序, 朋友之有信, 乃所謂天倫也. 三代聖王說爲庠序學校, 以敎
天下者無他, 明此而已. 蓋人而不能明人之倫理, 則尊卑上下, 輕重厚薄淆亂而不
可統理.… 將見禍亂相尋, 淪於禽獸而後已.… 敬身, 序引孔子言, 無不敬也. 敬身
爲大. 身也者, 親之枝也, 敢不敬乎. 不能敬其身, 是傷其親, 傷其親是傷其本. 傷
其本, 枝從而亡. 聖人以此垂戒, 則知凡爲人者, 不可一日離乎敬也. 況人之一身
實萬事萬物之所本. 於此有差, 則萬事萬物亦從而差焉. 豈可不敬乎. 敬身之目,
其則有四, 心術威儀, 衣服飮食. 心術正乎內, 威儀正式外, 則敬身之大體得矣, 其
衣服飮食二者所以奉身也. 苟不制之以義, 節之以禮, 將見其所以養人者, 反害於
人也. 分而言之, 心術威儀, 修德之事也, 衣服飮食, 克己之事也. 統而言之, 則敬
身之要也. 蓋唯敬身, 故於父子, 君臣, 夫婦, 長幼, 朋友之間無施而不可. 此古人
修身必本於敬也.〕

(21) 宇野,『小學』, pp. 139~40.

(22) 같은 책, p. 67.

(23)『延平答問』(近世漢籍叢刊第2輯, 京都: 中文出版社, 1972), pp. 34~35.

(24) Conrad Schirokauer, "Chu Hsi as an Administrator," in *Études Song-Sung Studies*, series 1, no. 3(1976), pp. 208~19.

(25)『文集』卷100「勸諭榜」, pp. 5b-7a.

(26) 같은 책, 卷74, pp. 23a-29b.

(27) 淸水盛光,『中國鄕村社會論』(東京: 岩波書店, 1951), pp. 540~49.

(28) 木村英一,「ジッテと朱子の學」,『中國哲學の探究』(東京: 創文社, 1981), p. 280.

(29)『文集』卷100, pp. 6a-7b; 木村의 앞의 논문, pp. 282~87; 酒井忠夫,『中國善書の研究』(東京: 弘文堂, 1969), pp. 39~40.

(30) 예컨대 和田淸,『中國地方自治』(東京: 汲古書院, 1975 改訂版), pp. 51~52, 119~45, 224~30; 淸水, 앞의 책, pp. 339~49; 酒井, 앞의 책, pp. 34~54.

(31) Wing-tsit Chan, tr., *Instructions for Practical Living and Other Neo-Confucian Writings by Wang Yang-ming*(New York: Columbia University Press, 1963), pp. 298~306. 이하 *Instructions*로 약칭.

(32) 酒井忠夫, 「李栗谷と鄕約」, 『東アジアの思想と文化』(1979. 9), pp. 134~
54.

(33) 『孟子』 「滕文公上」 4.

(34) 『書經』 「舜典」, in *James Legge, Chinese Classics*, vol. 3, p. 44.

(35) 『中庸』 第20章; Chan, *A Source Book in Chinese Philosophy* (Princeton:
Princeton University Press, 1963), p. 107. 이하 *Source Book* 으로 약칭.

(36) 『論語』 「衛靈公」 5.

(37) 『易經』 「損卦大象」; R. Wilhelm and C. F. Baynes, *The I-Ching or Book
of Changes*(Princeton: Princeton University Press, 1950), p. 159.

(38) 같은 책, 「益卦大象」; R. Wilhelm and C. F. Baynes, p. 163.

(39) 동중서(董仲舒)의 말. 출전은 『漢書』 卷56, p. 21b.

(40) 『論語』 「顏淵」 2; 「衛靈公」 23.

(41) 『文集』 卷74 「白鹿洞書院揭示」, pp. 16~17.
〔父子有親, 君臣有義, 夫婦有別, 長幼有序, 朋友有信.
右五敎之目. 堯舜使契爲司徒, 敷五敎, 卽此是也. 學者學此而已. 而其所以學之
之序, 亦有五焉. 其別如左.
博學之, 審問之, 愼思之, 明辨之, 篤行之.
右爲學之序. 學問思辨四者所以窮理也. 若夫篤行之事, 則自修身以至於處事接
物, 亦各有要, 其別如左.
言忠信, 行篤敬.
懲忿窒慾, 遷善改過.
右修身之要.
正其義, 不謀其利, 明其道, 不計其功.
右處之要.
己所不欲, 勿施於人, 行有不得, 反求諸己.〕

(42) 『象山全集』(四部備要本) 卷34, p. 24a; tr. by Julia Ching, "The Goose
Lake Monastery Debate," *Journal of Chinese Philosophy*(1974), 1, no.
2, p. 165.
〔孩提知愛長.〕

(43) 契嵩, 『鐔津文集』(四部備要本) 卷3 「原孝」, pp. 2a-4a.

(44)『天目明本禪師雜錄』(『大日本續藏經』2, 27, 4.)「警孝」, p. 366a ; tr. by Chün-fang Yü, "Admonition on Filial Piety(警孝)," Hok-lam Chan and W. T. de Bary, eds., *Yüan Thought*(New York: Columbia University Press, 1982), pp. 459~60. 이 영역본은『명본』(明本)에 관한 논문의 부록으로 실려 있다.

〔天下父母之於子, 旣養之, 復愛之. 故聖賢敎之以孝. 夫孝者, 效也. 效其所養而報之以養, 其所愛而報之以愛.〕

(45)『文集』卷74, p. 17b.

〔熹竊觀古昔聖賢所以敎人爲學之意, 莫非使之講明義理, 以修其身, 然後推以及人. 非徒欲其務記覽, 爲詞章, 以釣聲名取利祿而已也. 今人之爲學者, 則旣反是矣. 然聖賢所以敎人之法具存於經, 有志之士固當熟讀深思而問辨之. 苟知其理之當然而責其身以必然, 則不規矩禁防之具, 豈待他人設之而後有所持循哉! 近世於學有規, 其待學者爲已淺矣, 而其爲法, 又未必古人之意也. 故今不復以施於此堂, 而特取凡聖賢所以敎人爲學之大端, 條列如右而揭之楣間. 諸君其相與講明遵守而責之於身焉, 則夫思慮云爲之際, 其所以戒愼而恐懼者, 必有嚴於彼者矣. 其有不然, 而或出於此言之所棄, 則彼所謂規者必將取之, 固不得而略也. 諸君其亦念之哉.〕

(46) 같은 책, 卷12「乙酉擬上封事」, p. 2b.

〔臣聞天下之事, 其本在於一人, 而一人之身, 其主在於一心. 故人主之心一正, 則天下之事無有不正.〕

(47) de Bary, *Neo-Confucian Orthodoxy*, pp. 29, 86을 참조.

(48) de Bary, *Self and Society in Ming Thought*(New York: Columbia University Press, 1970), pp. 154~206을 참조.

(49) Jennifer Robertson, "Rooting the Pine: "Shingaku Methods of Organization," *Monumenta Nipponica*(1979), 5(34), pp. 311~32.

(50) Tileman Grimm, "Ming Educational Intendants," Charles Hucker, ed., *Chinese Government in Ming Times*(New York: Columbia University Press, 1969), p. 135를 참조.

(51) 酒井忠夫,『中國善書の硏究』, pp. 46~54.

(52)『文集』卷69「學校貢擧私議」, pp. 18a-26a.

(53) 같은 책, 卷69, p. 21b.

(54) 錢穆, 『中國近三百年學術史』, pp. 4~5; 武內義雄, 『武內義雄全集』(東京: 角川書店, 1979) 第4卷, pp. 207~08.

(55) 『文集』 卷69, p. 22a.

〔則士無不通之經, 無不習之史, 皆可爲當世之用矣.〕

3. 신유학의 개인주의

(1) *Webster's Third New International Dictionary*(Springfield, Mass.: Merriam, 1961), citing M. R. Cohen.

(2) de Bary, "Individualism and Humanitarianism in Late Ming Thought," *Self and Society in Ming Thought*, pp. 145~247.

(3) 칼그렌(Bernhard Karlgren)의 견해에 따르면, '자'(自)라는 말은 어원학적으로 '비'(鼻) 그리고 '식'(息)과 관계 있다. 이것은 산스크리트어에서 '자아'(自我)를 표현하는 '아트만'(atman)이라는 달이 본래 '호흡'이라는 의미에서 파생된 것과 같다. B. Karlgren, *Analytic Dictionary of Chinese*(Taipei: Cheng Wen, 1975), p. 310.

(4) de Bary, *The Unfolding*, p. 169. 『吳文公集』(臺北中央圖書館에 소장되어 있는 萬曆40年刊本) 『外集』 卷2, pp. 10~11.

(5) 『莊子』 「駢拇」 篇, '是得人之道而不自得其得者也', 讓王篇 '而心意自得', '所學夫子之道者, 足以自樂也'. Burton Watson, *Complete Works of Chuang Tzu*(New York: Columbia University Press, 1968), pp. 102~03, 310, 317.

(6) 朱熹, 『孟子集注』 「離婁下」 4와 『近思錄集註』 卷2의 第41; 程顥, 『二程遺書』 卷11, p. 4. 나의 해석은 山崎道夫, 『朱子學大系』(東京: 明德出版社) 第9, p. 41의 번역문을 일부 수정한 것이다.

〔學, 不言而得者, 乃自得也, 有安排佈置者, 皆非自得也.〕

(7) 胡廣, 『性理大全』(四庫珍本第5輯, 臺北: 商務印書館, 1974), 卷43, p. 9b; 『二程遺書』 卷6, p. 6b.

(8) 『二程遺書』 卷2 上, p. 2a; 『近思錄集註』 卷4, p. 6b, 第14; 『朱子學大系』 第9卷, pp. 129, 310; Chan, *Things at Hand*, p. 128. 『근사록』의 이 부분의 번

역은(다른 부분들에서도 마찬가지이지만) 특히 윙칫찬(陳榮捷) 교수로부터 많은 도움을 받았다. 그러나 나의 논의와 관련하여 특히 중요한 개념들의 해석은 윙칫찬 교수의 해석과 다소 다르다는 것을 밝혀 둔다.

〔伊川先生曰, 學者須敬守此心, 不可急迫. 當栽培深厚, 涵泳於其閒, 然後可以自得. 但急迫求之, 只是私己, 終不足以達道.〕

(9) 『論語』「泰伯」2.

(10) 같은 책,「述而」37.

(11) 『二程遺書』卷2 上, p. 16a;『近思錄集註』卷4, p. 7a-b, 第16;『朱子學大系』第9卷, pp. 130, 310; Chan, *Things at Hand*, p. 128.

〔明道曰, 今學者, 敬而不自得, 又不安者, 只是心生. 亦是太以敬來做事得重. 此「恭而無禮則勞」也. 恭者, 私爲恭之恭也. 禮者非體之禮, 是自然底道理也. 只恭而不爲自然底道理, 故不自在也. 須是「恭而安」. 今容貌必端, 言語必正者, 非是道獨善其身, 要人道如何, 只是天理合如此. 本無私意, 只是簡循理而已.〕

(12) 불교에서도 이와 유사한 문제를 발견할 수 있다. 예를 들어서 일본 정토진종(淨土眞宗)의 신란(親鸞) 성인(聖人)이 이야기한 '자연법이'(自然法爾) 또는 도겐(道元) 선사가 제기한 '공부'(工夫, 도덕적 노력)의 문제 등이 이에 해당할 것이다. *Sources of Japanese Tradition*(New York: Columbia University Press, 1958), pp. 212~18, 249~51.

(13) 朱熹, 『中庸章句』第1章(中國子學名著集成本), p. 49.

〔右第一章, 子思述所傳之意以立言. 首明道之本原出於天而不可易, 其實體備於己而不可離. 次言存養省察之要. 終言聖神功化之極. 蓋欲學者於此, 反求諸身而自得之.〕

(14) Chan, *Completion*, p. 76. 진장방에 대해서는 『宋元學案』卷29를 참조.

(15) Chan, *Source Book*, pp. 465 이하 부분.

(16) 『近思錄集註』卷2, p. 1a-b; Chan, *Things at Hand*, p. 37.

(17) 『伊川文集』(四部備要本 『二程全書』) 卷4「顔子所好何學論」, pp. 1a-2b; Chan, *Source Book*, pp. 547 이하.

(18) Chan, *Source Book*, p. 473.

〔聖可學乎. 曰, 可, 有要乎. 曰, 有.〕(『通書』20章, '聖學')

(19) 『伊川文集』卷4, p. 1a; Chan, *Source Book*, p. 548.

〔凡學之道正其心養其性而已, 中正而誠, 則聖矣. 君子之學必先明諸心, 知所養, 然後力行以求至, 所謂自明而誠也. 故學必盡其心, 盡其心則知其性, 知其性, 反而誠之, 聖人也.〕

(20) 같은 책, 卷 4, pp. 1b-2a.

〔後人不達, 以謂聖本生知, 非學可至, 而爲學之道遂失. 不求諸己, 而求諸外, 以博聞强記, 巧文麗辭爲工. 榮華其言, 鮮有至於道者. 則今之學與顏子所好異矣.〕

(21) 宇野, 『小學』, p. 139.

〔仰聖模, 景賢範.〕

(22) 朱熹, 『朱子語類』(京都: 中文出版社, 1979), 卷93, p. 9a; Chan, *Things at Hand*, pp. 204~05.

〔如今說與學者, 也只得教他依聖人言語恁地做去. 待他就裏面做工夫, 有見處便自知得聖人底是確然恁地.〕

(23) 같은 책, 卷94, p. 8.

〔一實萬分, 萬一各正, 大小有定 … 萬物之中又各具一理, 所謂乾道變化, 各正性命 …. 如一粒粟生爲苗, 苗便生花, 花便結實, 又成粟, 還復本形 … 生生只管不已.〕

(24) Chan, *Things at Hand*, p. 2.

〔窮鄕晚進.〕

(25) 宇野, 『小學』, p. 139.

〔陶冶未學之士.〕

(26) 『明道文集』(四部備要本 『二程全書』) 卷2 「論王霸之弁」, p. 1a.

〔故誠心而王則王矣, 假之而霸則霸矣. … 陛下躬堯舜之資, 處堯舜之位, 必以堯舜之心自任, 然後爲能充其道.〕

(27) 『孟子』 「離婁上」 20.

(28) 동중서(董仲舒)의 말로, 출전은 『漢書』 卷56, p. 6b. 그리고 『董子文集』(畿輔叢書本) 卷1, p. 51.

(29) 『二程遺書』 卷15, p. 17a; 『近思錄集註』 卷8, pp. 16b-17a; *Chan, Things at Hand*, p. 213.

〔治道亦有從本而言, 亦有從事而言. 從本而言, 有從格君心之非, 正心以正朝廷, 正朝廷以正百官. 若從事而言, 不求則已, 若須求之, 必須變.〕(『近思錄』에는 『二程

遺書』의 '有從格君心之非' 부분이 '有是格君心之非'로 되어 있다—옮긴이)

(30) 『伊川文集』卷1「爲太中上皇帝應詔書」, p. 3a.

〔所謂立志者, 至誠一心, 以道自任. 以聖人之訓爲可必信, 先王之治爲可必行, 不滯於近規, 不遷惑於衆口, 必期致天下如三代之世, 此之謂也.〕

(31) 朱熹, 『文集』卷11, p. 4b.

(32) Robert Hartwell, "Patterns of Settlement, the Structure of Government, and the Social Transformation of the Chinese Political Elite, ca. 750~1550", 컬럼비아 대학의 전통 중국 세미나(the Columbia University Seminar on Traditional China)에서 발표된 논문. September 9, 1980, pp. 9, 18~19.

(33) 范祖禹, 『帝學』(中國子學名著集成本) 卷3, pp. 6b~7a.

(34) 佐伯富, 『宋の新文化』(東京: 人物往來社, 1967), p. 372.

(35) 같은 책, p. 373 이하를 볼 것. 송대에서의 여러 학파들의 성장과 학자수의 증가 및 과거 수험자수의 증가 등에 관해서는 다음을 참조. John W. Chaffee, *Education and Examinations in Sung Society*(Ph. D. diss., University of Chicago, 1979), p. 338 이하를 볼 것.

(36) 이 문제에 대해서 무척 다양한 논의들이 활발하게 전개되어 왔다. 자세한 것은 다음을 참조. E. Balasz, *Chinese Civilization and Bureau-cracy*(New Haven: Yale University Press, 1974), ch. 4. 특히 pp. 53~54. 그리고 이미 언급했던 Hartwell, "Patterns," pp. 32~33.

(37) C. Schirokauer, in A. Wright, ed., *Confucian Personalities*(Stanford: Stanford University Press, 1962), pp. 165~66. 윙칫찬(陳榮捷) 교수는 주희의 생애를 다년간 연구한 끝에, 주희가 극도로 검소한 생활을 했으며, 부업으로 인쇄업에 종사하여 생계 유지를 위한 약간의 수입을 얻었다는 결론을 내렸다. 陳榮捷, 「朱子困窮」, 『朱學論集』(臺北: 學生書局, 1982), pp. 205~32.

(38) 예컨대, Wei-ming Tu, "Toward an Understanding of Liu Yin's Confucian Eremitism," in Chan and de Bary, ed., *Yüan Thought*(New York: Columbia University Press, 1982), p. 259. 그리고 같은 책에 수록되어 있는 John Dardess, "Confucian Doctrine, Local Reform and Centralization," p. 357을 보라.

(39)『二程遺書』卷19, p. 9.

〔今之士大夫道得個乞字慣, 卻動不動又是乞也.〕

(40)『孟子』「公孫丑下」2.

〔其尊德樂道, 不如是, 不足與有爲也.〕

(41)『伊川文集』卷4, p. 21b;『近思錄集註』卷7, p. 8b; Chan, p. 190. 또한 Franklin Houn, "Rejection of Blind Obedience as a Traditional Chinese and Maoist Concept," *Asian Thought and Society*, vol. 7, no.21(New York: Sharpe, 1982), pp. 266~69를 보라.

〔士之處高位, 則有拯而無隨.〕

(42)『二程遺書』卷15, pp. 3b-4a;『近思錄集註』卷7, p. 11a; Chan, p. 193의 번역문을 일부 고쳐서 인용했다.

〔人苟有朝聞道夕死可矣之志, 則不肯一日安於其所不安也.〕

(43) Julia Ching, "The Goose Lake Monastery Debate", *Journal of Chinese Philosophy*(1974), 1(2), p. 175.

(44) L. C. Goodrich and C. Y. Fang, *Dictionary of Ming Biography*(New York: Columbia University Press, 1976), pp. 426~33, 474~79.

(45)『文集』卷69, p. 18.

(46) Robert Hartwell, "Patterns"; 斯波義信,『宋代商業史』(東京: 風間書房, 1976)의 영역본 *Commerce and Society in Sung China*, tr. Mark Elvin (Ann Arbor: University of Michigan, 1970)에서 특히 pp. 45~50, 202~13. 앞서 언급한 佐伯富,『宋の新文化』, pp. 141~68, 370~92.

(47) 佐伯富, 위의 책, pp. 381~85.

(48)『文集』卷47「致呂祖謙書」, p. 17b.

(49) 佐伯富, 위의 책, p. 370 이하. 그러한 높은 이상과 목적 의식의 결여로 인한 교육의 위기에 대해서는 Thomas H. C. Lee, "Life in Schools of Sung China", in *Journal of Asian Studies*, vol. 37(1977), pp. 58~59를 보라.

(50)『中庸或問』(近世漢籍叢刊三編本, 京都: 中文出版社, 1976), pp. 82; Chan, *Things at Hand*, p. 69의 영역을 일부 수정하여 이용했다.

〔備事物之現, 故能參伍之以得所疑而有問. 問之審然後以盡師友之情, 故能反復之以發其端而可思. 思之謹, 則精而不雜, 故能有所自得而可以施其辨. 辨之明,

則斷而不差, 故能無所疑惑而可以見於行. 行之篤, 則凡所學問思辨而得之者, 又
皆必踐其實而不爲空言矣.〕

(51) 『二程遺書』 卷22, p. 14a ; 『近思錄集註』 卷3, pp. 10b-11a ; Chan, p. 97.
〔學者要自得. 六經浩渺, 乍來難盡曉. 且見得路徑後, 各自立得一個門庭, 歸而求
之可矣.〕

(52) 『二程遺書』 卷15, p. 19b ; 『近思錄集註』 卷11, p. 7a ; Chan, p. 264의 번역
문을 일부 수정하여 이용.
〔說書必非古意, 轉使人薄. 學者須是潛心積慮, 優游涵養, 使之自得. 今一日說盡,
只是敎得薄.〕

(53) 『伊川文集』 補遺, 「與方元審手帖」, p. 3a ; 『近思錄集註』 卷2, p. 14a(第15) ;
Chan, pp. 47~48의 번역문을 일부 수정하여 이용.
〔經所以載道也, 誦其言辭, 解其訓詁, 而不及道乃無用之糟粕耳. 覬足下由經以求
道, 勉之又勉, 異日見卓爾有立於前, 然後不知手之舞足之蹈, 不加勉而不能自止
矣.〕

(54) 『二程遺書』 卷19, p. 11a ; 『近思錄集註』 卷3, p. 14a(第30) ; Chan, p. 100.
〔如讀論語, 舊時未讀, 是這箇人. 及讀了, 後來又只是這箇人, 便是不曾讀也.〕

(55) 『二程遺書』 卷19, p. 11a ; 『近思錄集註』 卷3, p. 16b(第38) ; Chan, p. 103.
〔論語有讀了後全無事者, 有讀了後其中得一兩句喜者, 有讀了後知好之者, 有讀
了後不知手之舞之足之蹈之者.〕

(56) 『二程遺書』 卷2 上, p. 21a ; 卷19, p. 11a ; 卷22 上, pp. 2a, 6b ; 『外書』 卷3,
p. 1a ; 卷5, p. 1 ; 卷12, pp. 4, 6.

(57) 『外書』 卷5, p. 1b ; 『遺書』 卷11 p. 4a.

(58) 장재(張載)의 말이다. 『近思錄集註』 卷3, p. 10b에 인용되어 있다. Chan,
p. 97.
〔凡致思到說不得處, 始復審思明辨.〕

(59) 『外書』 卷11, p. 2b ; Chan, p. 94.
〔學者要先會疑.〕

(60) 張載, 『張子全書』(近世漢籍叢刊本) 卷7, p. 5a.
〔義理有疑, 則濯去舊見, 以來新意.〕

(61) 朱熹, 『文集』 卷47 「致呂祖謙書」, p. 30a-b ; 『近思錄集註』 卷3, p. 10a ;

Chan, p. 96.

(62) 諸橋轍次, 『儒敎の目的と宋儒の活動』(東京: 大修館書店, 1926), p. 798.

(63) de Bary, *The Unfolding*, pp. 143~47.

(64) de Bary, *Sources of Chinese Tradition*, pp. 492~509; James T. C. Liu, *Ou-Yang Hsiu*(Stanford: Stanford University Press, 1967), pp. 90~102; Hok-lam Chan, "'Comprehensiveness' and 'Change' in Ma Tuan-lin's Historical Thought," in *Yüan Thought*, pp. 41~45.

(65) Chan, *Things at Hand*, pp. 88~122를 참조.

(66) 『遺書』卷24, p. 7b; 『文集』卷5, p. 11b.

(67) 『朱子語類』, p. 112.

〔凡言性不同者皆冰釋矣〕

(68) 같은 책, p. 2628.

(69) 같은 책, p. 334.

(70) 『西山文集』卷24「明道先生書堂記」.

(71) 『四庫提要』(上海: 商務印書館, 1933) 卷36. (『四書大全』의「提要」가운데 한 구절이다.)

〔蓋由漢至宋之經術於是始盡變矣.〕

(72) Christian Murck, *Chu Yün-ming(1461~1527) and Cultural Commitment in Su-chou*(Ann Arbor: University Microfilms International, 1979), vol. 2, pp. 311~12을 보라.

(73) 『張子全書』卷7, p. 5a.

〔日間朋友論著, 則一日間意思差別, 須日日如此, 講論久則自覺進也.〕

(74) Murray, *Liberality and Civilization*, pp. 30~31.

4. 명대의 신유학과 황종희의 자유사상

(1) 魏了翁, 『鶴山先生大全集』(四部叢刊本) 卷69, p. 21a-b; 『宋史』(標點本, 1977) 卷437, p. 12964.

(2) 歐陽玄, 『圭齋文集』(四部叢刊本) 卷9, p. 1a.

(3) 許衡, 『魯齋全書』(近世漢籍叢刊第2輯本, 京都: 中文出版社, 1975) 卷2, pp. 32a-33b.

(4) Tu Wei-ming, "Towards an Understanding of Liu Yin's Confucian Eremitism," in Hok-lam Chan and W. T. de Bary, eds., *Yüan Thought*(New York: Columbia University Press, 1982), p. 256.

〔幫助他瞭解天地萬物之理.〕

(5) 같은 책, p. 255.

(6) 같은 책, p. 256.

(7) de Bary, *Neo-Confucian Orthodoxy*, p. 150; 吳澄, 『草廬吳文正公全集』(乾隆21年, 崇仁萬潢校刊本), 外集 卷2「道統」, pp. 14a-15b.

(8) 虞集, 『道園學古錄』(乾隆41年, 崇仁陳兆履刊本) 卷44「行狀」, pp. 5a-6a.

(9) 吳澄, 『草廬吳文正公全集』外集 卷3「謁趙判部書」, pp. 1a-2b.

〔然則何如斯可謂豪傑之士. 我朱夫子所謂才智過人者是也. 夫所謂過人者, 度越一世而超出乎等夷者也. 戰國時天下靡然, 率爲功利之趨, 而其間惑世誣民, 充塞仁義, 如楊墨之徒者, 抑又滔滔也. 且當是時也, 孔子徒黨盡矣, 而有孟子者. 生乎其時, 挺乎其中, 不趨於功利, 不惑於楊墨, 確然願學孔子, 何其壯也. 卒之得吾夫子之傳者, 孟子也. 以戰國之時而有孟子, 蓋曠世一人而已. 嗚呼, 孟子其眞豪傑之士也歟.… 孟子死, 聖人之學不傳, 曠秦漢三國至隋唐五季, 千有餘年, 學者溺於俗儒之陋習, 淫於老佛之異說, 而無一豪傑之士生於其間, 僅有一韓愈…. 至於我朝, 天開文治, 篤生異人, 周程張邵, 一時迭出. 嗚呼, 盛哉, 夫斯文之喪人矣, 世之人, 其父兄相與講明, 師友相與傳習, 以爲學者, 果何事也, 而周子乃獨能超然默悟此道於千載之下. 二程子又獨能以周子爲師, 而從學焉,… 至於邵子, 則又獨能默悟天地之化, 窮極象數之微,… 非蓋世之豪傑而能之乎. 然當時遊程張之門者, 未能得程張之道. 南渡以來, 去程張殆將百年, 而閩中有朱夫子, 又能集數夫子之大成, 則朱子又中興以後之豪傑也. 朱子沒至今逮將百年矣. 以紹朱子之統自任者, 果有其人乎.〕

(10) 虞集, 앞의 책, 卷44「行狀」, pp. 3a-18b.

(11) 錢穆, 『民族性』, pp. 47~59.

(12) 첸무 교수는 중국의 민족성에 대한 학술 강연(이 강연의 내용을 담은 책이 『從中國歷史來看中國民族性及中國文化』이다)을 하기 1년 전에 『中國學術思想史論叢』(臺北: 東大圖書公司, 1978)을 출간했다. 그런데 이 책의 제6권 p. 55에서 첸무 교수 또한, 내가 앞서 인용한 영웅을 논하는 오징의 편지글을 인용하면

서, 오징에 대해 논하고 있다. 이것은 자못 의미심장한 우연의 일치이다. 하지만 첸무 교수가 인용한 원문은 우집(虞集)이 「行狀」 pp. 5a-6b에서 축약해 놓은 것으로, 통속적 영웅 관념에 대한 오징의 비판적 견해를 축약되지 않은 그 편지의 원문만큼 분명하게 밝혀 주지는 못한다. 물론 첸무 교수가 『民族性』에서 논했던 것은 오징 사상의 일반적 특징이었고, 개인주의의 문제는 아니었다. 또한 민족성에 관한 강연에서 첸무 교수는 중국의 전통의 일반적 성격을 논했으며, 신유학이라는 특정의 사상만을 집중적으로 논하지는 않았다. 그러나 『民族性』과 『中國學術思想史論叢』, 두 저서들의 내용으로 미루어 보건대, 나는 첸무 교수가 나의 해석에 공감할 여지가 충분히 있다고 확신한다.

(13) 吳與弼, 『康齋集』(四庫全書珍本4輯, 臺北: 商務印書館, 1973) 卷8, p. 16b; Theresa Kelleher, *Personal Reflections on the Pursuit of Sagehood: The Life and Journal of Wu Yü-pi*(1392~1469)(Ph.D. diss., Columbia University; Ann Arbor: University Microfilms, 1982), p. 405.

〔夫聖至於堯舜周公孔子, 無以復加矣, 而其量豈足而心豈少息哉. 後之英雄之士, 卓然特立者, 其量蓋期於堯舜周公孔子, 而其心亦以堯舜周公孔子之心爲心. 一念慮, 一動作, 數聖人常在目前.〕

(14) 『孟子』 「離婁下」 11, 12; 「盡心上」 33 "인에 거처하면서 의를 따라 걸어간다면, 대인으로서 갖춰야 할 것은 다 갖춘 셈이다"〔居仁由義, 大人之事備矣〕. 또한 『康齋集』 卷11, p. 2b.

(15) 吳與弼, 『日錄』, 『康齋集』 卷11, p. 38b.

(16) 朱熹, 『大學章句』 第1章.

(17) 『孟子』 「滕文公下」 2.

〔居天下之廣居, 立天下之正位, 行天下之大道. 得志, 與民由之, 不得志, 獨行其道. 富貴不能淫, 貧賤不能移, 威武不能屈, 此之謂大丈夫.〕

(18) Wing-tsit Chan, "Neo-Confucian Philosophical Poems", in *Renditions*(Spring 1975), p. 11.

〔富貴不淫貧賤樂, 男兒到此是豪雄.〕

(19) 許衡, 『許文正公遺書』(唐氏經館叢書本) 卷4 「大學直解」, p. 1a. 이런 관념이 훗날 양명학파에서 갖게 되는 중요한 의의에 대해서는 다음을 참조. 唐君毅, 『中國哲學原論·原教篇』(香港: 新亞研究所, 1975) 第14·16章.

〔大人爲學, 旣明了自己明德. 又當推此心, 使那百姓每各去其舊染之汚, 以明其明德也, 都一般不昏昧.〕

(20) 徐紘, 『明名臣琬琰錄』(四庫全書珍本6輯, 臺北: 商務印書館, 1976) 卷10에 수록되어 있는 婁諒, 「康齋先生行狀」, p. 13a.

〔紫陽沒, 後世道統無傳, 所尙者文詞訓詁功名利達而已. 先生奮乎百世之下, 覽前迹而啓其任道之機, 遠續關閩之絶學. 誠曠古之豪傑也.〕

(21) 예를 들어 『康齋集』 卷11, pp. 2b, 14a, 31b.

(22) 같은 책, 卷8 「與徐希仁書」 p. 15b; Kelleher, p. 403에서 인용.

〔世俗固吾棄, 吾庶幾以自與. 世俗固吾笑, 吾庶幾以自得. 吾方聖賢之親而遑恤其他乎哉.〕

(23) 같은 책, 卷8, p. 29a-b; Kelleher, p. 425에서 인용.

〔蓋人患不知反求諸己, 書自書, 我自我, 所讀之書徒爲口耳之資, 則大失矣.〕

(24) 吳與弼, 『日錄』, 『康齋集』 卷3, p. 30a-b; 卷11, p. 40; Kelleher, p. 140의 내용에 따르면, 오여필은 정호(程顥)가 지은 어떤 시(詩)에서 자극을 받아 이렇게 명명했다고 한다.

(25) Jen Yu-wen, "The Philosophy of the Natural in Ch'en Hsien-chang," in de Bary, ed., *Self and Society in Ming Thought*, pp. 53~92; Paul Jiang, *The Search for Mind: Ch'en Pai-sha, Philosopher Poet*(Singapore: Singapore University Press, 1980), pp. 49~50, 74~78, 156~59, 181~82.

(26) Jiang, p. 35.

(27) 陳獻章, 『白沙子全集』(香港: 陳白沙文化敎育基金, 1710年刊本影印, 1976) 卷3 「與賀黃門其一」.

〔人要學聖賢, 畢竟要去學他. 若道只是箇希慕之心, 却恐末梢未易轕泊, 卒至廢弛. 若道不希慕聖賢, 我還肯如此學否. 思量到此, 見得箇不容已處, 雖使古無聖賢爲之依歸, 我亦住不得, 如此方是自得之學.〕

(28) 『朱子語類』 卷95, p. 3902; Chan, *Things at Hand*, p. 70의 번역문을 일부 수정하여 이용함.

〔學者固當以聖人當師, 然亦何須得先立標準. 才立標準, 心裏便計較思量幾時得到聖人處⋯今雖道是要學聖人, 亦且從下頭作將去. 若日日恁地比較, 也不得.〕

(29) 『二程全書』(四部備要本) 卷1 「粹言」, p. 32a.

(30) 陳獻章, 『白沙子全集』 卷1 「新遷電白縣儒學記」, pp. 41b-42a.

〔孔子曰, 古之學者爲己, 今之學者爲人, 程子曰, 古之仕者爲人, 今之仕者爲己. 夫學以求仕之所施, 仕以明學之所蘊, 如表裏形影. 然皐夔契伊傳周召, 其載於典謨訓誥, 仕者之所施也. 有爲己之心乎. 顏曾思孟周程張朱, 其傳於著述文字, 學者之所蘊也. 有爲人之心乎. 諸君子顯晦不同, 易地而處之, 有不相能者乎. 自古有國家者, 未始不以興學育才爲務. 然自漢而下, 求諸學校之所得名世者幾人. 有不由庠序而興者乎. 是故學校之設, 其重在於得人. 學之道, 其要在於爲己. 古之名世者, 舍是無以成德.〕

(31) de Bary, *Neo-Confucian Orthodoxy*, pp. 44~45.

(32) 후스(胡適) 박사가 백화(白話)문학운동을 제창할 때 바로 이 사실을 지적했다. 지난 1960년에 나와 대담을 나눌 때에도, 후스 박사는 백화문의 중요성을 거듭 강조했다.

(33) 太田辰夫, 『中國歷代口語文』(京都: 朋友書店, 1982), pp. 70~71; de Bary, *Neo-Confucian Orthodoxy*, pp. 46~50, 134~37. 오타(太田) 교수에 따르면, 원(元)의 오징이 행한 구어체의 경전 해석(『經筵進講』)이 있었다고 한다. 하지만 내가 지금까지 살펴본 바로는, 적어도 오징의 문집의 어떤 판본에서도 그런 해석을 찾을 수는 없었다.

(34) W. T. de Bary, "Individualism and Humanitarianism in Late Ming Thought," in *Self and Society in Ming Thought*, pp. 154~57.

(35) Ho Ping-ti, *The Ladder of Success in Imperial China*(New York: Columbia University Press, 1962), p. 197; *Neo-Confucian Orthodoxy*, p. 50.

(36) 『王陽明全集』(上海: 大東, 1935) 「文集」 卷6, pp. 89~90; Chan, *Instructions*, pp. 272~73의 번역문을 일부 수정하여 이용.

〔大人子, 以天地萬物爲一體者也, 其視天下猶一家, 中國猶一人焉.…故夫爲大人之學者, 亦惟去其私欲之蔽以自明其明德, 復其天地萬物一體之本然而已耳.…明明德者, 立其天地萬物一體之體也. 親民者, 達其天地萬物一體之用也. 故明明德必在於親民, 而親民乃所以明其明德也.〕

(37) 『王陽明全集』, 『傳習錄』 卷2 「答聶文蔚」, p. 62; Chan, *Instructions*, pp.

168~69의 번역문을 일부 수정하여 이용.

〔是以每念斯民之陷溺, 則爲之戚然痛心, 忘其身之不肖, 而思以此救之, 亦不自知其量者. 天下之人, 見其若是, 遂相與非笑而詆斥之, 以爲病狂喪心之人耳.… 人固有見其父子兄弟之墜溺於深淵者, 呼號匍匐, 裸跣顚頓, 扳懸崖壁而下拯之, 士之見者, 方相與揖讓談笑於其旁, 以爲是棄其禮貌衣冠而呼號顚頓若此, 是病狂喪心者也. 故夫揖讓談笑於溺人之旁而不知救, 此惟行路之人, 無親戚骨肉之情者能之, 然已謂之無惻隱之心, 非人矣. 若夫在父子兄弟之愛者, 則固未有不痛心疾首, 狂奔盡氣, 匍匐而拯之, 彼將陷溺之禍有不顧, 而況於病狂喪心之譏乎. 而又況於蘄人之信與不信乎.〕

(38) Chan, *Instructions*, pp. 13~16, 45~48, 58~59.

(39) 『王陽明全集』, 『傳習錄』 卷2 「答羅整菴少宰」, pp. 60~61; Chan, *Instructions*, p. 164의 번역문을 일부 수정하여 이용.

〔蓋不忍牴牾朱子者, 其本心也. 不得已而與之牴牾者, 道固如是, 不直則道不見也.… 夫道, 天下之公道也, 學, 天下之公學也, 非朱子可得而私也, 非孔子可得而私也. 天下之公也, 公言之而已矣.〕

(40) 당시에 공자(孔子)가 어떻게 오해되고 또는 무시되고 있었는지에 대한 왕양명의 기록(『傳習錄』 「答聶文蔚」, p. 62)에 주목할 것. 그리고 주희가 『中庸章句』의 서문에서 기술한 '도통'(道統)에 대한 견해와의 유사성에도 주목할 것.

(41) 『傳習錄』 「答聶文蔚」, p. 63.

(42) 주(41)과 동일.

(43) 島田虔次, 『中國における近代思惟の挫折』(東京: 筑摩書房, 1970), p. 97. (1949년판에서는 p. 87.)

(44) de Bary, *Self and Society*, p. 158.

(45) 같은 책, pp. 166~88.

(46) 같은 책, pp. 169~70.

(47) 같은 책, pp. 178~88.

(48) 唐君毅, 『中國哲學原論·原教篇』, pp. 385~91, 416, 435.

(49) 다음의 연구도 이런 결론을 뒷받침해 주고 있다. Jerry Dennerline, *The Chia-ting Loyalists*(New Haven: Yale University Press, 1981), pp. 14~42, 180~205, 342~48.

(50) Wm. T. de Bary, "Chinese Despotism and the Confucian Ideal," in J. K. Fairbank, ed., *Chinese Thought and Institutions*(Chicago: University of Chicago Press, 1957), pp. 163~203.

(51)『明夷待訪錄』(五桂樓本, 1879)「原臣」, p. 3a-b.〔全海宗 옮김,『明夷待訪錄』, 三星美術文化財團, 1971〕

〔既以産業視之, 人之欲得産業, 誰不如我. 攝緘縢, 固扃鐍, 一人之智力不能勝天下欲得之者之衆. 遠者數世, 近者及身. 其血肉之崩潰在其子孫矣.〕

(52) 황종희 사상과의 관련이 문제가 되는 저명한 인물들은 다음과 같다. 보다 이른 시기의 인물로 마단림(馬端臨, 1254~1325), 구준(邱濬, 1420~95), 그리고 명대의 인물로 장거정(張居正, 1525~82), 그리고 황종희와 동시대인으로 고염무(顧炎武, 1613~82), 왕부지(王夫之, 1619~92).

(53) de Bary, *Neo-Confucian Orthodoxy*, p. 184.

(54) JaHyun Haboush, "Confucian Education in the Yi Court". 이 논문은 한국 신유학 학술회의(the Conference on Korean Neo-Confucianism: August 1981, Villa Serbelloni, Bellagio, Italy)에서 발표된 미출간본이다.

(55)『明夷待訪錄』「原法」, p. 7b.

〔自非法之法桎梏天下人之手足, 卽有能治之人終不勝其牽婉嫌疑之顧盼. 有所設施, 亦就其分之所得, 安於苟簡, 而不能有度外之功名.〕

(56) Dennerline, *The Chia-ting Loyalists*, pp. 165~71을 보라.

(57) de Bary, *Neo-Confucian Orthodoxy*, pp. 36, 46, 195.

(58)『明夷待訪錄』「原法」, p. 8a

(59) 같은 책, p. 6a-7b; *Sources of Chinese Tradition*, pp. 590~93.

(60) de Bary, "Individualism and Humanitarianism in Late Ming Thought," *Self and Society*, pp. 220~22.

(61)『明夷待訪錄』「學校」, p. 10b-11a.

〔天子遂不敢自爲非是, 而公其非是於學校. 三代以下, 天下之是非一出於朝廷, 天子榮之, 則羣趨以爲是, 天子辱之, 則羣摘以爲非〕

(62)『明儒學案』의 자서(自序)를 보라.

(63)『明夷待訪錄』「取士下」, p. 18b-19a.

(64) de Bary, "Neo-Confucian Cultivation and Enlightenment," in *The*

Unfolding, pp. 196~99를 보라.

(65) 唐君毅, 『中國哲學原論·原敎篇』, pp. 466~70을 보라.

(66) 『明儒學案』「自序」, p.1.

〔夫先儒之語錄, 人人不同. 只是印我之心體, 變動不居. 若執成定局, 終是受用不得. 此無他, 修德而後可講學. 今講學而不修德, 又何怪其擧一而廢百乎.〕

(67) 본래 이름은 호대시(胡大時), 계수(季隨)는 그의 자(字)이다. 『宋元學案』卷 71 「嶽麓諸儒學案」에 그에 대한 언급이 나온다.

(68) 『明儒學案』卷1 「凡例」, pp. 1~2.

〔儒者之學不同釋氏之五宗, 必要貫串到淸源南獄. 夫子旣言不學, 濂溪無待而興, 象山不聞所受.… 學問之道, 以各人自用得着者爲眞. 胡季隨從學晦庵, 晦庵使讀孟子. 他日問季隨, 至於心獨無所同然乎. 季隨以所見解, 晦翁以爲非, 且謂其讀書鹵莽不思. 季隨思之, 旣苦, 因以致疾. 晦翁始言之. 古人之於學者, 其不輕授如此. 蓋欲其自得之也….〕

(69) J. K. Fairbank, ed., *Chinese Thought and Institutions*(Chicago: University of Chicago Press, 1957), p. 9.

(70) de Bary, "Chinese Despotism and the Confucian Ideal," 같은 책, pp. 193~98.

5. 현대 중국과 자유주의의 한계

(1) 우한에 대한 영문(英文) 자료로는 다음과 같은 것들이 있다. L. C. Goodrich, ed., *Dictionary of Ming Biography*(New York: Columbia University Press, 1976), vol.1, pp. 478~79; H. L. Boorman, ed., *Biographical Dictionary of Republican China*(New York: Columbia University Press, 1970), pp. 425~30; James R. Pusey, *Wu Han, Attacking the Present Through the Past*(Cambridge, Mass.: Harvard University Press, 1969).

(2) Wu Han, *Hai Jui Dismissed from Office*, tr. C. C. Wang with an introductory essay by D. W. Y. Kwok(Honolulu: University of Hawaii Press, 1972); Clive Ansley, *The Heresy of Wu Han: His Play "Hai Jui Dismissed from Office" and Its Role in China's Cultural Revolution*

(Toronto: University of Toronto Press, 1971)을 보라. 오함과 관련한 더 상세한 논의는, Merle Goldman, *China's Intellectuals: Advise and Dissent*(Cambridge, Mass: Harvard University Press, 1981), pp. 26~27, 32~37, 118~24, 233~34를 보라.

(3) de Bary, ed., *Sources of Chinese Tradition*, pp. 925~28.

(4) Marvin Harris, *Cannibals and Kings, the Origins of Cultures*(New York: Vintage Books, 1977), p. 240.〔정도영 옮김, 『식인과 제왕』, 한길사, 1995〕; Karl A. Wittfogel, *Oriental Despotism, A Comparative Study of Total Power*(New Haven: Yale University Press, 1957; Vintage, 1981).

(5) Inge Morath and Arthur Miller, *Chinese Encounters*(New York: Farrar, Straus and Giroux, 1979).

(6) Orville Schell in *New York Times Book Review*, October 14, 1979, p. 43.

(7) 『明史』(北京: 中華書局, 1974) 卷174, pp. 5927~33. Ernst Wolff, "A Preliminary Study of Hai Jui: His Biography in the *Ming shih*(明史)," *Journal of the Oriental Society of Australia*(December 1970), vol. 7, nos. 1, 2 참조.

(8) 방효유의 생애와 그에 대한 참고문헌은, *Dictionary of Ming Biography*, pp. 426~33에 수록되어 있는 모트(Frederick Mote)의 글을 참조.

(9) 張伯行, 『正誼堂全書』(同治5年刊本, 1866), 『方正學先生文集』卷7; 같은 판본으로 『海剛峯先生文集』卷2; 容肇祖, 『明代思想史』(臺北: 開明書店, 1962年影印本) 第2章. 또한 해서의 정통(正統) 관념에 대해서는 『海忠介公備忘集』(光緒31年本, 1905) 卷10, p. 10; 『海剛峯集』(叢書集成本) 卷下, pp. 54~62; 『元祐黨籍碑考』(叢書集成本)을 보라. 이상의 모든 자료들은 陳義鍾 編, 『海瑞集』(北京: 中華書局, 1962)에 수록되어 있다. 특히 이 책의 pp. 307~29, 493~504, 514~23을 보라.

(10) Neil G. Burton and Charles Bettelheim, *China Since Mao*(New York: Monthly Review Press, 1978), pp. 9~13, 37~116.

(11) 골드만(Merle Goldman)의 *China's Intellectuals*는 이 문제에 대한 뛰어난 연구 성과이다.

(12) 山井湧, 『明清思想史の研究』(東京: 東京大學出版會, 1980) pp. 223 이하를 보라.〔김석기·배경석 공역, 『明清思想史의 研究』, 학고방, 1994.〕

(13) de Bary, *Sources of Chinese Tradition*, pp. 814~18.

(14) 같은 책, pp. 768~70, 809.

(15) 나는 이 점에 대해 17~18세기 일본의 도쿠가와(德川) 시대의 사상을 논하면서 이미 지적한 바 있으며, 앞으로의 연구에서 중국에까지 이런 논의의 범위를 확대시켜 볼 것이다. de Bary, "Sagehood as a Spiritual and Secular Ideal in Tokugawa Neo-Confucianism," in *Principle and Practicality*(New York: Columbia University Press, 1979), pp. 139~72.

(16) de Bary, *The Unfolding*, p. 32.

(17) 錢穆, 『民族性』, p. 73.

(18) 같은 책, p. 74.

옮긴이 주

지은이의 한국어판 서문

1) 한편으로는 자유주의적 요소의 결여를 비판하면서도, 다른 한편으로는 비자
   유주의적인 유교 가치가 동아시아의 중요한 성공 요인이라고 보는 이중성.

2) 여기서 '문화 전쟁'(culture wars)이란 새뮤얼 헌팅턴(Samuel Huntington)
   이 1993년에 『포린 어페어즈』(*Foreign Affairs*. 72(3), 1993, pp. 22~49)지
   에 기고한 논문 「문명의 충돌?」(The Clash of Civilization?)에서, 몇 개의 문
   화권 또는 문명들 사이의 충돌의 결과에 따라서 새로운 세계 질서가 형성될
   것이라는 견해를 내놓은 이래, 이른바 '아시아적 가치'를 비롯한 아시아적인
   것과 서구적인 것의 비교와 평가를 둘러싸고 진행 중인 일련의 논쟁을 가리킨
   다. 요컨대 저자가 말하는 '문화 전쟁'이란 "아시아 문화(또는 가치)와 서구 문
   화의 비교와 평가를 둘러싼 최근의 논전(論戰)"이라고 풀이할 수 있다. 예를
   들면, 최근에 미국의 경제학자 폴 크루그만과 싱가포르의 총리였던 리콴유(李
   光耀)가 이른바 유교자본주의에 대한 논쟁을 벌이기도 했는데, 이 논쟁은, 유
   교 문화권으로 분류되는 동아시아 지역의 비약적인 경제성장의 요인과 그 미
   래상을 둘러싼 의견 충돌이라고 할 수 있다. 이것은 결국 경제인류학에서 말
   하는 실재론(substantivism)과 형식론(formalism) 사이의 방법론적·인식론
   적 갈등과 같은 차원의 것이라고 생각할 수 있다. 후자가 신고전경제학(新古
   典經濟學)의 원리가 시대와 지역을 불문하고 보편적으로 적용될 수 있다는(또
   는 적용되어야 한다는) 입장을 취하는 데 반하여, 전자는 특수성과 다양성을 강
   조하면서 역사적이고 상대적인 접근 방식을 옹호한다.

서설

1) 자(字)를 빈사(賓四)라 하는 첸무(錢穆, 1895~1990)는 장쑤성(江蘇省) 우시

(無錫)에서 태어난 대학자이다. 베이징 대학 교수를 지냈고, 1949년에 홍콩으로, 다시 1967년에 타이완으로 옮겨서 원화(文化) 대학 교수로 재직했다. 그는 사상과 역사 분야에서 중국 고유의 사상적 특징과 우수성을 밝히는 데 주력했다. 특히 그와 동시대의 중국인 학자들 대부분이 서양 사상의 영향을 받은 데 비하여, 첸무는 일관되게 전통 중국 문화의 우수성을 의심하지 않으면서 그 가치를 발양하려고 했다. 때문에 그는 중국 민족의 사상적 우수성과 고유성을 지나치게 강조한다는 평가를 받기도 한다. 하지만 서구 사조의 관점에 입각하여 중국 전통을 논하는 경우에 저지르기 쉬운 오류를 범하지 않았다는 점에서 그의 일관된 자세의 탁월함이 돋보인다. 수많은 저술들이 있지만 대표적인 것으로 『中國近三百年學術史』와 『朱子新學案』을 들 수 있다. 홍콩에서 그는 신야 학원(新亞學院)을 설립하여 대륙에서 온 각 분야의 학자들을 초빙하여 중국학 연구와 교육에 전념했다. 이후 그는 신야 학원을 홍콩 정부가 관할하는 중원(中文) 대학에 편입시키고 정년퇴직의 형식을 빌려 동연구소에서 물러나 타이완으로 이주했다. 신야 학원은 현재 중원 대학 안의 비교적 독립적인 칼리지(college, 미국식의 단과대학의 의미가 아닌 영국식의 독립적인 칼리지)로서 첸무의 처음 설립취지에 입각한 교육을 실시하고 있다.

2) 홍콩 중원 대학의 신야 학원이 저명한 중국사 연구자나 그밖의 중국학 분야의 권위자를 초빙하여 2주에서 한달 정도의 기간 동안 개최하는 연속 공개 강좌이다. 강사는 3회에서 6회까지의 연속 강좌를 하며, 강좌가 끝난 뒤에 그 내용은 중원 대학 출판부에서 책으로 출간된다. 이 책 이외에도 다음과 같은 결과물들이 있다. Joseph Needham, *Science in Traditional China*, 1981 ; 朱光潛, 『維柯的 '新科學' 及其對中西美學的影響』, 1984 ; 小川環樹, 『論中國詩』, 1986 ; Wing-tsit Chan(陳榮捷), *Chu Hsi: Life and Thought*, 1987 ; 楊聯陞, 『中國文化中報 · 保 · 包之意義』, 1988 ; 許倬雲, 『中國文化的發展過程』, 1992.

3) 청(淸) 말기에 정치 제도의 개혁을 위하여 변법(變法) 운동을 일으켰던 강유위(康有爲) · 양계초(梁啓超) · 담사동(譚嗣同) 등을 가리킨다.

4) 청 말기에 루소의 『사회계약론』이 중국에 번역 소개되면서, 황종희의 『명이대방록』은 루소의 사상과 유사한 주권재민(主權在民)과 사회계약설을 논하고 있는 책으로 주목받기 시작했다. 그 결과 황종희는 '중국의 루소'라 불리면서

청 말기의 혁명 운동가들의 상징적인 존재가 되었다.

5) 저자를 비롯하여 일반적으로 서구의 중국학자들은 송대 이후의 근세 유학 사상가들을 '신유가'(新儒家, Neo-Confucian)라 부르고, 그 사상을 가리켜서 '신유학'(新儒學, Neo-Confucianism)이라 부른다. 우리나라에서는 성리학(性理學)이나 주자학(朱子學)이라는 말이 널리 쓰이는데, 이 말은 양명학을 포괄하지 못할 뿐만 아니라, 송대에서 청대 말기까지 면면히 이어져 내려온 큰 사상 조류로서의 의의를 제대로 살리지 못하는 단점이 있다. 물론 주자가 차지하는 비중의 막대함을 고려해 볼 때, 그리고 조선 유학 사상의 경향이 주자학 일변도였다는 사실을 고려할 때 어쩔 수 없지 않느냐고 할 수도 있겠지만, 일본에서는 주자학과 양명학, 곧 이학(理學)과 심학(心學)의 대립에 주목하는 경향이 강하여 송대 이후의 근세 유학을 총괄하는 명칭을 잘 사용하지 않는다. 저자는 학파의 대립을 초월한 공통의 사상적 경향(자유주의 사상)이 근세 유학 사상에 있었다는 것을 논증하기 위해서는, 그 시기의 사상과 사상가들을 신유학이나 신유가라는 포괄적인 명칭으로 부르는 것이 적절하다고 보고 있는 듯하다.

6) 우리말로 번역되어 있는 첸무의 저작으로는 이완재·백도근 옮김, 『주자학의 세계』(以文出版社, 1994); 權重達 譯, 『中國民의 새로운 理解』(集文堂, 1987); 車柱環 譯, 『中國文化史導論／中國文史哲論』(乙酉文化社, 1984); 辛勝夏 譯, 『中國歷代政治의 得失』(博英社, 1974)가 있다.

7) 『명유학안』(明儒學案)과 『송원학안』(宋元學案)을 가리킨다. 이것들은 일종의 학설사(學說史)의 체제를 갖춘, 중국 최초의 본격적인 사상사였다.

8) 중요한 것들을 들어본다면, 두 『학안』 이외에도 명대 문장의 선집인 『明文案』(총 217권), 『明文海』(총 482권), 『明文授讀』(총 62권) 등이 있다.

9) 펑유란(馮友蘭, 1895~1990)은 허난성(河南省) 탕허현(唐河縣) 출신의 학자로, 특히 『中國哲學史』의 저자로 유명하다. 그의 『中國哲學史』는 더크 보드(Derk Bodde)의 영역(英譯)을 통하여 세계 중국학계에서 오랫동안 일종의 표준적인 통사로 인정받아 왔다. 그밖에도 신유학사상을 기반으로 하여 나름의 사상을 전개한 『新理學』이 유명하다. 혁명 이후 대륙에 남은 그는 정치적 억압 속에서 자신의 사상적 입장을 바꾸어 유물사관에 입각한 중국철학사인 『中國哲學史新編』을 완성하기도 했다. 1964년부터 나오기 시작한 이 저서는

그의 사후인 1992년에 제7권 『中國現代哲學史』가 나옴으로써 완결된 방대한 저작이다. 1924년에 컬럼비아 대학에서 박사학위를 받은 그는 당시 미국 철학계를 풍미하던 신실재론(neo-realism)의 영향을 깊이 받았고, 이에 따라 서양 철학의 고유한 범주들을 바탕으로 하여 중국의 고유 사상들을 바라보려 했다는 평가를 받기도 한다. 실제로 그의 '신리학'(新理學)은 중국 전통 철학의 주요 개념들을 서양의 전통 형이상학의 개념들과 습합시키려는 노력의 하나로 볼 수도 있다. 대륙에서는 금세기 최고의 중국철학사가로 평가받지만, 타이완에서는 정치적 압력에 자신의 소신을 굽힌 변절자로 평가받기도 한다. 그의 죽음은 서구 문명의 거센 도전 속에서 자기 정체성을 고통스럽게 되물으며 사상적 진로를 모색하던 중국 지성사의 한 시대가 종언을 고하는 상징적인 사건이었다고 할 수 있다.

10) 더크 보드(Derk Bodde)는 펑유란의 『中國哲學史』의 영역자로 유명한 미국의 중국학자이다. 라이든 대학에서 박사학위를 받고 펜실베이니아 대학의 교수로 재직했다. 그의 『中國哲學史』 영역본 *A History of Chinese Philosophy* (Princeton: Princeton University Press)—제1권 초판은 1937년에 베이핑(北平, 北京)에서 출간되었고, 미국에서는 제1권이 1952년, 제2권은 1953년에 재출간됨—는 중국철학을 세계 학계에 본격적으로 소개한 기념비적인 작업이었다. 사실 펑유란의 원저는 완전한 백화문체라기보다는 고전 문어체와 백화문체의 중간에 해당하는 문체로 되어 있다. 더구나 많은 부분을 차지하고 있는 고전 인용문들이 원문 그대로 실려 있다. 때문에 엄밀히 말한다면 그것은 철학사적 관점에서 해설을 덧붙인 중국철학 자료선집에 가깝다. 보드는 이 원문들을 실로 유려한 영어 문장으로 옮겨 놓았다.

11) 장쥔마이(張君勱)는 장쑤 성(江蘇省) 자딩(嘉定) 출신의 사상가이자 정치가로, 일본의 와세다 대학과 독일의 베를린 대학 등에서 공부했으며, 유명한 '과학과 인생 논전(論戰)'을 촉발시킨 인물이다. 당시 중국 사상계에 만연되어 있던 일종의 과학 만능주의에 반대하여 형이상학과 인생 철학의 중요성을 환기시킴으로써, 중국 사상계에 큰 반향을 불러일으켰다. 정치적으로 장쥔마이는 의회주의에 입각한 자유민주주의의 철저한 옹호자였다. 이에 따라 그는 좌파나 우파에 가담하지 않는, 이른바 중국민주동맹(中國民主同盟)의 주요 지도자였다. 국민당과 공산당을 화해시키려는 노력이 실패로 돌아가고 중화인민공

화국이 성립되자 장쥔마이는 이에 반대하고, 중국에서 '제3세력'을 대표하는 인물로 활동하다가 미국으로 이주한 뒤에 세상을 떠났다. 저작으로는 『新儒家思想史』, 『人生觀』, 『立國之道』, 『明日之中國文化』, 『民族復興之學術基崛』 등이 있다.

12) 이에 대해서는, 모리스 크랜스턴 지음, 황문수 옮김, 『자유란 무엇인가』(문예출판사, 1989); H. J. 라스키 지음, 이상두 옮김, 『근대국가에 있어서의 자유』(범우사, 1975) 참조.

13) 『論語』 「微子」 7.

14) 『論語』 「述而」 5.

15) 관념사학이란 용어를 처음 사용한 사람은 미국의 철학자이자 사상사가인 러브조이(Arthur O. Lovejoy, 1873~1963)이다. 그가 주장하는 '관념사학'을 간단히 설명하면, 관념사학이란 어떤 사상이나 철학의 독창성과 참신성은 다양한 관념들의 복합체인 사상이나 철학을 구성하고 있는 '단위 관념'(unit idea)의 배열을 새롭게 하는 데서 생겨난다는 것과, 그 단위 관념은 철학이나 사상뿐만 아니라 여러 시대의 다양한 문화 영역들에서 다양한 명칭으로 나타난다는 것을 전제로 하여, 문화의 각 영역에 큰 영향이나 결과를 초래해 온 중요한 복합 관념을 단위 관념에까지 파고들어 분석하고 기술하는 사상사학의 한 방법론을 말한다. 여기서 지은이가 이 방법론을 따르고 있다고 밝힌 것은 역사를 선험적인 틀 안에서 해석하려고 하는 중국의 마르크스주의적 사상사 또는 전통적인 『학안』(學案) 형식의 학설사와는 다르다는 것을 강조하기 위해서였던 것 같다. 이에 대하여 보다 자세한 것을 알고 싶은 독자는, A. O. 러브조이 지음, 차하순 옮김, 『存在의 大連鎖: 한 관념의 역사에 대한 연구』(탐구당, 1984)의 pp. 456~71, 「A. O. 러브조이에 관하여—그의 관념사와 존재의 대연쇄를 중심으로」를 참조할 것.

1. 신유학의 탄생과 '도통'(道統)

1) 이에 대해서는 제임스 류 지음, 이범학 옮김, 『왕안석과 개혁정책』(지식산업사, 1991)을 참조.

2) 『周禮』의 본래 명칭이 『周官』이다. 후한(後漢) 말기의 학자 순열(筍悅, 149~209)이 『한서』(漢書)를 편년체(編年體)로 고쳐 지은 『한기』(漢記)에 따르면,

전한(前漢) 시대의 유흠(劉歆: B.C. 53?~A.D. 23)이 『周官』의 경(經) 16편을 엮어 『周禮』를 만들었다고 한다. 결국 『周官』은 전한 말기에 유흠에 이르러 비로소 『周禮』라 불리게 되었던 것이다. 그 성립 연대와 작자에 대하여 구구한 설들이 있지만, 확실한 작자를 확정하기는 힘들며, 대략 전국(戰國)시대 말기에 성립된 문헌이라는 것이 정설이다. 그 내용은 주(周)나라의 통치, 행정과 관련한 제도적 사항들과 관리의 직분에 관한 것이다. 중국에서 가장 이른 시기에 성립된 관료 업무의 정치 법전이라고 할 수 있고, 중국의 고대 정치제도 연구에 매우 중요한 문헌이라고 할 수 있다. 이에 대해서는 徐復觀 著, 『周官成立之時代及其思想性格』(臺灣: 學生書局, 1980)을 참조.

3) 이에 대해서는 土田健次郎, 「王安石における學の構造」, 『宋代の知識人—思想·制度·地域社會』(宋代史研究會研究報告 第4集, 汲古書店, 1993), pp. 3~37을 참조.

4) 린든 존슨(1908~1973)은 미국의 제36대 대통령으로, 여기서 '위대한 사회'란 사회 보장, 인종차별 철폐, 부의 재분배를 지향하는 그의 정책 구호이다.

5) 『二程遺書』卷2 上 (四庫全書本, 上海古籍出版社 影印本, 1992), p. 19. "오늘날에 처하여 살고 있으면서, 오늘날의 법과 제도에서 만족을 못 느끼고 편안치 못하다면, 이는 올바른 것이 아니다."〔居今之時, 不安今之法令, 非義也.〕이렇게 주장한 정자(程子) 형제는 왕안석의 정치 개혁에 당연히 반대하는 입장을 취했다.

6) 『대학』 내용의 개정 문제와 관련하여 다음의 연구 성과들을 참고할 것. Daniel K. Gardner, *Chu Hsi and the Ta-hsueh: Neo-Confucian Reflection on the Confucian Canon*(Harvard University Press, 1986); 李紀祥 著, 『兩宋以來大學改本之研究』(臺灣: 學生書局, 1988)

7) 원문은 "必有天德, 而後可以語王道". 곧 "필시 하늘의 덕이 있기에, 훗날에 이르러서도 왕도를 말할 수 있게 되었다"는 뜻이다. 지은이의 해석은 의역이다.

8) 대체로 베버 학파는 유교를 지극히 현세 중심적인 것으로 본다. 퓨리터니즘에 필적할 만한 내면적 윤리나 초월적 존재와의 내밀한 교통 등의 요소를 지니지 못한 현세적 도덕률로 보는 것이다. 지은이는 신유학사상이 지닌 경(敬)·신독(慎獨) 등의 관념으로 대표되는 내면적 윤리와 천(天)에 대한 경건한 태도 등을 들어, 그러한 베버 학파의 시각에 이의를 제기하고 있다. 이렇게 본다면 지

은이는 베버 학파의 기본틀까지 거부하고 있지는 않다고 할 수 있다. 오히려 베버 학파가 미처 주목하지 못한 신유학의 특성과 관념들을 바탕으로 하여 베버 학파의 입론의 적용범위를 확장시켜 주고 있다고 할 수 있을 것이다. 이에 대해서는 막스 베버 지음, 이상률 옮김, 『유교와 도교』(문예출판사, 1990); 막스 베버 지음, 박성수 옮김, 『프로테스탄티즘의 윤리와 자본주의 정신』(문예출판사, 1988); 유석춘 편, 『막스 베버와 동양사회』(나남, 1992); 余英時 著, 鄭仁在 譯, 『中國近世宗教倫理와 商人精神』(대한교과서주식회사, 1993)을 참조.

9) 『명유학안』의 주요 부분들을 발췌하여 영역한 책으로는, Julia Ching, ed., *The Records of Ming Scholars*(University of Hawaii Press, 1987)가 있다.

10) 『書經』 「大禹謨」 "人心惟危, 道心惟微, 惟精惟一, 允執厥中". 이른바 인심과 도심을 준별하는 경전적 근거가 바로 이것이다. 그러나 청대 고증학자들은 문제의 구절이 위고문(僞古文)이기 때문에, 그처럼 불확실한 경전적 근거 위에서 전개되고 있는 주희의 주장도 온당하지 못하다고 생각했다. 염약거(閻若璩)의 『古文尙書疏證』, 혜동(惠棟)의 『古文尙書考』 등이 『尙書(書經)』의 위작(僞作)을 밝혀 낸 연구물들이다. 『尙書』의 연구사(研究史)에 대해서는, 劉起釪 著, 『尙書學史』(中華書局, 1989)를 참조.

11) 『朱熹集』 제2권(四川敎育出版社, 1996), pp. 461~62. "태자를 올바르게 지도하는 것, 대신들을 적재적소에 잘 기용하는 것, 도덕적 기강을 진작시키는 것, 풍속을 교화시키는 것, 백성들을 수고롭게 하지 않는 것, 군사(軍事)를 잘 운영해 나가는 것".

12) 탕쥔이(唐君毅, 1909~1976)는 쓰촨성(四川省) 이빈(宜賓) 출신으로, 23세에 난징(南京) 국립 중앙대학(中央大學, 현재의 난징 대학의 전신) 철학과를 졸업하고 1949년까지 대륙에서 강의했다. 이후 홍콩으로 건너가 첸무, 장청제(張丞介) 등과 함께 신야 학원(新亞學院)을 설립하여 문학원 원장, 철학과 주임 등을 겸직했고, 중원 대학이 설립되자 철학과 강좌 교수로 초빙되어 초대 문학원 원장을 지냈다. 그의 학문적 역정은 동서 철학을 두루 섭렵하여 결국에 가서는 중국의 전통적인 유가의 정신 세계를 앙양시키려는 노력으로 집약되었다. 특히 교육을 통한 인문주의 정신의 발양이 근대 이후의 병폐를 치유할 수 있는 길이라고 보았다. 이러한 그의 입장이 신야 학원의 창립과 운영에 깊이 반영되어 있음은 물론이다. 대표작으로 『道德自我之建立』; 『中國文化之

精神價値』;『中國人文精神之發展』;『中國哲學原論』의 「原性篇」, 「原道篇」, 「原教篇」;『生命存在與人生境界』 등이 있다.

2. 주희와 자유주의 교육

1) 金諍 著, 姜吉仲 譯,『중국문화와 과거제도』(중문출판사, 1995), pp. 149~226을 참조.

2) 이런 주제와 관련하여 짧지만 깊이 있는 논의로 Philip J. Ivanhoe, *Confucian Moral Self Cultivation*(New York: Peter Lang, 1993)이 있다.

3) 『근사록』(총 14권)은 보통 북송(北宋)의 사자(四子)라 불리는 주돈이(周敦頤)·장재(張載)·정호(程顥)·정이(程頤)의 저작들 가운데 비근한 일상의 도덕이나 수양에서 높은 수준의 철학적 통찰까지를 포괄하는 622편의 문장들을 가려 뽑아 만든 책이다. 주희는 이 책의 가치를 이렇게 말했다. "북송 사자(四子)는 육경(六經)으로 올라가는 사다리이며,『근사록』은 북송 사자에게 올라가는 사다리이다."(『朱子語類』卷105, 北京: 中華書局, 1994, p. 2629.)『근사록』의 성립과 편찬에 대해서는 山崎道夫,「『近思錄』の成立過程」,『東京學藝大學研究報告(國語國文學, 漢文學)』10期, 1959年, pp. 27~39; 市川安司,「『近思錄』の編纂について」,『長澤先生古稀紀念圖書學論集』, 1973年, pp. 127~36 참조.

4) 지은이 주(11)에 소개되어 있는 논문의 저자가 쓴 조선 사회와 사상에 대한 연구로, *The Confucian Transformation of Korea: A Study of Society and Ideology*(Harvard University Press, 1992)가 있다. 이 책에 대한 저자 자신의 소개가『韓國史市民講座』제15집(一潮閣, 1994. 8)에 실려 있다. 이밖에 *Confucian Gentlemen and Barbarian Envoys: The Opening of Korea, 1875-1885*(University of Washington Press, 1977)도 있다.

5) 번역과정에서 '억제'보다는 '극복'이라고 하는 편이 좋지 않겠느냐는 의견을 주신 분이 계셨다. 그분은 'subdue'라는 원어에 '극복'이 더 가깝고, '억제'라는 말은 자유 전통을 이야기하는 지은이의 논지에도 잘 어울리지 않는다는 의견을 주셨다. 이에 대하여 나는, 'subdue'라는 원어에 '억제'라는 의미가 있는데다가, 이 부분에서 지은이의 논지가 유교의 종교적 특성을 강조하고자 하는 것이기 때문에, '극복'이라는 다소 일반적인(이 역시 나의 편견일 수 있지만) 표현보다는 오히려 '억제'라는 표현이 적당하다고 판단했다. 끊임없이 밀려드

는 욕망과 싸우는 수도자의 이미지에는 '억제'라는 표현이 더 어울린다고 판
단한 것이다. 물론 이것은 전적으로 옮긴이의 개인적인 판단일 뿐이며, 그 분
의 의견대로 '극복'이라는 말도 충분히 가능하다고 생각한다.

6) 〔子曰, 克己復禮爲仁. 一日克己復禮, 天下歸仁焉 … 顔淵曰, 請問其目. 子曰, 非
   禮勿視, 非禮勿聽, 非禮勿言, 非禮勿動.〕

7) 주희 자신은 『근사록』의 차례를, "一道體, 二爲學大要, 三格物窮理, 四存養, 五
   改過遷善, 克己復禮, 六齊家之道…"라고 말하고 있다.(『近思錄』, 〔『朱子語類』,
   中華書局〕, p. 2629) 그러나 남송(南宋)의 엽채(葉采)의 『近思錄集解』에는 5
   편이 '克己類'로 되어 있고, 청(淸)의 장백행(張伯行)의 『近思錄集解』에는 그
   편의 제목이 '克治'로 되어 있다.

8) 한자의 '禮'는 '豊'과 어원적으로 통한다. '豊'의 본래 글자인 '豊'은 수확한 곡
   식들 또는 두 꾸러미의 귀한 옥(玉)을 제기에 담아놓은 모양을 본뜬 글자이다.
   이에 따라 제기(祭器)라는 의미도 지닌다.(다른 설에 의하면, 본래부터 '豊'이었는
   데 훗날에 와서 '豊'과 그 모양이 비슷하여 혼용되기 시작했다고도 한다.) 이 글자에
   신령한 존재와의 교통 또는 제사를 나타내는 '示'가 결합되어 '禮'가 되었다.
   어원적으로도 '禮'는 제사의례와 밀접하게 관련되어 있는 것이다. 오늘날
   '禮'라는 말이 인간관계에서의 에티켓이나 매너의 의미까지 지니게 된 것은
   동아시아 사회의 성격이 근본적으로 달라진 것에서 기인한다. 동아시아 전통
   사회는 '社會'라는 말이 보여 주듯이('社'는 토지신 또는 토지신에 대한 제사를 뜻
   한다. 결국 '社會'는 토지신을 함께 모시는 제사 공동체를 뜻하는 말이다) 기본적으로
   종법적인 제사 공동체였으며, 때문에 '禮'는 종법적인 제사 공동체 안에서 함
   께 사는 사람들이 따라야 할 규범이었다. 오늘날 우리가 일상적으로 쓰는
   '禮'라는 말에도 그러한 전통적인 의미가 남아 있음은 물론이다. 예컨대 결혼
   식(結婚式)이라는 일본식 한자말 아래 이루어지고 있는 우리의 혼례(婚禮)가
   그것이다. 기독교식(개신교나 천주교 공히)의 혼례에는 그 나름의 종교적 의미
   가 깊이 담겨 있다. 우리의 전통 혼례도 두 개의 다른 종법적 제사 공동체에
   속해 있던 남녀가 만나 거행하는 일종의 종교적 행사였다. 그러나 예식장에서
   30분이 못되는 시간 안에 이루어지고 있는 오늘날의 혼례 아닌 혼례에서는 그
   런 종교적인 의미를 찾기 힘들다. '禮式場'이라는 이름에만 전통적인 혼례의
   의미가 희미하게 남아 있다고나 할까.

9) "인간과 자연의 분리를 거부하는 이러한 안목은 개별적인 인간과 사회적 인간 사이의 분리마저도 거부하는 안목으로 연장되었던 것이다. 이러한 맥락에서 보면, 자유라는 개념은 개체의 기계적 분리와 해방을 뜻하는 홉스류의 자유주의 개념이 아니고, 모든 개체 부분이 호혜적으로 봉사하는 협조의 의미이다. 이런 자유의 의미는 고대 중국인의 관점에서 유추되는 극히 당연한 귀결이라 하겠다.…"(임효선 지음,『삶의 정치사상』, 한길사, 1990, p. 176.) 또 같은 저자의 논문,「발전주의(Developmentalism)의 이데올로기성 비판」,『社會科學』第19輯(成均館大學校 社會科學研究所, 1982), pp. 117~38에는 서구적 자유 개념에 대한 비판적 고찰이 담겨 있다.

10) 원대의 신유학사상에 대하여, 특히 이 책에서 다루고 있는 허형(許衡)·오징(吳澄) 등의 사상에 대하여 개괄적으로 논하고 있는 논문으로는, 김승현,「元代 孔子思想의 展開—劉因, 許衡, 吳澄의 理學思想을 中心으로」, 韓國孔子學會,『孔子學』제2호(1996. 11), pp. 19~40을 참조.

11) 지은이가 지적한『예기』「애공문」(哀公問) 편의 주장은 논리적으로는 일종의 순환논증이다.『소학』에 인용되어 있는『예기』의 원문은 다음과 같다.

〔君子無不敬也, 敬身爲大. 身也者, 親之枝也, 敢不敬與. 不能敬其身, 是傷其親, 傷其親, 是傷其本. 傷其本, 枝從而亡.〕

12) 이 문헌이 주희의 저작이 아니라는 사실이 청대 고증학자들에 의하여 입증되었다. 그렇지만, 이 문헌의 내용은 주희의 사상과 모순되지 않으며, 그것에서 크게 어긋나지도 않는다. 청(淸)의 왕무횡(王懋竑)의『白田雜著』卷2「家禮考」, 四庫全書珍本 第2輯 no. 820~824(臺北: 商務印書館, 발행년도 미상)에서 그러한 문헌학적 주장이 처음 제기되었다. "가례는 주자가 쓴 것이 아니다. 송대 이래로 (사람들이) 그것을 널리 실생활에서 준수해 오면서, 그것은 주자의 저술이 되어 버렸으며, 이를 의심할 수 있는 사람은 거의 없었다. 이에 지금 (내가) 그 책을 돌이켜 거듭 고찰하여 보니, 결코 주자가 쓴 책이 아니라는 것을 알겠다".

〔家禮非朱子之書也.…自宋以來遵而用之, 其爲朱子之書, 幾無可疑者. 乃今反復考之, 而知決非朱子之書也.〕

13) 장시성(江西省) 루산(廬山) 지방의 백록동에 건립되었던 백록동서원은 중국에서 가장 오래된 서원이다. 본래 당(唐)의 이발(李渤) 형제가 은거하면서 독

서했던 곳이었는데, 남당(南唐) 시대에 토지와 건물을 정식으로 갖추어 '백록동 학관(學館)'이라는 이름으로 출발했다. 1179년에 주희가 남강군(南康軍, 여기서 '軍'은 행정 단위의 명칭이다. 당나라에서 각 지방을 '군'의 관할 구역으로 나누어 통치했던 것을 송이 답습하여 생겨난 이름이다. 이 당시 주희의 벼슬 이름은 '發遣南康軍事', 곧 '조정에서 남강군에 파견한 대리인 또는 지사'라는 뜻이다)에 부임하여 황폐화되었던 서원을 재건했으며, 1181년에 주희가 그 곳을 떠나면서 학전(學田, 학교 유지 비용 조달을 위하여 국가가 지급하는 토지)을 확충했다.

14) 이와 관련된 연구로는, J. K. Haboush "The Education of The Yi Crown Prince: A Study in Confucian Pedagogy," in *The Rise of Neo-Confucianism in Korea*(New York: Columbia University Press, 1985) 가 있다.

3. 신유학의 개인주의

1) 장쑤성(江蘇省) 태주(泰州)의 왕간(王艮, 心齋)에서 시작된 양명학의 한 학파로, 유교의 규범을 부정하는 급진적인 입장으로 인하여 흔히 양명좌파(陽明左派)로도 불린다. 안균(顔鈞)·나여방(羅汝芳)·하심은(何心隱) 등이 그 학파에 속한다. 그들한테서 사상적 영향을 받은 이지(李贄)도 태주학파와 관련이 깊은 인물이라고 할 수 있다.

2) 신도가(新道家)라는 용어는 주로 미국의 중국학계에서 널리 쓰이고 있는 용어이다. 펑유란은 그 용어를 설명하여, "3~4세기(魏晉 時代)에 성행했던 현학(玄學)의 사상을 가리킨다"고 했다.(펑유란 지음, 정인재 옮김, 『中國哲學史』, 형설출판사, 1977, p. 281.)

3) 『孟子』「公孫丑上」 2.

4) 지은이 주(11)의 원문과 관련하여, 『二程遺書』에는 『近思錄』과는 달리 '不自得'이 '不見得'으로 되어 있으나, '不自得'이 의미상 더욱 분명하다. 또한 "非體之禮의 體가 혹은 禮로도 되어 있다"는 주석이 나온다. 지은이의 영역문은 원문에 충실한 번역이라기보다는, 그 핵심적인 의미를 분명하게 드러내기 위한 의역에 가깝다. 물론 원문의 요지에서 벗어나지는 않는다.

5) '理一分殊'의 의미에 대해서는, 최진덕, 「이일분수(理一分殊)의 철학적 반성―송명이학(宋明理學)과 헤겔철학의 한 비교」, 한국헤겔학회, 『헤겔연구 7』(청

아출판사, 1997), pp. 43~107 참조. 이 논문은 제목에서 받게 되는 인상과는 달리, 섣부른 동서(東西) 비교철학의 맹점을 날카롭게 지적하고 있다. '이일분수'의 의미를 올바르게 이해하기 위해서 반드시 읽어야 할 논문이다.

6) 『朱子語類』卷94(北京: 中華書局, 1994), p. 2409. "본래 다만 하나의 태극이지만 만물이 각기 그것을 부여받아 지니고 있으니, 또한 그것들 각각이 스스로 온전하게 하나의 태극을 갖추고 있는 셈이다. 이것은 하늘의 달이 다만 하나이면서도 수많은 강과 호수에 비치어 그 각각의 영상들 모두가 제각기 하나의 달인 것처럼 보이지만, 그렇다고 해서 달이 나누어졌다고 볼 수는 없는 것과 마찬가지이다."〔本只是一太極, 而萬物各有稟受, 又自各全具一太極爾. 如月在天, 只一而已, 及散在江湖, 則隨處而見, 不可謂月已分也.〕

7) 중국 화엄종을 완성한 현수(賢首, 法藏, 643~712)의 인드라망경계문(因陀羅網境界門)을 가리킨다. 인드라(因陀羅)는 제석천(帝釋天, 인도의 베다 신화에서 가장 유력한 신으로, 불교에 와서 불법을 수호하는 신이 되었다)을 말하며, 인드라망이란 제석천의 궁전을 장식하는 그물이다. 이 그물의 매듭마다 둥근 진주가 달려 있어, 하나하나의 진주가 다른 모든 진주들의 영상을 비추고 있다. 이처럼 서로가 서로를 비추는 복잡하고 중층적인 양상, 곧 어느 하나의 사물을 들어도 일체의 다른 사물들이 그 안에 포섭되고 있는 '一多相卽相入'의 양상이 소위 사사무애법계(事事無碍法界)의 경지이다. 주희는(기본적으로 정이의 주장을 받아들이면서) 특히, 화엄의 사법계 가운데서 세번째인 '理事無碍法界'의 사상을 취하고 있다고 한다. 화엄종과 신유학사상과의 연관성에 대해서는, 武內義雄 著, 李東熙 譯, 『中國思想史』(驪江出版社, 1987), pp. 172~74, 197~98을 참조. 중국 사상에서 유교와 불교의 관계를 상세히 살펴보려면 常盤大定 著, 『支那に於ける佛教と儒教道教』(東洋書林, 1982)를 참조. 불교에 대한 주희의 비판적 입장에 대한 연구로는 윤영해, 「朱子의 佛教批判 硏究」(서강대학교 대학원 종교학과 박사학위 논문. 1996)을 참조. 특히 이 논문의 부록에 『주자어류』卷126 「釋氏」편이 완역되어 있다. 송대 유학과 불교와의 전반적인 관계를 보려면, 熊琬 著, 『宋代理學與佛學之探討』(文津出版社, 民國74年)을 참조.

8) 주희의 당시 나이는 33세였다. 그 해에 효종이 즉위했다.

9) 1196년(慶元 2)에 한탁주(韓侂冑)가 도학을 거짓되고 이단적인 학문으로 지목하여, 도학을 추구하는 이들이 관계에서 추방당하고 저서의 유포도 금지되

했다.

10) 정호·정이 형제의 사상에 대한 훌륭한 개설서로는, A. C. Graham, *Two Chinese Philosophers*(London: Lund Humphries, 1978)가 있다.

11) 이와 관련한 연구로 梁鍾國 著, 『宋代士大夫社會研究』(三知院, 1996)의 제5장 '士大夫社會의 發展形態'를 참조할 것.

12) 주희의 생애와 사상에 대해서는 미우라 쿠니오 지음, 김영식·이승연 옮김, 『인간 주자』(창작과 비평사, 1996)와 윙칫찬이 1984년에 행한 첸무 기념강좌의 내용을 담은 *Chu Hsi: Life and Thought*(Hong Kong: The Chinese University Press, 1987)을 참조. 지금까지 잘 알려져 있지 않았던 주희의 여러 면모에 대해서는, 윙칫찬의 *Chu Hsi: New Studies*(Honolulu: University of Hawaii Press, 1989)를 참조.

13) 『論語』「學而」 6.

14) 당(唐)의 장안(長安, 陝西省 지역), 북송(北宋)의 개봉(開封, 河南省 지역), 남송(南宋)의 임안(臨安, 浙江省 지역).

15) 『論語』「子罕」 5.

16) 당송(唐宋) 변혁의 지성사적 의미에 대한 치밀하고 방대한 연구로, Peter K. Bol, *This Culture of Ours —Intellectual Transitions in T'ang and Sung China*(Stanford: Stanford University Press, 1992)를 참조. 도학(道學)의 발흥을 폭넓은 역사적 맥락 속에서 논하고 있는 보기 드문 연구 성과이다.

17) 마니교와 신플라톤 철학, 그리고 기독교 사이에서 정신적 방황과 고민을 하고 있던 아우구스티누스가 어느날 정원에서 아이들이 "tolle lege! tolle lege!"라고 노래를 부르는 소리를 듣고, 그것을 하느님의 계시로 생각하여 즉시 성경을 펼쳐 읽었는데, 과연 아무렇게나 펼친 구절이 그의 마음을 결정적으로 바꾸어, 결국 기독교로의 완전한 회심을 체험했다고 한다. 아우구스티누스 지음, 김평옥 옮김, 『참회록』(범우사, 1987), pp. 167, 333을 참조.

18) 장재에 대한 연구서로, Irae. Kasoff, *The thought of Chang Tsai*(Cambridge University Press, 1984)를 참조. 본문 내용과 관련해서는 특히 pp. 7~33(Ch. 1)이 중요하다.

19) 『論語』「述而」 1.

20) "사람이 나서 고요한 것은 하늘의 본성이다. 사물에 감응하여 움직이는 것은 본성의 욕구이다. 사물에 이르러 능히 알게 되고, 그런 뒤에 좋아하고 싫어함이 나타난다. 좋아하고 싫어함이 안에서 절도가 없고 앎이 바깥으로부터 미혹당하면, 자기 몸을 돌이켜 반성하지 못하여 결국 하늘의 이치가 멸해 버린다." 〔人生而靜, 天之性也. 感於物而動, 性之欲也. 物至知知, 然後好惡形焉. 好惡無節於內, 知誘於外, 不能反躬, 天理滅矣.〕 이 구절 자체만으로는 천리와 인욕에 대한 어떤 분명한 도덕적인 의미를 부여하기가 힘들다. 그러한 의미 부여는 역시 송대 유학자들의 몫이었다.

4. 명대의 신유학과 황종희의 자유사상

1) 오징의 사상에 대해서는 胡青, 『吳澄教育思想研究』(江西教育出版社. 1996)을 참조. 오징의 사상을 전반적으로 정리·설명해 주고 있는 책이다.

2) 맹자는 사람이 갖추어야 할 덕을 선(善)·신(信)·미(美)·대(大)·성(性)·신(神)이라는 여섯 가지 등급으로 나누었다.(『孟子』「盡心下」 25.) 장재(張載)는 이러한 맹자의 입장을 받아들여서 나름의 독자적인 '대인'과 '성인'론을 펼쳤다. 그에 따르면, 대인에 이르는 단계까지는 배움에 의하여 이를 수 있다. 하지만 배움이라는 지적인 수단만을 가지고서 성인의 경지에 도달할 수는 없다고 보았다. 지적인 차원을 넘어서는 체험이 필요하다고 본 것이다. 그의 이러한 입장은 「횡거역설」(橫渠易說)의 '건괘'(乾卦) 부분에 전반적으로 잘 나타나 있다.(『張載集』「橫渠易說」上經 乾卦, 中華書局, 1978, pp. 69~80.)

3) 주희가 주석을 달기 이전의 텍스트, 곧 『禮記』의 「大學」 편에는 '親民'으로 되어 있었으나, 주희는 『大學章句』를 집필하면서 정이의 설을 따라 '新民'으로 고쳤다. 그러나 왕양명의 『古本大學』에는 '親民'이라는 원래 텍스트대로 되어 있다. 이것은 다만 문헌 비평과 관련한 문제만은 아니다. 인(仁)에 바탕을 둔 만물일체(萬物一體)를 강조하는 왕양명의 입장에서는, 명덕(明德)을 밝힌다는 것이 결국 백성들을 두루 아끼고 사랑한다는 '親民'의 방향으로 전개되어야만 했던 것이다.

4) 양명학파는 섭표(聶豹), 나홍선(羅洪先) 등의 우파(右派)·전덕홍(錢德洪)·추수익(鄒守益) 등의 정통파(正統派), 왕기(王畿)·왕간(王艮) 등의 좌파(左派)로 나누어진다. 저자가 말하는 보수파란 주자학에 보다 근접하여 경학 연구를

중시하는 경향을 지녔던 정통파를 가리킨다. 급진파는 좌파를 말하며, 자유파
는 대체로 우파에 해당한다.

5) 이지의 이런 입장은 특히 「又與焦弱侯」(『焚書』 卷 2)에 잘 나타나 있다. 이것은
'양지'(良知)의 발현이 다른 사람의 가르침이나 독서를 통하여 가능한 것이 아
니라는 점을 강조하는 데서 비롯된다. 강학이라는 특정 사항만을 문제삼는다
기보다는, '가르침'(敎) 일반에 대하여 비판적인 것이다. 자발성과 자연스러움
을 극단적으로 강조(그의 '동심설'[童心說]에서 볼 수 있다)하는 데 따른 당연한
귀결이다.

6) 장쑤성 우시에 있는 동림서원(東林書院)에서 강학했던 고헌성(顧憲成)과 고반
룡(高攀龍)을 중심 인물로 하는 학자와 관료 그룹을 가리킨다. 그들은 정치적
으로는 당시에 권력을 쥐고 전횡을 일삼던 환관파(宦官派)에 대항하여 그들을
규탄했으며, 사상적으로는 이지(李贄)로 대표되는 극단적인 개인주의(陽明左
派의 경향)에 반대했다. 이 학파의 사상은 기본적으로 주자학과 양명학을 절충
하는 성격을 지녔다. 이에 대해서는 日原利國 編, 『中國思想史』下卷(ぺりかん
社, 1987), pp. 230~33을 참조.

7) 황종희는 1644년(崇禎 17)에 명이 멸망하자 명의 복왕(福王)을 도와 난징에
서 부흥운동을 전개하였고, 난징이 함락되자 의용군을 조직하여 노왕(魯王)의
부름에 응하여, 청에 대한 저항운동을 전개했다.

8) 전제 정치에 대한 신유학자들의 비판적인 일장, 특히 황제권을 견제하려는 그
들의 노력에 주목하고자 한 연구서로 Alan T. Wood, *Limits to Autocracy:
From Sung Neo-Confucianism to a Doctrine of Political Rights*
(University of Hawaii Press, 1995)가 있다.

9) 서원제도의 발전양상에 대해서는, 丁淳睦 著, 『中國書院制度』(文音社, 1990)
을 참조.

10) "科擧之法, 其考校倣朱熹議."(『明夷待訪錄』「取士下」.) 이와 관련한 주희의 입
장은 「學校貢擧私議」에 잘 나타나 있다.

11) 중국 선종(禪宗)의 위앙종(潙仰宗)·임제종(臨濟宗)·조동종(曹洞宗)·운문종
(雲門宗)·법안종(法眼宗)을 통칭하여 보통 선종 오가(五家)라 한다.(勞思光
著, 鄭仁在 譯, 『中國哲學史』, 探求堂, 1987, p. 400.)

12) 가르침이 전해져 온 법맥(法脈)으로 볼 때, 위앙종·임제종은 남악회양(南嶽

懷讓)에서, 조동종·운문종·법안종은 청원행사(靑原行思)에서 나왔다는 뜻.(앞의 책의 같은 부분을 참조.)

5. 현대 중국과 자유주의의 한계

1) 이 장에서 논의되는 문제들을 보다 심도 있게 이해하려면 다음의 책들을 참조하는 것이 좋다. Thomas A. Metzger, *Escape from Predicament: Neo-Confucianism and China's Evolving Political Culture*(New York: Columbia University Press, 1977); 溝口雄三, 『中國前近代思想の屈折と展開』(東京大學出版會, 1980).

2) 우한(吳晗, 1909~1969)의 본명은 우춘한(吳春晗)으로, 명대사 연구의 권위자였다. 베이징시 부시장을 지내기도 한 그는, 사극 『海瑞罷官』과 우난성(吳南星)이라는 필명으로 쓴 역사 수필 때문에, 사인방의 한 사람인 야오원위안(姚文元)으로부터 반당·반사회주의자라는 비판을 받아 투옥되어 옥사했다. 문화대혁명 기간 중에 아내와 딸도 죽고 말았다. 사인방이 실각한 뒤 복권되었다.

3) 이 논쟁에 대한 상세한 자료로는, 『中共文化大革命資料彙編』 第4卷 「吳晗與海瑞罷官事件」(香港: 明報月刊出版社, 1969)를 참조. 우한이 복권된 이후의 상황에 대해서는 『吳晗和海瑞罷官』(北京: 人民出版社, 1979)를 참조.

4) 도미니크회나 프란치스코회와는 달리 예수회는 유교의 가르침이 지닌 도덕적인 우수성을 인정했고, 그것을 기독교를 포교할 수 있는 좋은 조건으로 간주했다. 이에 따라 예수회 소속의 마테오 리치는 유교 경전들을 철저하게 공부하여 유학자와 관료들에게 전도했으며, 아담 샬이나 페르비스트 같은 예수회 선교사들은 청(淸)의 궁정에 들어가 황제의 두터운 신임을 얻기도 했다. 그러나 예수회가 보여준 중국 문화에 대한 관용적 태도(특히 조상 숭배를 용인한 것)는 다른 수도회의 맹렬한 비판의 대상이 되었다. 물론 수도회들 사이의 이런 갈등은 순수하게 교리적 신학적인 것이었다기보다는 다분히 주도권 다툼의 성격을 지닌 것이었으며, 논쟁(debate)이었다기보다는 정치적 술수 싸움(politicking)이었다. 결국은 교황청의 결정으로 예수회가 물러날 수밖에 없었다. 이와 관련하여, 崔韶子 著, 『東西文化交流史研究: 明靑時代 西學受容』(三英社, 1987); 孫尙揚 著, 『明末天主教與儒學的交流和衝突』(臺北: 文津出版社, 1991) 참조.

5) 볼테르가 그런 중국관을 보여준 전형적인 인물이다. 프랑스 계몽사상가들의 중국관에 대해서는 後藤末雄 著, 『中國思想のフランス西漸』(東京: 平凡社, 東洋文庫, 1979); 유병구, 「서구근대사에 있어서의 중국사상의 역할」(성균관대학교 대학원 박사학위 논문, 1993) 참조.

6) 이 제도는 전한(前漢) 시대에 간대부(諫大夫)라는 관직을 설치하면서 시작되었고, 후한 시대에는 간의대부(諫議大父)로 개칭되었다. 송대 초기에는 간원(諫院)을 설치하여 그 우두머리를 좌우간의대부(左右諫議大夫)라 하였으며, 그 밑에 사간(司諫)·정언(正言)·간관(諫官) 등을 두었다. 이에 대해서는, 日中民族科學硏究所 編, 『中國歷代職官辭典』(圖書刊行會, 1980), p. 40을 참조.

7) 동창(東廠)·서창(西廠)·내행창(內行廠) 등이 환관을 그 우두머리로 하여 운용되던 비밀 경찰이었다. 그 밖에도 황제의 친의대인 금의위(錦衣衛)가 그런 임무를 수행했다.

8) 해서를 제재로 한 장회체(章回體) 통속 소설로는, 명대의 이춘방(李春芳)이 편찬한 『海剛峯先生居官公案傳』, 청대에 나온 작자미상의 『海公大紅袍全傳』, 역시 작자 미상의 『海公小紅袍全傳』 등이 있다. 또한 『三女搶板』이라는 희곡도 있다.

9) 이런 전통을 소급해 올라가면 주대(周代)의 우사(右史), 좌사(左史)라는 관직에 그 연원이 있다. 북위(北魏)시대에 이르러 기거령사(起居令史)라는 관직을 따로 두어 황제의 언행을 기록하는 임무를 맡겼고, 이후 역대 왕조들이 이 제도를 계속 이어나갔다. 명대에 이 임무를 수행한 관직은 기거주(起居注)였는데, 송대의 관직이었던 기거랑(起居郞)을 다시 살린 것이다. 청대에는 이것이 폐지되고 그 임무는 한림원(翰林院)으로 넘겨졌다.

10) 한대에 관리들의 불법행위를 감찰하는 기관으로 어사대(御史臺)가 처음 설치된 이래, 역대 왕조들이 이 제도를 계속 기어 나갔고, 명대에 이르러 도찰원(都察院)으로 개칭되었다. 좌우도어사(左右都御史)가 그 장관이었고, 그 밑의 좌우부도어사(左右副都御史)가 차관이었다.

11) 도찰원 재직시 해서의 관직은 첨도어사(僉都御史)였다. 이 관직에 그가 기용된 것은 목종(穆宗)이 즉위한 이후의 일이었고, 세종(世宗)에게 상주문을 올릴 때의 그의 관직은 호부주사(戶部主事)였다. 또한 그가 맡았던 마지막 관직은 남경우도어사(南京右都御史)였다.

12) 이 말은 『漢書』 卷43 「陸賈傳」에 나온다. "馬上得之, 寧可以馬上治乎."(『漢書』, 中華書局, 全12冊, 第7冊, 1964, p. 2113.)

13) 마오쩌둥의 이러한 노선에 대한 지은이의 평가는 다소 모호하다. 거대한 관료체제의 등장에 필연적으로 수반되는 문제점들을 해결하려는 마오쩌둥 나름의 대안으로 평가하면서도, 그 결과가 바람직하지 못했다고 보고 있기 때문이다. 프랑스의 좌파 지식인들은 마오쩌둥의 노선을 긍정적으로 평가하기도 했다. 마오쩌둥의 이른바 '대중노선' 문제에 대해서는 野村浩一, 『中國革命の思想』(岩波書店, 1971)의 5장 6절 참조.

14) 신해혁명(1911), 상하이 쿠데타(1927), 중화인민공화국의 성립(1948~49). 상하이 쿠데타는 보통 '4·12 쿠데타'로 불리는데, 장제스(蔣介石)가 상하이의 부르주아의 지지를 바탕으로 외국 세력과 협상하여, 각국의 호의적인 중립 아래 반동적 비밀결사를 매수하여 일으킨 쿠데타이다. 그는 상하이의 노동자들에게 무장 해제를 명령하고 공산당원들을 체포하고 혁명 정부와 상하이 시 당부를 봉쇄했다. 이 과정에서 노동자들에게 무차별 발포, 수천 명의 사상자를 냈다.

15) 전통 중국사회 속에서의 지식인, 곧 유학자들의 역할과 자기 정체성의 문제에 대해서는, Tu Wei-ming, *Way, Learning, and Politics: Essays on the Confucian Intellectual*(State University of New York Press, 1993); 葛承雍, 『儒生, 儒臣, 儒君』(陝西人民教育出版社, 1993)을 참조.

16) 이와 관련해서 도널드 먼로 지음, 김덕중 옮김, 『현대 중국의 인간이해』(청아출판사, 1982)의 제5장 '학교의 역할'과 제6장 '모범의 사용'을 참조.

17) 『從中國歷史來看中國民族性及中國文化』를 가리킨다.

옮긴이의 말

　　송대(宋代) 이후의 신유학사상에서 자유주의적인 전통을 재발견하려는 이 책의 의도는 신유학 일반 특히 주자학을 봉건적 이데올로기 또는 반동적 사상으로 보는 사상사가들이나 역사가들의 일반적인 견해와 크게 다르다. 사실 신유학사상에 대한 재평가는 혁명 이후 중국에서 대대적으로 이루어졌다. 그러나 그것은 주자학을 객관 유심론으로 양명학을 주관 유심론으로 보고, 장재(張載)에서 왕부지(王夫之)에 이르는 기(氣) 중심의 철학을 유물론으로 규정하는 일반적인 공식을 먼저 상정해 놓고, 개별적인 사례들을 그 공식에 끼워 넣어 평가하는 방식이었다. 그런 관점에 충실한 최고의 연구성과가 바로 허우와이루(侯外廬)의 주도로 간행된 전 6권의 『中國思想通史』(人民出版社, 1957년 제1판)이다. 물론 최근 중국의 철학계에서는 철학사를 전적으로 계급투쟁의 관점에서 바라보기보다는, 인식의 발전이라는 측면에서 바라보려는 입장이 우세해지고 있기는 하다. 하지만 중국의 철학계에서 철학의 계급성은 여전히 일종의 공리(axiom)로 대접받고 있다는 느낌을 지우기 힘들다. 중국에서 마르크스주의는 이미 하나의 학문 전통(페러다임이라는 말이 어울리는)으로 자리잡았다고 볼 수 있기 때문이다.

　　지은이의 연구는 그런 방법론과는 무관하다. 그는 전통과 문화의 제영역에 커다란 영향을 끼쳐서 주목할 만한 자취를 남긴 '복합 관념'(이 책에서는 '자유주의'가 이에 해당한다)을 '단위 관념'들(자득[自得], 도통[道統], 위기지학[爲己之學] 등이 이에 해당한다)을 통해 재조명함으로써 복합 관념의 새로운 의의를 분석하고 밝히는, 이른바 '관념사학'(history of ideas)의 방법론을 택하고 있다. 물론 지은이가 택한 '관념사학'의 방법은 관념이나 사상의 사회·경제적 배경에 관한 검토에 소홀해지기 쉽다는 단점을 지니고 있다. 자칫하면 사상사의 전개를 단순히 관념과 관념들 사이의 상호작용과 교체의 과정으로 파악함으로써, 구체적인 현실과 사상의 교호 양상을 간과할 위험이 있는 것이다.

사상을 설명하는 방식에는 대체로 발생론적·동태적 접근법과 개념적·구조적인 접근법이 있다. 전자가 한 사상가나 집단의 사고와 관념을 그 발생적 연원과 시대적 전개 양상과 발전의 추이라는 측면에서 고찰하는 데 비해, 후자는 사상의 아이템들과 사상 자체의 내적 정합성에 주목한다. 또 전자가 통시적·역사적·외적 접근법이라면, 후자는 공시적·구조적·내적 접근법이라고 할 수 있다. 물론 이상적인 것은 이 두 가지 접근방식이 조화롭게 병행되는 것이다. 그러나 현실적으로는 대개 어느 한쪽 방식에 치중되게 마련인바, 지은이의 방식은 대체로 후자에 가깝다. 하지만 그렇다고 해서 지은이가 사상을 독립적이고 완결된 하나의 고립된 체계로 보는 잘못을 범하고 있는 것은 아니다. 지은이는 신유학사상의 역동성과 시대적 요청에 대한 민감한 반응을 결코 무시하지 않는다. 이런 그의 입장은 이 책에서도 잘 드러나 있지만, 그의 비교적 최근 저작인『자기 자신을 위한 배움(爲己之學) : 신유학사상에서의 개인』(*Learning for One's Self: Essays on the Individual in Neo-Confucian Thought*[Neo-Confucian Studies], Columbia University Press, 1991)에서도 확인할 수 있다. 이 책에서 지은이는 신유학사상의 역동성과 변화, 시대 상황에 대한 적응 등의 측면에 특히 주목하고 있다.

　지은이는 신유학사상에서 자유주의적인 조류를 재발견하기 위해, 그것을 표현하고 있다고 생각되는 일련의 '기본 관념'들(관념사학의 전문 용어로 'unit idea'), 곧 도통(道統), 위기지학(爲己之學), 극기복례(克己復禮), 자득(自得), 자임(自任) 등을 논하고 있다. 지은이는 그런 관념들이 공통적으로 개인의 자율성을 긍정하고, 내면 지향적 윤리를 강조하고 있다고 주장한다. 또한 그런 관념들은 단순한 고전(古典) 지식의 습득에 안주하는 것이 아니라 내면적·정신적 자기 수양으로까지 가치관이 이행했음을 보여주는 것이라고 말한다. 이런 견해는 지은이가 편집한 논문집 『신유학의 전개』(*The Unfolding of Neo-Confucianism*, Columbia University Press, 1975)에 잘 나타나 있다.

　최근 서구의 중국학 연구 경향을 보면, 중국을 온통 부정적으로 바라보던 과거의 시각에서 벗어나, 서구의 역사가 근대성을 향해 전진해 온 것처럼 중국 또한 스스로의 역량으로 근대성을 향해 전진하고 있었다는 식의 시각이 우세해지고 있다. 이런 경향을 좇하다 보면, '정체된 중국'이라는 편견을 극복하는 과정에서 부지불식간에 또 다른 편견—중국 역사 속에서 진정으로 탐구할 가치가 있는 것은 서구의 역사에서 발견할 수 있는 것과 동일하거나 유사한 근대성을 향한 진보적 변화라는 편견—에 사로잡힌 것이 아닌가 하는 느낌을 지울 수 없다. 바꾸어 말하면, 중국을 '지속의 왕국'(Ein Reich des Dauer—헤겔) 또는 '영원한 정지'(eternal standstill—랑케)로 보는 입장에서 일종의 단선(單線) 진화론적 관점으로 바뀐 것이 아닌가 하는 의문이 든다. 결국 보편적인(사실은 서구의 특수한) 발전과정의 어느 한 지점에 중국을 자리매김해 주기는 하지만, 언제나 그 지점은 서구가 과거에 이미 거쳤던 지점에 불과하다. 결코 거북을 앞지르지 못하는 아킬레스의 운명(제논의 역설)과도 같다고나 할까. 한편 정치학이나 사회학 분야에서 근대화 이론에 대한 반발로, 서구형의 사회 발전모델을 유일한 것으로 보지 않고 이른바 각국의 독자적인 내발적(內發的, indigenous) 발전모델을 찾아내려는 시도들이 80년대 이후 등장하고 있기는 하지만, 그 경우에도 발전의 방향을 이른바 근대화(近代化)라는 준거점에 입각해 찾으려 하기는 마찬가지라는 느낌이 든다. 이렇게 본다면, 근본적으로 서구의 역사적 배경과 가치에 뿌리를 두고 있는 '자유주의' 개념을 통해 신유학사상을 평가하고자 하는 지은이의 노력에는 그런 편견의 위험성이 도사리고 있는 것이 사실이다.

그러나 다른 문화와 다른 역사를 이해하려는 시도에서 연구자가 자기 문화 전통의 그늘에서 완전히 벗어난다는 것은 불가능하다. 타자(他者)를 이해한다는 것은 사실 완전히 중립적이고 초월적인 입장에서 행해지는 것이 아니다. 그것은 반드시 타자를 이해하려는 사람이 지닌 어떤 관점이나 가치관을 통해 이루어질 수밖에 없다. 다만 그런 이해의 과정에서 자기 자신의 관점과 가치관을 상대화시켜서 바라보고 그에 따라 관점을 점차적으로 수정해 나감으로써 이해의 새로운 지평을 획득하기 위해 애쓰는 것이 최선일 것이다. 자신의 선입견을 선입견이라고 긍정하는 태도에서 비로소 선입견으로부터 벗어날 수 있는 길이 열린다. 다행스럽게도 이 책의 지은이는 그런 자세를 시종 잃지 않고 있다. 그는 자유주의라는 자기 문화의 경험을 통해 중국을 이해하고, 신유학이라는 중국의 경험에 입각하여 서구를 비추어 보기도 하는 상호적인 조명과 이해를 추구하고 있기 때문이다.

결국 지은이의 의도는, 자기 자신과 이해 대상 사이의 역동적이고 상호적인 이해작용을 통해 새로운 이해의 지평에 도달하고 이해의 깊이를 심화시키려는 것이라고 볼 수 있을 것이다. 지은이의 논의는 서구의 특수한 역사적 체험의 산물인 '자유주의 사상'과 유사한 그 무엇을 중국의 송대 이후의 유학에서도 발견할 수 있다는 차원에 단순히 머무르지 않는다. 그런 차원은 프로이트의 말을 빌리면, '상실감을 보상받으려는 동일화' (object-loss identification) 또는 '목적 지향적 동일화' (goal-oriented identification)에 불과하다. 그보다는 인류 공통의 보편적 가치로서의 자유주의를 모색하려는 시도라고 보아야 할 것이다. 좀더 거창하게 표현한다면 자유주의 개념의 새로운 보편적 지평을 열기 위한 시도라고 할 수 있겠다. 그 시도 자체의 내용적·방법론적 적합성, 타당성 그리고 성공 여부에 대해서는 좀더 많은 지속적인 논의가 필요하겠지만 말이다.

신유학을 바라보는 지은이의 관점에서 또 하나 특기할 만한 것은, 학파들간의 분립(分立)의 측면에서 신유학사상을 나누어 보는 시각을 지양하고 있다는 점이다. 지은이는 신유학이라는 장구한 세월에 걸쳐 형성된 큰 사상에 일관되게 흐르는 근본적인 정신과 문제의식에 주목하고자 한다. 물론 학파를 분류하는 것은, 사상사의 복잡다기한 양상을 일목요연하게 파악하고, 각 사상과 사상가들의 위치를 확정하고 그 의의를 평가하는 데 큰 도움을 준다. 그러나 이것은 자칫하면 학파들이 흥기했던 당시의 현실을 무시하고, 오늘날의 시각을 무리하게 투사시킴으로써 '프로크루스테스(Procrustes, 고대 그리이스의 전설적인 강도. 잡은 사람을 쇠침대에 눕혀 놓고, 침대의 길이에 맞추기 위해 키 큰 사람은 다리를 자르고, 작은 사람은 다리를 잡아늘였다고 함)의 침대'가 되어 버릴 위험을 안고 있는 것이다. 이런 위험성을 고려해 볼 때, 더더욱 지은이의 입장에 주목할 필요가 있다. 조선의 사상사를 주리(主理)와 주기(主氣), 영남(嶺南)과 기호(畿湖), 그 밖에 이른바 학맥에 따른 여러 학파들로 나누어서 파악하는 데 너무나도 익숙한 우리에게 지은이의 관점이 시사하는 바가 자못 크기 때문이다. 지은이처럼 보다 거시적인 안목에서 사상과 사상사를 바라보는 관점이 왜 중요한지는 시마다 겐지(島田虔次)의 다음과 같은 글을 읽으면 보다 확연해진다. "내 생각에는, 기독교사가 대부분 범유럽적인 시야에서 쓰여지는 것과 같이, 유교사나 주자학사도 중국·한국·일본을 포괄하는(여기에 베트남을 포함시킬 수 있을지도 모른다) 통사로 먼저 쓰여야 하지 않을까 한다."(김석근·이근우 옮김, 『朱子學과 陽明學』, 까치, 1986, p. 230.)

참고로, 이 책에 대한 폴 코언(Paul Cohen)의 비판적인 서평이 다음 학술지에 실려 있다. "The Quest for Liberalism in the Chinese Past," *Philosophy East and West*(Honolulu: University of Hawaii Press), 35, no. 3(July 1985), pp. 305~11. 이에 대한 지은이의 반론과 그 반론에 대한 코언의 재반론이 같은 학술지의 다음 호(vol. 35, no. 4, Oct., 1985)에 실려 있다. 그리고 이 책에 대한 일본 학자들의 논평으로는 岡田武彦, 「評 '朱子學と自由の傳統'」(『斯文』 94期, pp. 11-37. 1987年 10月); 木下鐵矢, 「評 '朱子學と自由の傳統'」(『東洋史研究』 47卷 2期 pp. 142~50. 1988. 9)이 있다. 이 책의 일본어 번역판은 『朱子學と自由の傳統』(山口久和 譯, 東京: 平凡社, 1987)이며, 중국어 번역판은 『中國的自由傳統』(李弘祺 譯, 臺北, 聯經出版事業公司, 1983)이다. 번역 작업을 하면서 이 두 책을 모두 참고했다.

번역을 할 때면 경험하는 문제가 특별한 의미를 지닌 용어를 우리말로 옮기는 일이다. 아 책에서도 그런 어려움이 적지 않았는데, 특히 'liberal'의 경우가 그러했다. 지은이는 'liberal'을 쓸 때 단순히 확정적이고 협소한 의미의 '자유'와 관련해서 사용한 것이 아니어서 우리말로는 통일을 기하기가 쉽지 않았다. 그래서 문맥에 따라 '자유주의적' '자유주의' 또는 '자유'로 옮겼다.

또한 중국 원전 인용문의 경우, 지은이의 영역문에 비중을 두고 우리말로 옮겼다. 주요 개념이나 어구도 마찬가지이다. 지은이의 영역문은 자신의 학문적 온축의 결과물일 뿐만 아니라, 그의 논지를 뒷받침해 주는 근거가 되기 때문이다. 단, 한문 원문을 필요로 하는 독자들을 위하여 인용문에 해당되는 지은이 주나 옮긴이 주에 원문을 찾아 〔 〕안에 넣었다.

　일면식도 없는 이국의 이름없는 젊은 학인(學人)에게 번역판을 위한 서문과 당신의 사진을 흔쾌히 보내주신 드 배리 선생님에게 진심으로 감사드린다. 불교 관련 사항들을 친절하게 확인해 준 외우 이재형에게 고마움을 전한다. 소장하고 계신 중국어 번역판을 기꺼이 빌려 주시고 따뜻하게 격려해 주신 성균관대학교의 최영진 선생님에게 진심으로 감사드린다.

1998년 3월
표정훈